सफलता और खुशी के तरीके

WAYS TO SUCCESS AND HAPPINESS

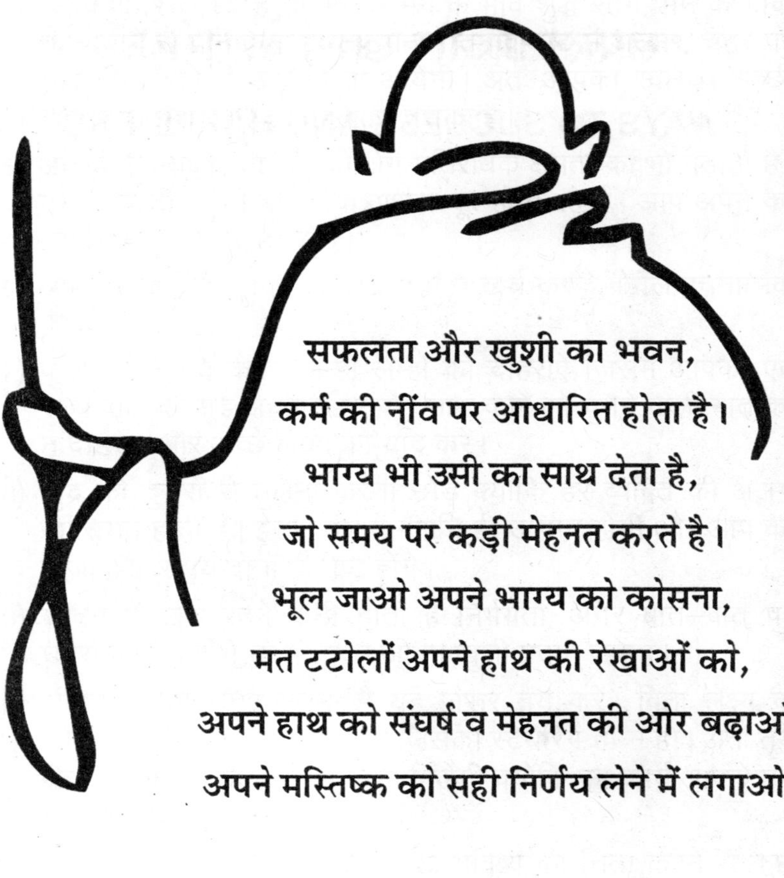

सफलता और खुशी का भवन,
कर्म की नींव पर आधारित होता है।
भाग्य भी उसी का साथ देता है,
जो समय पर कड़ी मेहनत करते है।
भूल जाओ अपने भाग्य को कोसना,
मत टटोलों अपने हाथ की रेखाओं को,
अपने हाथ को संघर्ष व मेहनत की ओर बढ़ाओ,
अपने मस्तिष्क को सही निर्णय लेने में लगाओ।

सफलता और ख़ुशी के तरीके

WAYS TO SUCCESS AND HAPPINESS

लेखक
इंजी. ओमप्रकाश माहेश्वरी

साईन्टिफिक
पब्लिशर्स

प्रकाशक
साईन्टिफिक पब्लीशर्स (इण्डिया)
5-ए, न्यू पाली रोड, पो. बा. नं. 91
जोधपुर-342 001 (राज.)
टेलिफोन : 0291-2433323
E-mai: info@scientificpub.com
Web: www.scientificpub.com

लेखक
इंजी. ओमप्रकाश महेश्वरी
एम.ई. (जियोटेक्नीकल)
सेवानिवृत सिविल अभियन्ता, जोधपुर डिस्कॉम
जोधपुर
मो. 9588038288
मैल - opmaheshwari04@gmail.com

Print, 2022

ISBN: 978-93-89412-10-9

मूल्य : 250.00

भारत में मुद्रित

स्वकथन

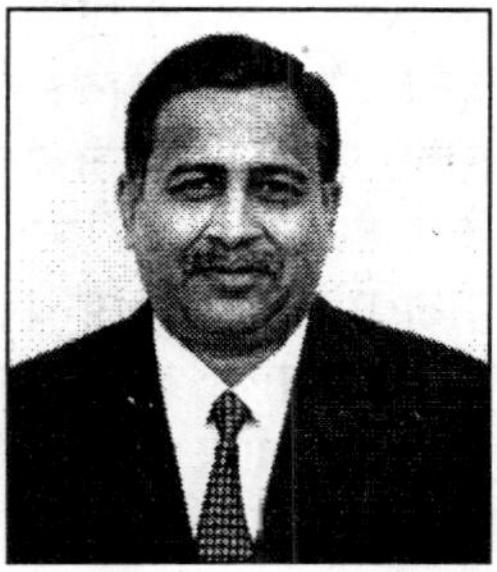

जीवन में खुशी और सफलता जीने के मूल आधार होते है। हर व्यक्ति खुश रहना चाहता है, खुश रहना हमारा जन्मसिद्ध अधिकार भी है, खुशी हमारे भीतर मौलिक रूप से मौजूद होती है। खुशी जीवन की एक शैली है, जब हम जीवन के प्रति धन्यता का अनुभव करेंगे तभी जिन्दगी खुशनुमा लगेगी। खुशी जीवन में स्फूर्ति, उत्साह और आत्मविश्वास भर देती है। एक प्रसन्न चेहरा खिले हुए पुष्प की भांति भीनी–भीनी सुगन्ध बिखेरता है खुशी अंतःकरण के सुखद भावों की सहज अभिव्यक्ति है। खुशी का पूरा सम्बन्ध हमारी सोच से है। अगर हम जीवन में अपनी ही खुशी के लिए काम करेंगे तो खुशी क्षणिक ही होगी, लेकिन खुश होकर काम करेंगे तो खुशी और सफलता दोनों मिलेगी।

सोच से कार्य की रूप रेखा बनती है। इस रूप रेखा पर जब कदम बढ़ाते है तो परिस्थिति का निर्माण होगा, परिस्थिति से अवसरों का सृजन होगा, अवसर का उपयोग करने वाले को सफलता हाथ लगती है। लगातार अपनी पसन्द का कार्य करना कार्य को पूर्णता की ओर ले जाता है। मूर्तिकार अपने हथोड़ों से पत्थर पर अनगिनत चोटें मारकर मूर्ति का निर्माण करता है यह निर्माण कोई अन्तिम चोट का ही परिणाम नहीं होती है बल्कि उससे पहले दी गई सभी चोटों का ही नतीजा होता है जो पूर्ण मूर्ति का आकार बनाता है। इस पुस्तक के छोटे–छोटे लेखों द्वारा सफलता और खुशी के तरीकों को बताया गया है। इस पुस्तक में ये कदम क्या–क्या हो सकते है जिन पर आगे बढ़ कर इस जीवन में खुशी और सफलता प्राप्त कर सकते है।

अगर हम शुभ मूहर्त, शगुन, अपशगुन अन्धविश्वास, शुभ चौघड़िये के जाल में उलझे रहेंगे तो हाथ में आये अवसरों को खो देंगे। आलसी और निकम्मे व्यक्ति जीवन को हजारों संकटो सें घिरा हुआ देखता है। निराशा और भय के साथ किये जाने वाले कार्यो में शक्ति क्षीण हो जाती है। अगर हम भयग्रस्त ही रहेंगे तो शरीर में भीरूता का ही जन्म होगा जो कि उत्साह का विपरीत पहलु होता है। ऐसी स्थिति हाथ में आने वाले अवसरों को खोना मात्र है। भाग्य कुछ नहीं करता, भाग्य अपना परिणाम उसी व्यक्ति को देता है जो अवसर को उपयोग करने के लिए तैयार रहता है। दुनिया में सबका दिन 24 घंटे का ही होता है इसे लोग अलग–अलग तरीके से जीकर अलग

अलग ऊँचाई हासिल करते है कोई खास बन जाता है तो कोई आम रह जाता है। सफलता पाने वाले व्यक्ति समय को खर्च नहीं बल्कि इसमें इन्वेस्ट करता है। प्रयत्न स्वयं को करने होंगे। हमें ऐसी परिस्थिति को जन्म देना होगा जो अवसरों को स्वयं हमारे पास खींच लाए। निर्बल वह नहीं जिसे संसार निर्बल समझता है बल्कि वह है जो अपने को निर्बल समझता है। जबकि ऊँचे मनोबल वाले व्यक्ति के अंतर्मन में विश्वास की मशाल जलती है उसके अन्दर कर गुजरने की अग्नि धधकती है, जिसकी लपटों में निराशा वाष्प बनकर उड़ जाती है। मेहनत जितनी विवेक के साथ होगी सफलता और खुशी भी उसी पैमाने पर होगी। हमारे पास सारे ऐशो आराम हो, फिर भी जीवन में खुशी का अभाव हो। ऐसे में ऐशों आराम किस काम के ? यह पुस्तक हमें सफलता और खुशी के मंत्र देगी जो जीवन जीने की राह बनेगी। इस पुस्तक को पढ़कर हम खुशी के साथ सफलता का मार्ग ढूंढ़ सकते है। जिनका उपयोग बच्चे से लेकर बुजुर्ग व्यक्ति तक करके खुशी और सफलता प्राप्त कर सकेंगे, ऐसा मेरा सोचना है।

मैं धन्यवाद देना चाहता हुँ, डॉ. गोविन्द किशोर खेतावत (सेवा निवृत परियोजना निदेशक, विज्ञान एवं प्रौद्योगिकी विभाग राजस्थान सरकार) जिन्होने निःस्वार्थ पुस्तक की प्रूफरिडिंग कर सुधार करवाया।

जोधपुर
10 दिसम्बर 2020

–इंजी. ओम प्रकाश माहेश्वरी
(09588038288)
ए–161, कमला नेहरू नगर, द्वितीय विस्तार,
डिफेन्स कॉलोनी, जोधपुर(राज.)

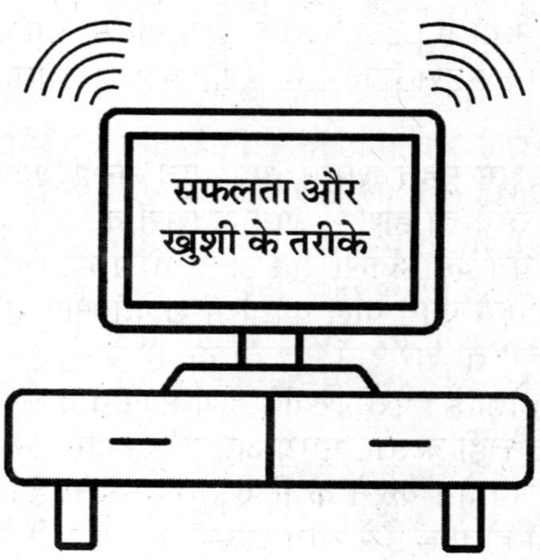

विषय सूची

01 सफलता क्या है ?

सफलता एक ऐसा शब्द है जिसे हर कोई अपने ढंग से परिभाशित करता है। हम अक्सर इसी भ्रम में रहते हैं कि जितने ज्यादा संसाधन हमारे पास होंगे तो हम उतने ही सुखी होंगे। कोई इसे मापता है ओहदे से तो कोई इसे पैसों से, कोई भौतिक सुख सुविधाओं से तो कोई प्राप्त पुरस्कारों से। क्या खूब सारे साधन मिल जाना सफलता है? क्या आपके हुक्म का चलना सफलता है? या वातानुकूलित शयन कक्ष का मिलना? आप अपनी खुशी इनसे नहीं प्राप्त कर सकते। आप अच्छे से अच्छे बिस्तर पर भी सोकर चैन की नींद नहीं ले पायेंगे क्योंकि उसके लिए आवश्यक है आपके मन की शान्ति और शान्ति मिलेगी आपकी सरलता एवं सन्तुष्टि से, आप के कर्म से, आपके स्वास्थ्य से, आपके व्यवहार से, आपके अन्तर्मन की सोच से। एक संतुष्ट जीवन एक सफल जीवन से भी बेहतर है क्योंकि हमारी सफलता दूसरों द्वारा मापी जाती है जबकि संतुष्टि हमारे दिल, अन्तर्मन से मापी जाती है।

सब कुछ होते हुऐ भी मन में प्रसन्नता नहीं है तो सारे साधन आपके लिए बेकार है। खुशी जिंदगी के ध्येय और आत्म संतुष्टि पर भी निर्भर है अतः सफल व्यक्ति वह है जो अपने व्यवहार से, अपने ज्ञान से, धन–दौलत से, अपने आदेश से लोगों को बेहतर जीवन दे। आपका किसी खेल में जीता गया कप, एक वस्तु से ज्यादा कुछ नहीं है जब तक कि उस जीत की खुशी का इज़हार लोग न करे। जब समाज, देश भी आपकी जीत पर गर्व करेगा तो आप सफल माने जायेंगे। **सफलता का पैमाना है लक्ष्य की प्राप्ति और मन की सन्तुष्टि।** जब आप लोगों से बात करेंगे तो अधिकतर लोगों का जवाब होगा, सफलता यानि धन। मैं महाजन समाज से हूँ और अधिकतर लोगों का जवाब मिलता है कि जो धन कमाना जानता है वही सफल है। मगर यह सच नहीं है धन आपकी सफलता का निर्धारण नहीं करता, मगर यह सच है कि आप सफल है तो आपको जितनी जरूरत है, उतना धन मिल सकता है। **धन कमाना जीवन की मंजिल नहीं, यह तो एक मार्ग है, धन सफलता का परिणाम है। यह इसका एक उत्पाद है मगर सफलता का पैमाना नहीं है।**

आपको ऐसे अनगिनत लोग मिल जायेंगे, जिनके पास अति सुख–सुविधायें है, पैसा भी इतना है की उनकी सात पीढ़ियां भी खाती रहे

तो भी न खुटे, लेकिन आप यह जानकर ताज़्जुब करेंगे की वे मात्र दवाइयों की गोलियां खाकर जी रहे है, रात में नीद नहीं और दिन में चैन नहीं। वे अपने मानसिक तनावों को भुलाने के लिए नशे के शरणागत बने रहते हैं आखिर उन्हें क्या चाहिए? केवल एक ही वस्तु और वह है– मन की शांति और उसके लिए चाहिये जीवन समझने का विवेक। आपका वक्तव्य, अभिनय, संगीत, उत्पाद, कार्य, सोच या कोई भी अन्य विशेषता जो ज्यादातर लोगों को अच्छी लगे और अच्छे लोगों के मध्य आपकी अच्छी छवि हो, यही तो है सफलता और इसी से मिलती है सन्तुष्टि।

असफल हो जाने पर अपने भाग्य को न कोसें, हाथ की रेखाओं को भी न टटोलें। भाग्य संयोग नहीं, लेकिन आपके निर्णय का दर्पण है। असफल हो गये तो हार भी मत मानिऐ, असफलता का अर्थ है कि फल के पकने में अभी और वक्त लगना बाकी है, कठिन परिस्थितियों में लिया गया सही निर्णय आपका भाग्य है जो समय को अवसर में तब्दील कर देगा। धीरज रखें। फिर से लग जाइये, आपकी मेहनत जरूर रंग लायेगी। क्योंकि आपकी सफलता मेहनत में छुपी है। जीवन में कुछ भी पाने में सबसे बड़ा सहयोगी और दीवार दोनों, अपने मन और इरादों में ही होते है। जीत और हार आपकी सोच पर बहुत ज्यादा निर्भर है मान लो तो हार होगी और ठान लो तो जीत होगी। हालात का रोना, खुद को भुलावा देने के तर्क से ज्यादा और कुछ नहीं।आप कुछ क्षणों के लिए बहुत आनन्दित हो सकते है मगर यह समय बीत जाने पर फिर दुःखी हो जायेंगे अगर आपके मन में आपकी मेहनत, आपके कार्य,आपकी उपलब्धि के प्रति सन्तोष नहीं है। अतः मन की सन्तुष्टि ही आपकी सफलता है।

सन्तुष्ट होना मन की भाान्ति है मगर आलस्य नहीं। आलस्य के नाम पर आराम ही आराम करते रहना और आगे कुछ ही नहीं करना सफलता का अवरोध होगा। आलसी व्यक्ति दूसरों पर आरोप लगाकर खुद के पक्ष में बड़े सुंदर तर्क देता है। वह दूसरों को कोसता है कि ये लालची है, ज्यादा भागमभाग से कुछ नहीं मिलने वाला? कहने और सुनने में सही तौर पर ये बातें अच्छी लग सकती है, पर यह कहने वाले के आलस्य की घोशणा है।

सन्तुष्टि का संबंध परिणाम से है। परिणाम आपके पक्ष में है तो अच्छा लगता है मगर परिणाम चाहने जैसा न मिलने पर कुछ समय तक मन में संतोष भाव रखते हुए सन्तुष्ट होना होगा। आप जो करने में सक्षम है, उसे पूरी क्षमता से करें। इससे आत्मसंतुष्टि मिलेगी, मानसिक

शांति मिलेगी। आपके कार्य ही आपकी प्रतिष्ठा होगी। जो सर्वश्रेष्ठ होगा वही जीतेगा। अगर आपने कोई कसर नहीं छोड़ी तो हार में भी आत्मसंतुष्टि मिलेगी। विजेता वो नहीं होता है जो हमेशा जीतता है, विजेता वह भी होता है जो कभी हार नहीं मानता। कई बार आपने सुना होगा कि इतना बड़ा लेखक फिर भी उसने आत्महत्या कर ली, इतना बड़ा वैज्ञानिक फिर भी पागल हो गया क्योंकि इन लोगों के मन में सन्तोष नहीं था। सन्तोष मिलेगा आपके कार्य पूर्ण होने से क्योंकि सन्तोष ही सफलता है। संतोषी होना समझदारी है, अपनी सीमा को पहचान कर, दूसरे से तुलना न करते हुए अपने आप को समर्थ बनाना संतोष है।

इस दुनिया में सभी अधूरे है। जिसके पास बहुत कुछ भौतिक सुविधायें है वे भी कहीं न कहीं अधुरे हैं व्यक्ति के मन में संतोष है, तो जीवन की थोड़ी–सी सुविधायें भी पर्याप्त और सुकुनदेह हो जाती है। जिसके जीवन में शांति संतोष नहीं है वह अत्याधिक धन–खजाने का मालिक होकर भी खिन्न और दुखी है। संतोष जीवन का सबसे बड़ा वैभव है। महर्षि पंतजलि, संतोष नियम के बारे में लिखते है कि संतोषादनुत्तम सुख लाभ अर्थात संतोष से उत्तम ही नहीं उत्तमोत्तम सुख का लाभ प्राप्त होता है।

जीवन में सफलता के धटक

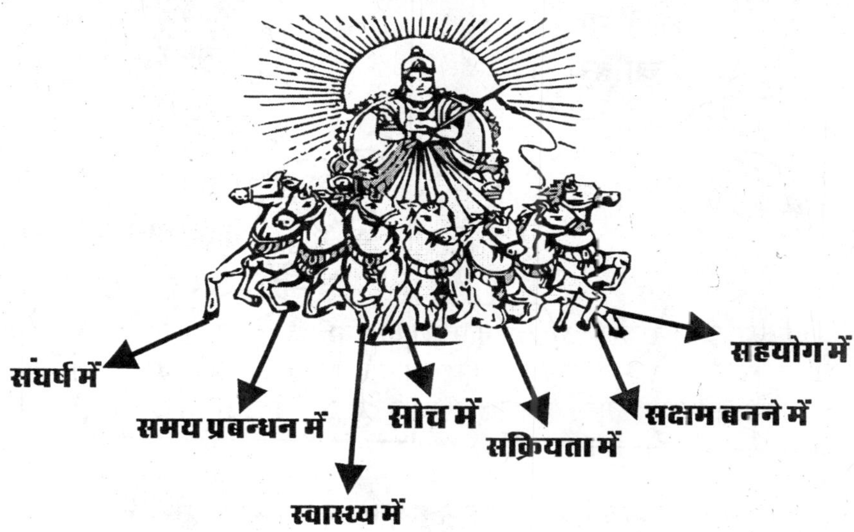

सूरज के सात घोड़े 'स'

जीवन में संतोष आ जाने पर महत्वकांक्षा की चाह नहीं रहती। इच्छा और लक्ष्य जानकर ही विवेक के साथ कार्य अपने मन लगाकर करने पर ही संतोष मिलता है।

इस दुनिया में सफल वही होता है, जो असफल होने के बावजूद, गिरने के बावजूद फिर उठने का हौंसला रखता है। हम चाहे जितनी बार असफल हो, हमें सफलता की उम्मीद का दामन नहीं छोड़ना चाहिए ।आप लगातार प्रयास करते रहेंगे तो निश्चित ही एक न एक दिन सफल हो जायेंगे। हमें बीते हुऐ कल के लिए नहीं रोना है, न ही कल के लिए हवाई किले बनाने है। बस, हमें आज और इसी पल को बेहतर बनाने के प्रयास में जुट जाना है।

सफलता है
स– सन्तुलन मन की इन्द्रियों का
फ– फल (परिणाम) को प्राप्त करने का
ल– लक्ष्य तक पहुँचना और मंजिल को पाना
ता– ताकत को हासिल करना और ऊर्जावान बने रहना

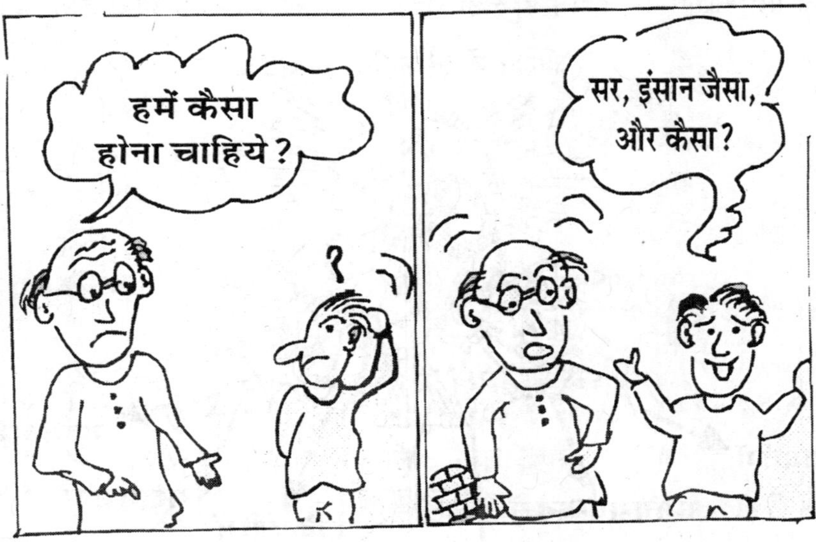

मनुष्य बहुत होते हैं, पर मनुष्यता बिरलों में ही होती है।

सफलता पाने के लिए असफलता से नहीं घबराना होगा क्योंकि इस गतिशील धरती पर कुछ भी स्थाई नहीं होता है, हर चीज बदलती रहती है, असफलता भी परिवर्तनशील हैं। हर असफलता के पीछे कोई न कोई एक सफलता हमारा इन्तजार करती रहती है। "कोई भी कोशिश कभी नाकाम यूं जाती नहीं। मंजिलें ना भी मिले तो फासले घट जाएंगे" इस हेतु लेखक

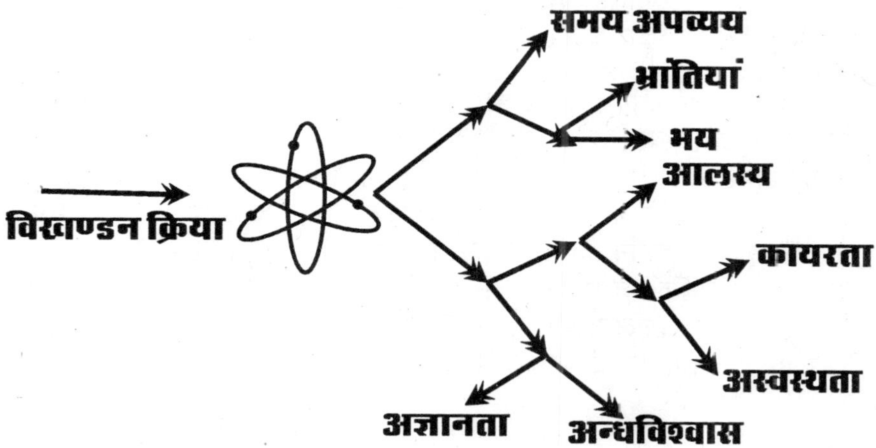

असफलता का परमाणु बम

सत्यकाम विद्यालंकार ने पुस्तक 'चरित्र निर्माण' में लिखा है कि "सफलता की पहली शर्त है कि आप असंभव को संभव बनाने की अपनी क्षमता पर कभी अविश्वास न करें। विश्वास के बिना हर काम कठिन है। विश्वास की ही जल धारा के सामने बाधाओं की चट्टानें टूट कर बिखर जाती है। जीवन का मार्ग बाधाओं की चट्टानों से पटा है। इन बाधाओं को ही सीढ़ी बनाकर चढ़ने वाला व्यक्ति सफलता के शिखर पर पहुँचता है।" "अव्यवस्थित चित्त से चलता हुआ पथिक ही पराजय की ठोकरें खाता है। ठोकर खाने के बाद उसे फिर से तन्मय होकर निशाना वेधने की तैयारी करनी चाहिए, पराजय व असफलता की घड़ियों से हम प्रेरणा और उत्साह ग्रहण करना सीखें तो सफलता हमारी सहचरी बन जाए।"

जिन्दगी की सुख अनुभूति

पहला सुख	–	निरोगी काया
दूसरा सुख	–	जीवन में हो गति

तीसरा सुख	–	सन्तान आज्ञाकारी
चौथा सुख	–	अर्द्धांगिनी नारी
पांचवां सुख	–	माया, मान सम्मान
छठा सुख	–	रहने का आश्रय
सातवां सुख	–	विद्या का वरदान
बड़ा सुख	–	लक्ष्य की प्राप्ति

हम सब जीवन में एक ही चीज चाहते हैं वह है सफलता। सफलता के लिए रातदिन कोशिश करने के बाद भी दिल बैचैन रहता है। इसके लिए आवश्यक है मन की संतुष्टि और संतुष्टि का मार्ग है जागृति। सफलता के लिए हाथ–पांव चलाने के साथ ही अपने मस्तिष्क का पूर्ण उपयोग आवश्यक है। आपका कौशल व क्षमता इसे पाने में बहुत कुछ मदद करेंगे, आप अपनी शक्ति को पहचानें, मन में विश्वास जगायें और अपने मस्तिष्क को जागृत कर सफलता की ओर कदम दर कदम बढाये चलें, आपके जागृत रहने से सफलता का परिणाम आपकी झोली में होगी।

कर्म हो खुशी के लिए,
सपने हो लक्ष्य के लिए,
अवसर हो सफलता के लिए,
धर्म हो मानवता के लिए,
खाना हो ऊर्जा के लिए,
शिक्षा हो व्यक्तित्व के लिए,
निर्णय हो भाग्य के लिए,
सोच हो जागृति के लिए

"सफलता का अर्थ अपनी शक्ति व कौशल
का सही उपयोग है ,केवल अच्छा करना
ही पर्याप्त नहीं है, श्रेष्ठता प्राप्त करना महत्वपूर्ण है।"

–इन्जी.ओ.पी. माहेश्वरी

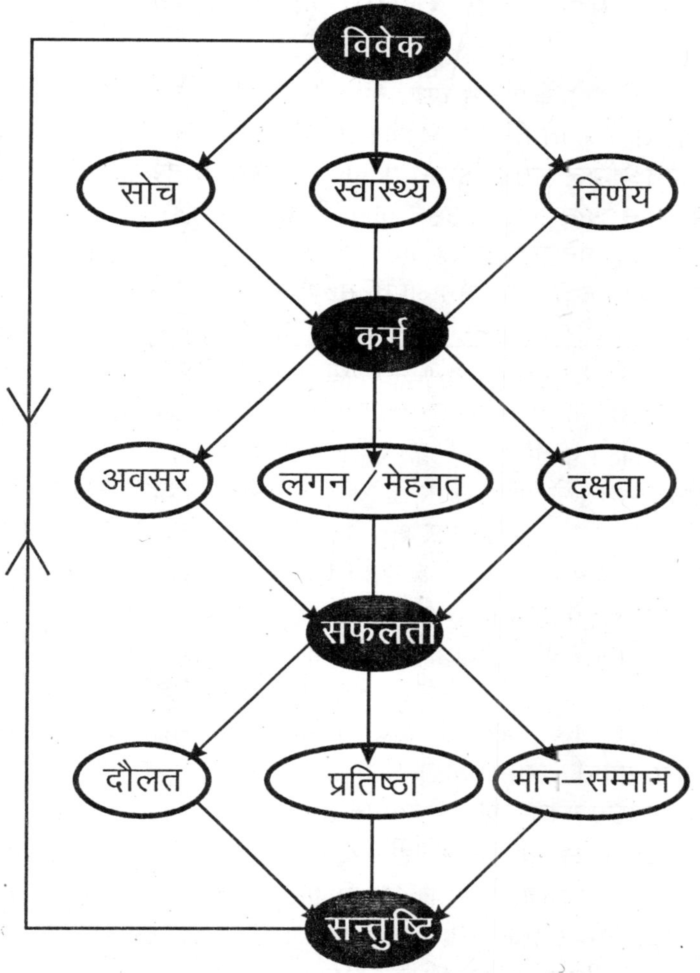

विवेकपूर्ण कार्य ही सफलता

"सफलता का सीधा सम्बन्ध व्यक्ति की सोच में निहित है
सोच से ही, मन के भाव बनते है, कर्म होता है, परिस्थितियां बनती है
सफलता के लिए अच्छी सोच से ही कदम आगे बढ़ते हैं।"

–इन्जी. ओ.पी. माहेश्वरी

02 सफलता के सोपान (Steps for Success)

हमारी सफलता इस बात निर्भर करती है कि हम अपनी ऊर्जा का उपयोग कितना करते है। सफल और असफल व्यक्ति अलग–अलग किस्म के नहीं होते, केवल उनके सोचने और काम करने के तरीके अलग–अलग होते है। अपने कार्य के प्रति रहने वाला नज़रिया ही उनकी सफलता और असफलता का बुनियादी फर्क लिए होता है। बल्ब के अविष्कारक थॉमस अल्बा एडिसन कहते है कि मैंने अपनी मां की बताई चार बाते अपनाई थी – हताश न होना, सीखते रहना, प्रयोग करना और काम में जुटे रहना। उन्होंने कहा कि मैंने कुछ भी तुक्के में नहीं किया और न ही मेरे अविष्कार में भाग्य की भूमिका रही। जो हुआ मेरे लगातार काम करने के चलते हुआ।

हमारी सोच लक्ष्य पर कितनी टिकी रहती है इस हेतु भगवान श्री कृष्ण कहते है कि मन के शत्रुओं यथा–काम, क्रोध, लोभ, मोह, अंहकार आदि को कम नहीं समझना चाहिए। यही हमारे शत्रु है जिन्हें हमें हराना है ताकि हम अपने लक्ष्य को प्राप्त कर सकें। **प्रत्येक व्यक्ति के अन्दर प्रतिभा के बीज होते है जिन्हें उपयुक्त तरीके से विकसित करना होता है ताकि सफलता की फसल मिल सके।** मिट्टी में छिपी सोंधी सुगंध के समान ही व्यक्ति के व्यक्तित्व में प्रतिभा छिपी होती है। गलत पासवर्ड से एक छोटा सा मोबाईल नहीं खुलता तो गलत तरह से कार्यों को करते रहोगे तो जीत का परचम नहीं फहरा सकते। अपने कार्यो द्वारा प्रतिभा को जागृत करना होता है। सफलता के लिए कौन–कौन से सोपान हो सकते है? आओ देखें–

1. शारीरिक ऊर्जा (Physical Energy) – प्रकृति ने हमें शरीर दिया है, ईश्वर ने शरीर के अन्दर प्राण शक्ति डाली है। साथ ही ऊर्जा (Energy) भी भरी है ताकि हम उसका उपयोग करके अपने लक्ष्य की ओर बढ़ सकें। सक्रियता ही जीवन है और निष्क्रियता ही मृत्यु। श्रम से विरत रहकर आलस्य में पड़े रहने वाले मनुष्य को जीवित नहीं कहा जा सकता । निष्क्रियता की मनः स्थिति मनुष्य के विकास में बड़ी घातक होती है। निष्क्रियता के कारण मन मस्तिष्क में मनोबल का ह्रास होता है। निष्क्रियता एक प्रकार की व्याधि है और यह रोग जब शरीर में घर कर जाये तो आपको हर जगह हार ही हार खानी पड़ेगी। फैसला आपको करना है कि सक्रिय रहकर सफलता की सीढ़ी पर चढ़े अथवा निष्क्रिय रहकर असफलता का मुँह देखे। सफलता का दीया खुद को ही जलाना और प्रकाशमय रखना–

होगा। आपकी सफलता के लिए यह दीया रोशन करने कोई और आयेगा यह मत सोचो। जागृत स्वयं को रहना है देखिये सफलता का दीया कैसे रोशन होता है। उत्साह एक तरह की मन की हिम्मत है जिसे अपनाये रखने वाले सफलता की प्राप्ति करते है। सिर्फ एक डिग्री के फर्क से पानी भाप बन जाता है और भाप की ताकत से इंजन रेल के डिब्बों को खींच सकता है। आपकी हिम्मत ही उत्साह है शारीरिक जोश है।

2. समय प्रबन्धन (Time Management)– सही समय पर, सही ढंग से तय किये गये कार्य को करना ही टाइम मैनेजमेंट है। हर व्यक्ति हर समय कुछ ना कुछ तो करता ही रहता है मगर सिस्टेमेटिक कार्य न होने से लक्ष्य से चूक जाते है। अतः रोजमर्रा के जीवन में समय बरबाद करने से बचें, मन भटकाने व व्यवधान डालने वाली बातों से दूर रहें। आलस्य को अपने पास न फटकने दें। समय प्रबंधन में सी.पी.एम. (Critical Path Method) पद्धति को अपनायें जिससे लक्ष्य तक पहुँचने हेतु मुख्य योजना के साथ अन्य पहलुओं को भी करते जायें ताकि लक्ष्य पाने में कोई बाधा न आये क्योंकि टाईम इज़ मनी (Time is Money)। अतः पहले टाईम मैनेजमेंट को सुव्यवस्थित करें क्योंकि सफलता वर्तमान क्षण के सदुपयोग में छुपी है। संसार के सफल होने वाले व्यक्ति समय के मामले में बहुत कंजूस हुए है। प्रत्येक दिन एक मित्र के रूप में सामने आता है जो हमारे लिए प्रकृति की अमुल्य भेंट होती है। यदि हम उसका उपयोग नहीं करेंगे तो वो चुपचाप चला जायेगा। प्रकृति जब हमें एक क्षण देती है तो पहले दिया हुआ क्षण वापस ले लेती है। अतः हर क्षण का उपयोग लक्ष्य प्राप्ति में लगायें। "कल करे सो आज कर" की मानसिकता लेकर चलें तो लक्ष्य को प्राप्त किया जा सकता है।

3. अनुशासन (Discipline) – सफलता प्राप्ति के लिए अनुशासित जीवन जीना व अनुशासित रहते हुए कार्य व योजनाओं को पूरा करना अनिवार्य है। अगर हम वक्त के पाबंद और अनुशासित नहीं है तो अव्वल तो सफलता मिलेगी ही नहीं और अगर मिल भी गई तो टिकेगी नहीं। लक्ष्य को हासिल करना है तो टालमटोल की नीति छोड़ अनुशासित रहना होगा। कार्य का समय आने पर भी आलस्य में रहना, कार्य न करने का बहाना बनाना, और काम को बेवजह आगे टालने की आदत आपको लक्ष्य से दूर करती जायेगी। जैसे सुबह उठने में ही आलस कर दिया तो सारे कार्यो में देरी से पहुचेंगे और हर जगह लगी लम्बी लाईनों में आपका अधिक समय व्यतीत होगा।

आपसे पहले पहुँचे व्यक्ति आगे होकर कार्य करेंगे। आप का काम समय पर पूरा नहीं होगा।

4. क्षमताओं पर विश्वास (Believe on Capabilities)– आपके काम करने का जज्बा, आपका आत्मविश्वास आपका सामर्थ्य है। किसी चीज़ को दिल से चाहो तो पूरी कायनात उसे तुमसे मिलाने में लग जाती है। प्रकृति ने मनुष्य के लिए सब कुछ रख छोड़ा है। जो मनुष्य चाहता है, उसे देने के लिए प्रकृति एकदम तैयार है, पर प्रकृति ने एक प्रतिबन्ध भी लगा रखा है। उसने मनुष्य द्वारा कामना की जाने वाली प्रत्येक वस्तु पर ताला लगा रखा है। आप अपनी क्षमता की चाबी से आइए, ताला खोलकर ले जाइए। **आपकी प्रतिभा आपकी सफलता का प्रतिबिम्ब है।** मन में विश्वास के साथ जब कार्य को अंजाम देंगे तो सफलता जरूर हाथ लगेगी। लोग भी उसी की सहायता करते है जो अपनी सहायता आप किया करते है और जिसका हृदय आत्म–विश्वास की भावना से ओत–प्रोत हो। अपनी क्षमता को आप से ज्यादा कोई नहीं पहचान सकता। अतः औरों के कहने पर अपनी क्षमता पर शंकित होने लगोगे तो यह स्थिति कैंसर के समान घातक हो जायेंगी।

जीवन में अगर कभी हार भी जाएँ तो हार न मानें। हार मान बैठना ही असली हार है। यों तो कोई भी बाजी खेलेंगे तो हार या जीत में से एक परिणाम आएगा। इस बार हार गए तो क्या हुआ, कोशिश फिर करेंगे। कामयाबी भी उन्हें ही मिलती है जो हौसलों का जिगर रखते है। मन में अगर जीत की उमंग को जगा दिया जाये तो कोई आपको हरा नहीं सकता है। इस लिए कहते है कि ''मन के हारे हार है, मन के जीते जीत'' अपने मन में जीतने की उमंग रहेगी तो आपको कोई पराजित नहीं कर सकता। लेखक हिमांशु श्रीवास्तव ने अपनी पुस्तक : ''आत्म बल से जो चाहे बनो'' मैं लिखा कि ''जब हम अकर्मण्यता के आंचल में अपना मुंह छिपाते है, तो हमारे सामने निराशा की एक मोटी और दुर्भेद्य दीवार खड़ी हो जाती है, फिर कर्म की उपासना करने की प्रेरणा हमें कौन देता हैं? वह कौन है जो हम से कहता है – उठो, अपनी पूरी शक्ति, सामर्थ्य से बारबार उठो और अपनी मंजिल की ओर लपकने दो। वह और कोई नहीं, वह है – आत्मबल''

याद रखें कि चीटीं गिर–गिरकर ही ऊपर चढ़ती है। लेकिन उसे पल भर के लिए भी अपनी क्षमता पर संदेह नहीं होता है क्योंकि सही दिशा में किए गए प्रयास कभी निष्फल नहीं होते । सकारात्मक अभ्यास ही व्यक्ति

की विजय के चमत्कारी सूत्र साबित होते है। कहते है कि **जीत उसी की होती है जिसमें जीतने का ज़ज्बा होता है।**

5. लक्ष्य (Goal) पर केन्द्रित होना – मनुष्य का नस्तिष्क एक पावर हाऊस की तरह होता है, जिसमें कई सारे विचार उत्पन्न (Generate) होते रहते है। इन विचारों में इच्छाएं होती है जिनसे आकांक्षाऐं बनती है। आकांक्षाओं पर प्रतिबद्ध होने से लक्ष्य का निर्धारण होता है। इन विचारों में से आपको चुनना है वो आकांक्षा जो आपके लक्ष्य के नजदीक हो। बिना लक्ष्य के कोई बड़ा काम नहीं किया जा सकता। **मानव जीवन में उद्देश्यहीनता और अतिसन्तोष की प्रवृति से कोई प्रगति नहीं हो सकती।** अगर हम अपनी ऊर्जा को सही दिशा नहीं देंगे तो हमारी ऊर्जा लड़ाई झगडों में, दोषारोपण व सामने वाले को नीचा दिखाने में ही व्यय होती रहेगी। जीवन में सफल होने के लिए सही दिशा और सही गति से आगे बढ़ना होगा। अपने सपनों को पूरा करने के लिए लक्ष्य का निर्धारण अतिआवश्यक है। अतः अपनी ऊर्जा को लक्ष्य निर्धारित कर दिशा दे। इसके लिए अनुशासन और अत्यधिक इच्छा शक्ति जरूरी है जो हमें लक्ष्य की ओर ले जायेगी।

हम वो सब कुछ भी सोच सकते है जो अब तक हमने नहीं सोचा, अर्थात असंभव कुछ नहीं है। सफलता उन्हीं को मिलती है, जो सफल होना चाहते है, सफलता को अपने आप आने का इन्तजार न करें, अवसर कभी घर पर दस्तक नहीं देता, उसे तो खोजना पड़ता है। अवसर आपके अन्दर छिपा है। उसे पहचानने का प्रयास करें। उसे पाने की प्रबल इच्छा के साथ, उस क्षेत्र से जुड़ी चीजों को ही केन्द्र में रखते हुए योजनाएँ बनायें और उस पर अमल करें। जिंदगी में कई सारे काम करने होते है। अतः लक्ष्य को ध्यान में रखते हुऐ प्राथमिकताएं तय करें और उसी के अनुसार उन्हें कार्य रूप देने का प्रयत्न करें। लक्ष्य पूरा होने से पहले बीच रास्ते से लौटने का फायदा नहीं, क्योंकि लौटने पर उतनी ही दूरी फिर तय करनी पड़ेगी जितनी दूरी तय करने पर आप लक्ष्य पर पहुँच सकते है। यानि **सफलता के द्वार लक्ष्य को छुने पर ही खुलते है।**

अपनी खामियों को सुधारना ही सफलता की ओर बढ़ते कदम होंगे। अपनी गलतियों को लगातार दोहराए जाना रात के अंधियारे में खंभे से टकराना है। स्वामी विवेकानंद ने अपनी पुस्तक 'राजयोग' में लिखा है कि ''एक भाव को पकड़ो ,उसी को ले कर रहो, उस का अंत देखे बिना उसे मत छोड़ो। जो एक भाव को लेकर उसी में मस्त हो कर रह सकते है, उन्हीं के

हृदय में सत्य तत्व का उन्मेध होता है।" जो बढ़ते है जमाने में, अपने मजबूत इरादों पर उन्हें अपनी मंजिल पाने के लिए किसी रथ की जरूरत नहीं होती।

6. अपडेट (Update) रहें – भाग्य मेहनत (पुरूषार्थ) का ही अनुसरण करता है। वर्तमान की किसी परिस्थिति को तुरन्त तो नहीं बदला जा सकता मगर वर्तमान में विचारों को चुन भविष्य में मनचाही परिस्थितियां जरूर पैदा कर सकते हैं। आपके काम करने का तरीका अगर समय के अनुकूल नहीं होगा तो मंजिल तक आसानी से नहीं पहुँच पाओगे। रोज मन में कुछ नई जानकारी के लिए प्रयत्नशील रहें, तब तक न सोएं जब तक नया न सीख लें। यह जानकारी आपके लक्ष्य से सम्बन्धित पुस्तकों में, इंटरनेट पर और कई जगह जाकर भी प्राप्त कर सकते हैं। लगातार अपनी स्किल्स और ट्रेनिंग पर भी ध्यान देना होगा, नए ट्रेंड्स और नई टेक्नोलॉजी से खुद को अपडेट रखना होगा। जैसे कि पत्थर को तराश कर मूर्ति बनानी है और आप वही पुराने औजार ही काम ले रहे है तो उन लोगों का मुकाबला नहीं कर पायेंगे जो नई तकनीक का इस्तेमाल कर रहे है।

नई जानकारी से मन में नए विचार उत्पन्न होते है जो लक्ष्य की ओर ले जाते है।

7. सकारात्मक सोच रखें (Positive Thinking) – पानी की भरी आधी गिलास को देख मन में यह ठानें कि इसे पूरी भरनी है न कि इस चिन्ता में समय व्यतीत कर दें कि मेरी गिलास तो आधी ही भरी है। सकारात्मक सोच के लिए कभी भी खुद को कुंठित न होने दें। इससे आपका हौंसला टूटने लगेगा जब भी आप पराजित महसूस करें, तो उन सुखद बदलावों की कल्पना करें, जो सफल होने के बाद आपकी जिंदगी में आयेंगे। चारों तरफ अन्धेरा है तो कोई बात नहीं, बर्फ गिर रही है तो कोई बात नहीं। सूरज फिर से निकलेगा, क्योंकि सूरज कभी मरता नहीं है। आपका अगला प्रयास जरूर फिर कुछ आगे बढ़ायेगा। ऐसी ही सोच से आगे बढ़ें।

8. विशेषज्ञ की सलाह (Advise of Experts)– सलाह की सफलता में अहम भूमिका होती है। सही समय पर मिले सुझाव न केवल जिंदगी के अहम फैसले लेने में मदद करते है अपितु सही दिशा प्राप्त कर सफलता की सीढ़ी पर चढ़ सकते है। सलाह लेते समय यह ध्यान में रखना होगा कि देने वाले का कोई व्यक्तिगत स्वार्थ तो नहीं जुड़ा हुआ है। यह भी सोचना चाहिये कि सलाह देने वाला व्यक्ति कितना भरोसेमंद और हितैषी है।

जीवनसाथी, दोस्त, माता–पिता और बच्चों से तो अक्सर सहयोग मिल ही जाता है, लेकिन आवश्यकता पड़ने पर प्रोफेशनल की सलाह लेनी चाहिए। अपने से ज्यादा सफल हुए व्यक्ति से सम्पर्क साध कर सफलता के टिप्स प्राप्त कर सकते है ।

जब हम किसी महान व्यक्ति की उपलब्धि और श्रेष्ठता को देखते है तो हमें प्रेरित और प्रोत्साहित होकर ऊँची उपलब्धि पाने की प्रेरणा मिलती है। इससें अपना विकास करने की चाहत पैदा होती है। बड़े सपनों के लिए ऐसे गुरू से सलाह लो जिनकी मानसिक हैसियत सलाह देने की हो। महाभारत में सबसे बड़ा रोल सलाहकार का ही था। पांड़वों के सलाहकार श्री कृष्ण थे और कौरवों के शकुनि। इसकी वजह से पूरा परिणाम ही बदल गया। गुरू उसे ही बनायें जिसने इस क्षेत्र में महारत हासिल कर रखी हो। लक्ष्य बड़ा हो तो, महान व्यक्तियों की जीवनी पढ़े और अपने जीवन में बदलाव लायें।

बिना प्रेरणा, दिमाग की शक्तियाँ सुप्त अवस्था में रहती है। बिना प्रेरणा के न तो सफलता की शक्तियाँ जागृत होती है और न ही आगे बढ़ सकते है। इसलिए समय–समय पर अपना **मोटिवेशन लेवल बढ़ाने के लिए, हमें रोल मॉडल्स तय करने चाहिए और उनके जीवन के विभिन्न पहलुओं से सीख लेने की कोशिश करनी चाहिए।** इसका मतलब यह भी नहीं कि अपनी मौलिकता को भूल जायें और उनकी नकल ही करते जायें। नकल करना उस कलाकार की तरह हो जाता है जो दूसरों की आवाजें निकालने में तो माहिर है, लेकिन खुद दो लाईनों की रचना भी नहीं कर सकता। अतः आप जिसे अपना आदर्श मान रहे है उनसे अपनी नई सोच को बतायें। अपने मौलिक गुण को निखारें और तराशते जाए। यह गुण आपके पैशन के अन्दर छिपा होता है। आपको जो काम रोमांचक लगता है। जिसे आप बिना थके घंटों कर सकते है, वही पैशन है, उसी से आपकी मौलिकता बाहर आ सकती है। इसी से आप लक्ष्य निर्धारित कर आगे बढ़ सकते है।

9. चुनौतियों का सामना (Fight to Chalanges) – प्रसिद्ध जीव विज्ञानी चार्ल्स डार्विन ने कहा था, "जीवित वह नहीं रहता जो सबसे बलवान या बुद्धिमान है, जीवित तो वह रहता है जो खुद को बदलाव के अनुरूप ढाल लेता है।" डार्विन का यह कथन जितना जीव–जन्तुओं पर लागू होता है उतना ही लक्ष्य की ओर बढ़नें वाले व्यक्तिों पर लागू होता है जो बदलती

परिस्थितियों के अनुरूप खुद को ढालने में सक्षम हो। बाधाओं से घबराने वाला व्यक्ति कभी सफल नहीं हो सकता, जीतता वही है जिसने हारना सीख लिया। हर हार को चुनौती मानें व उसके समाधान का प्रयत्न करें। भाग्य के भरोसे न बैठो, आसमानी कृति का सहारा भी मत ढूंढो, भरोसा करो अपनी कर्मठता पर, अपने रास्ते पर जो तुम्हें सफलता की ओर ले जायेगा।

चुनौतियों को लेकर हर व्यक्ति तनाव में आता है लेकिन सच्चाई यह है कि कुछ मात्रा में तनाव भी जरूरी है। इससे मन व शरीर की सोई हुई शक्तियां जागती है और सामान्य स्तर से ऊपर उठने व अपनी गुणवता को सुधारने का प्रयत्न करता है। ऐसे समय में विश्राम न करके चुनौती को निपटाने में लग जाना चाहिये। यह तनाव की ऊर्जा मन मस्तिष्क में धूम मचाती है उस समय ऊर्जा को दिशा दें, उसे कार्यरूप में रूपांतरित करें। इस हेतु ओशो की दृष्टि में तनाव शरीर और मन में चुनौती वष पैदा हुई अतिरिक्त ऊर्जा होती है। लोग नहीं जानते कि उसका क्या किया जाए। वे इतने भयभीत हो जाते है कि तनाव की ओर देखना भी पसंद नहीं करते और तनाव को गहरे दबा देते है। उसके असर से शरीर में परेशानियां पैदा होती है। अतः तनाव की वजह से मन मस्तिष्क में आई अतिरिक्त ऊर्जा को अपने लक्ष्य की ओर मोड़ दो, दुगुनी ताकत के साथ चुनौती को पूर्ण करके दिखाओ, सफलता मिलेगी।

उन्नति के उपाय पुस्तक में लेखक ए. पी. परेश ने लिखा कि ''महत्वपूर्ण यह नहीं कि तुम काम में कितनी बार विफल हुए हो, बल्कि यह है कि तुम ने कितनी बार प्रयत्न किया है। महत्वपूर्ण यह नहीं कि तुम ने उस में कितनी मेहनत की है, बल्कि यह है कि उसे कितनी अच्छी तरह व सच्चाई से किया है। महत्वपूर्ण यह नहीं कि तुम कितनी बार गिरे हो, बल्कि यह है कि तुम गिर कर कितनी बार संभले हो''। हर असफलता का कोई न कोई कारण होता है जो हमारे ही भीतर छिपा बैठा होता है। अपर्याप्त प्लानिंग, तैयारी में कमी, साधनों की कमी, उचित तकनीक व अवसर का उपयोग न कर पाना हो सकता है। **हमें अपनी गलतियों को मानना और उससे सीखना होगा।** अपनी असफलताओं से सीखने की क्षमता भी हमारे भीतर छिपी होती है असफलता को चुनौती मान कर सफलता के लिए फिर प्रयास करें क्योंकि FAIL होने पर हार न माने क्योंकि F.A.I.L. (First Attempt In Learning) का अर्थ होता है ''सीखने की पहली कोशिश''। हम सब जानते है की जब हम तैरना सीखते है तो पहले क्या

करते है? गलती करते है। डर लगता है असफल हो जाते है, हम फिर कोशिश करते है, फिर गलती करते है लेकिन एक समय आता है की सभी संभावित गलतियां हम कर चुके होते है और परिणाम यह होता है की तैरना सीख जाते है। सफल हो जाते है।

जैसे हर जीत में मिलती है खुशी, ऐसे ही हर हार में होता है दुःख हार के बाद मिली जीत में, होती नई चेतना, नई उमंग।

10. काम को बांटे (Distribution of Work):– किसी भी काम को हाथ में लेने के साथ ही रूपरेखा (स्ट्रेटजी) बना लेनी चाहिए, तभी बेहतर मैनेजमेंट के साथ सफलता मिलेगी। काम की योजना बनने के बाद काम को स्टेप्स में बांट कर आगे बढ़ें। ये स्टेप्स समय अनुसार हो सकते है, कार्य के पार्ट अनुसार हो सकते है, या कार्य स्थल या सहयोगी व्यक्तियों के अनुसार हो सकते है। कौनसा काम पहले होगा व कौनसा बाद में इसके लिए समय निर्धारित कर कार्य योजना से बांटे हुए काम को पूर्ण करें। बांटे हुऐ छोटे–छोटे लक्ष्यों को पिरोकर बड़ी सफलता की माला बनाई जा सके। धीरे–धीरे जब छोटे लक्ष्य पूर्ण होंगे तो हम स्वतः ही प्रेरित होना शुरू कर देंगे और छोटे लक्ष्यों की प्राप्ति से उत्साह बढ़ता है। हमारा स्वभाव है कि हम बड़ी हार को स्वीकार नहीं करते मगर छोटी–छोटी हार को रास्ते की ठोकर मान कर आगे बढ़ जाते है। ये छोटी छोटी बाधाऐं सम्भलने के अवसर देती है ताकि बड़े लक्ष्य को हासिल करने के रास्ते में बाधा अवरोध न लगे। लक्ष्य बांटने का एक और फायदा है कि बड़ी आर्थिक हानि से भी बच जायेंगे और बड़े लक्ष्य, तक पहुंचने के लिए आवश्यक धन राशि भी धीरे–धीरे जुटा लेंगे। इन छोटे–छोटे लक्ष्यों की पूर्ति से सफलता सामने दिखती है इससे अपने कार्य में विश्वास जग जाता है जिससे सफलता को आसानी से प्राप्त कर पायेंगे।

11. प्रतिबद्धता (Determinations) – प्रतिबद्धता यानि दृढ़ता, किसी कार्य को पूर्ण करने का निश्चय, सफलता का पायदान है। दृढ़ निश्चय अन्तस की

डटे रहो,
अवसरों की कमी नहीं

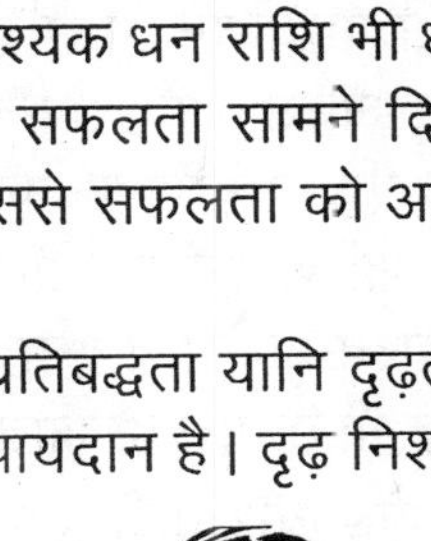

आवाज के प्रति निष्ठा होती है जबकि हठ हमारे अहं की उपज होती है। सही दिशा में कार्य करने का संकल्प सफलता की सीढ़ी है मन का निश्चय ही ऊर्जा को सफलता में परिवर्तित करेगी। उसे पूरा करने के लिए हर कीमत पर तैयार रहना होगा। किसी काम को सौ प्रतिशत निष्ठा से किया जाए तो सपनों को साकार होते देर नहीं लगती है, आपको लक्ष्य के प्रति समर्पित होना पड़ेगा। यानि अपने विश्वास को कार्य के प्रति जागृत करना होगा, यह आत्मा का विश्वास ही आत्मविश्वास (Confidence) है और अगर आपने दृढ़ता के साथ आगे कदम बढ़ाये तो आपका निश्चय (प्रतिबद्धता) 100 प्रतिशत साकार रूप लेगा। अपने लक्ष्य (ध्येय) के प्रति सुदृढ़ और सुनि चत होकर ही सफलता की ओर आगे बढ़ सकते है।

प्रतिबद्धता (दृढ़ता) व्यक्ति को अपने ध्येय से गिरने नहीं देती है उसे आगे जुटे रहने को दिमागी तौर पर प्रेरित करती है। सफल होने का सबसे आसान तरीका है एक बार और प्रयास करना। अगर आपने धैर्य नहीं रखा, मेहनत कर भीर्श पर पहुँचकर थक गए तो आप सफलता की दुनिया में भूतपूर्व ही नहीं, स्वर्गीय हो जायेंगे। अतः जो भी करें, पूरी तरह डूबकर मग्न होकर करें। मंजिल उसे ही मिलती है जो पथ पर निरन्तर अग्रसर होता है। अपने गोल तक पहुंचने के लिए अपनी ऊर्जा को अगर व्यवस्थित नहीं किया तो अवसर हाथ से निकल जायेगा। कई बार हम सामान्य दिखने वाले अवसरों को हाथ से जाने देते है जबकि छोटे–छोटे अवसरों को जोड़ कर अच्छा अवसर प्राप्त किया जा सकता है। अवसर हमारे चारों ओर बिखरे पड़े होते है बस उसे पहचानने वाला होना चाहिये। योग्य व्यक्ति अपनी मेहनत के बल पर हर अवसर को सफलता की बुनियाद बना लेता है। आचार्य महाप्रज्ञ जी ने एक सन्देश में कहा कि : "प्रत्येक आदमी के पास इच्छा शक्ति, संकल्प शक्ति एवं एकाग्रता की शक्ति होती है। संकल्प शक्ति को जागृत करने वाला अजेय बन सकता है। संकल्प जागृत होने पर व्यक्ति, समाज एवं राष्ट्र भी जागृत हो जाता है।"

हल्का पेड़ और भारी पेड़ जब तुफान का सामना करते है तो दोनों की स्थिति बदल जाती है हल्के पेड़ की पत्तियाँ व टहनियाँ गिर जाती है, वह उखड़ कर निर्जीव लकड़ी बन जाता है। वही दूसरी ओर मजबूत पेड़ की पत्तियाँ व टहनियाँ तो कुछ झड़ती है, लेकिन वह मजबूती से खड़ा रहता है। वह फिर से हरा हो जाता है। यानि परिस्थितियों का सामना कर लकड़ी बनने के बजाय मजबूत पेड़ बनो। पेड़ की भांति दृढ़ता से परिस्थितियों का

सामना करो तो आपका वजूद मिट नहीं सकता।

12. धैर्य रखें (Keep Patience) – हमारा मन स्वभाव से चन्चल होता है, वह बदलता रहता है। धैर्य (संयम) इस मन के लिए अंकुश का कार्य करता है। हमारी सोच तर्क–वितर्क–कुतर्क में भटकती है। मगर शांत रह कर आगे बढ़ने पर बुद्धि में विवेक की प्रधानता आती है। धैर्य तप है, एक संकल्प है हर व्यक्ति गलतियों का पुतला होता है मगर धैर्य ऊर्जा को नियंत्रित करता है जिसका फल मीठा मिलता है। अधीरता हमारी शक्ति को आधी कर देती है अगर यही शक्ति समस्या को निपटाने में लगा दें तो परिणाम अच्छे मिलना शुरू हो जाएंगे। धैर्यपूर्वक पर्याप्त चिंतन करके कोई कार्य किया जाय तो प्रतिभा के अनुसार ही फल प्राप्त होता है। प्रतिभा आसानी से प्राप्त होने वाली कोई वस्तु नहीं है और न ही जादू–टोने से प्राप्त होने वाली रहस्यमयी वस्तु है। न तो कहीं इसकी खेती होती है और न ही यह हाट बाजार में बिकती है। प्रतिभा तो सही दिशा में, सही समय पर, सही तरीके से फल प्राप्त करने की क्षमता है।

प्रतिभाशाली व्यक्ति धैर्य नहीं खोते। वे धैर्यपूर्वक विश्वास के साथ कदम पर कदम बढ़ाते चलते है। इस हेतु लेखक सेठ गोविन्द दास ने अपनी पुस्तक सरदार पटेल में लिखा कि –''लोहा जब गर्म होता है तब लाल सुर्ख हो जाता है और उसमें से चिनगारियां उड़ने लगती है, परन्तु लोहा चाहे कितना भी गर्म हो जाए, हथौड़े को तो ठंडा रखना चाहिए। हथौड़ा गर्म हो जाए तो अपने दस्ते को जलाता है, लोहे को इच्छानुसार रूप देना हो, तो हथौड़े के गर्म होने से काम नहीं चल सकता, इसलिए कितनी ही विपत्तियों में हमें गर्म नहीं होना चाहिये''। सफलता के लिए किसी देवी प्रेरणा या पारलौकिक शक्ति की जरूरत नहीं। धैर्य के साथ सही दिशा में सही मात्रा में परिश्रम करने की जरूरत होती है। सफलता एक प्रयास से नहीं मिलती है, सफलता का आधार है धैर्य। इस दुनिया में कोई भी चीज मुफ्त नहीं मिलती और उस उपलब्धि का मूल्य ही क्या, जो बिना श्रम के मिल जाये। किसी का असफल होना कोई नई बात नहीं है, गिरता वही है जो चलता है। कहते है कि–

''गिरते है शहशावर ही मैदाने जंग में,
वो तिल्फ क्या गिरेंगे जो घुटनों के बल चलते हो।''

गिर कर जो फिर उठ जाये और फिर सुदृढ़ता से चलना शुरू कर दे वही लक्ष्य तक पहुँचता है। ऐसे ही एक कहावत है–

धीरे–धीरे रे मना, धीरे सब कुछ होय
माली सींचे सौ घड़ा, रितु आये फल होय।

अतः आपका लगातार, धैर्य व आत्मविश्वास के साथ प्रयासरत रहना ही सफलता की सीढ़ी पर चढ़ना है। यह आसानी से भी नहीं मिलती है। इसके लिए बार–बार प्रयास की जरूरत है यानि स्थिति को स्थिर बनाये रखना इसी को धैर्य कहते है। अगर आपने धैर्य नहीं रखा, मेहनत कर शीर्ष पर पहुँचकर थक गए तो आप सफलता की दुनिया में भूतपूर्व ही नहीं,, स्वर्गीय हो जायेंगे। अतः जो भी कर, पूरी तरह डूबकर मग्न होकर करें। मंजिल उसे ही मिलती है जो पथ पर निरंतर अग्रसर होता है। तभी तो अखबार बेचने वाला लड़का जिसने कभी हार नहीं मानी और लक्ष्य के प्रति सजग रहा तो एक दिन अमेरिका का राष्ट्रपति बन गया। यह महान् व्यक्ति था अब्राहिम लिंकन । अपने लक्ष्य (Goal) तक पहुंचने के क्रम में जो लोग धैर्य का साथ नहीं छोड़ते, सफलता भी उनका साथ नहीं छोड़ती है।

13. सरलता सीखें (Simplicity) – आपकी सफलता का झण्डा जिन लोगों के बीच लहराना है उनसे प्यार बढ़ाऐं, प्यार करें अपने संस्थान से, प्रदेश से, देश से, पड़ौसी से, आपके सामने बैठे सज्जन से। आपकी सरलता, आने वाली बाधाओं में रास्ता बनाएगी, जबकि घमण्डी व अंहकारी व्यक्ति को सही दिशा नहीं मिलती है। अगर स्वभाव में घमण्ड झलक रहा हो, सामने वाले की अनदेखी कर रहे हो तो लोग आपसे दूरी बनायेंगे। नई चीज आप तक नहीं पहुँच पायेगी जबकि सरल स्वभाव वाले से हर कोई आत्मीय सम्बन्ध रखना चाहता है जिससे टीम बनती है अतः सरलता चुम्बक की तरह है जो सफलता को खींच लेती है। मानव जाति को स्थान देना और हो सके तो उनके हित के लिए कार्य करना भी सफलता की सोपान पर एक कदम होगा।

14. लक्ष्य को पैसे से न तोलें (Goal is not measurable by money) – सफलता का अर्थ पैसा नहीं है जीवन के हजारों क्षेत्र है, आपकी पूर्णता सफलता की चोटी है। बड़ी सफलतायें पैसे से नहीं तोली जाती है। ओलम्पिक खेलों में जीते गये एक कप की कीमत देश के लिए कितनी है, यह कप में लगी धातु से नहीं निकाल सकते। पैसा तो सफलता के साथ खुद–ब–खुद आने वाली चीज है। दिमाग में यह सोच रहनी चाहिये कि लक्ष्य हासिल करने के लिए क्या करना होगा। किन–किन क्षमताओं को और बढ़ाना होगा ताकि मंजिल आपके कदमों में हो। अगर रिस्क उठाने की ठानी

है तो वह आपकी सोची गई कैलकुलेटेड रिस्क होनी चाहिए।

15. प्रसन्नता एवं मानसिक संतुलन (Mental happiness and satisfaction)– सफलता पाने के लिए प्रसन्नता की उतनी ही आवश्यकता होती है, जितनी शरीर यात्रा के लिए जीवन की। अप्रसन्न व्यक्ति एक प्रकार से निर्जीव ही होते हैं क्योंकि अप्रसन्नता की स्थिति में मनुष्य का संतुलन बिगड़ा रहता है अतः मानसिक संतुलन लक्ष्य की ओर बनाये रखें। इसके लिए अपने कार्य में खुशी का अनुभव करें, न कि बोझ। इसीलिए गीता में लिखा है कि–

रागद्वेषवियुक्तैस्तु विष्यातिन्द्रिय यैश्चरन।
आत्मवश्यैर्तिधेयात्मा प्रसादमधिगच्छति।।

यानि इन्द्रियों को राग और द्वेष से मुक्त कर, खुद के वश में कर, जब मनुष्य विषयों (लक्ष्य) को संयम से ग्रहण करता है तो प्रसन्नता ही प्राप्त करता है।

16. कड़ी मेहनत – कहते है की मनुष्य में अंनत संभावनाएं छिपी है। अनंत शक्तियों का वह स्त्रोत है। यह उसके ऊपर है की वह उन अपने अंदर छिपी हुई अनंत शक्तियों में कितनों को आकार दे पाता है इन शक्तियों को आकार देने का आधार है आपकी मेहनत। जो जितनी मेहनत करता है वह उतना तेजस्वी और प्रभावी बनता है जिन्होंने अपने जीवन में पुरूषार्थ यानि मेहनत को जारी रखा उनका नाम इतिहास के स्वर्णिम पृष्ठों में अंकित हो गये और जिन्होंने जीवन पर्यन्त पुरूषार्थ नहीं किया वे काल के गाल में समा गए। सफलता उन्हीं को मिलती है जो परिश्रम से अपनी तकदीर लिखते है। लक्ष्य प्राप्ति में 100 प्रतिशत रोल मेहनत का होता है, भाग्य भी उसी का साथ देता है जो सही दिशा में सही तरीके से सही समय पर कड़ी मेहनत करते है। भूल जायें भाग्य को कोसना, मत टटोलो अपने हाथ की रेखाओं को, अपने हाथों को संघर्ष व मेहनत की ओर बढ़ायें, अपने मस्तिष्क को सही निर्णय लेने में लगायें, आपका सही निर्णय ही आपको सफलता की चोटी पर ले जायेगा।

कुछ लोग करने योग्य काम को भी नहीं करते, शरीर को परीश्रम से दूर रखना चाहते है वे आलसी होते है। ऐसे लोग उचित–अनुचित की परख करने का कष्ट भी नहीं उठाते। शारीरिक आलस्य के कारण, शारिरिक तेजस्विता एवं उत्कर्षठता नष्ट हो जाती है और पराधीन बन जाते है। पराधीन व्यक्ति कभी श्रेष्ठता को प्राप्त नहीं कर सकते। लम्बे समय तक,

निरन्तर किया गया प्रयास अगर सच्चे मन से हो तो सफलता अवश्य मिलती है। मेहनत से दूर भागने वाले लोगों से सफलता भी दूर हो जाती है। कुछ लोग क्षणिक मेहनत कर लक्ष्य प्राप्त न करने का रोना रोते है। मेहनत निरन्तर एवं अंतर्मन से होनी चाहिए। उस बच्चे जैसा नहीं होना चाहिये जो डर से पढ़ने बैठ जाता है घंटो बैठता है किन्तु एक शब्द भी नहीं पढ़ पाता, यह सच्ची मेहनत नहीं है, यह तो मात्र दिखावा है। ऐसे व्यक्तियों से मंजिल दूर रहती है। अतः यह कहना उचित होगा कि **लगातार एवं सही दिशा में की गई मेहनत हर असंभव को संभव कर देती है।** मेहनत से हम अपना भाग्य खुद लिख सकते है और हमको अगर भाग्य लिखना नहीं आया तो परिस्थितियां हमारा भाग्य लिख देगी। महान् कवि ने ठीक ही कहा है कि ''मानव जब जोर लगाता है पत्थर पानी बन जाता है अतः कोई भी मंजिल मेहनतकश लोगों से दूर नहीं रह सकती।'' जरूरत है कड़ी मेहनत की।

17. अवसर पर निर्णय – हाथ में आये अवसर खो देना असफलता का मार्ग है। अधिकांश लोग औसत इसलिए नहीं बने रहे कि उन्होने गलत निर्णय लिए, वरन् औसत इसलिए रह गये कि उन्होने निर्णय ही नहीं लिए। यदि हम निर्णय नहीं ले रहे है या देर से ले रहे है तो हम असफल होने का निर्णय ले रहे है। हार और जीत जीवन का हिस्सा है जो समय, अवसर पर निर्णय कर लेता है वो उसे प्राप्त भी कर लेता है। निर्णय करता है तो प्रयास से हर असंभव, संभव में परिवर्तित हो जाती है। इसके लिए योजनाबद्ध प्रोग्राम बनाये और उसे समय–समय पर उचित निर्णय कर कार्यरूप दें।

''संसार के रथ का पहिया किसी के लिए नहीं रूकता है। इसलिए दुःख, भय, कायरता और शोक का त्याग कर कर्मों में लीन हो जाओ अन्यथा यह संसार तुम्हें क्रियाशून्य समझकर मृतक घोषित कर देगा।''

–रामधारीसिंह दिनकर

''भाग्य कुछ नहीं है, जो कुछ है वह प्रयत्न, उद्योग और पुरूषार्थ है, भाग्य अवसर का अनुचर है, लेकिन हम संयोग की प्रतीक्षा में कब तक बैठे रह सकते है? हम उस का निर्माण करेंगे और ऐसी परिस्थितियों को जन्म देंगे, जो अवसर को स्वयं हमारे पास खींच लाएगी, हम भाग्य के आगे घुटने नहीं टेकेंगे, संघर्ष करेंगे और विजय प्राप्त करेंगे, सफलता उन्हें नहीं मिलती जो अकर्मण्य है, कायर है।''

–भगवतीप्रसाद वाजपेयी : दुखन लागे नैन

03 खुश रहने की सोच

खुश रहना हमारा जन्म सिद्ध अधिकार है। खुशी हमारे भीतर मौलिक रूप से मौजूद होती है। खुशी जीवन की एक शैली है या यौं कहिए कि एक आदत है । **जब हम जीवन के प्रति धन्यता का अनुभव करेंगें तभी जिन्दगी खुशनुमा लगेगी, क्योंकि जैसा हम सोचेंगे वैसे ही हम बनेंगें** । खुश रहने वाला व्यक्ति, प्रतिकूलता में भी अनुकुलता खोज लेता है और दुःख एवं निराशा पर विजय प्राप्त कर सुखी बना रहता है। खुशी मनुष्य के लिए अनुठा प्रकृति का वरदान है यह हमें स्फूर्ति, उत्साह, उल्लास और आत्मविश्वास से भर देती है। एक प्रसन्न चेहरा खिले हुए पुश्प की भांति भीनी–भीनी सुंगंध बिखेरता है। खुशी जीवन के रचनात्मक, सृजनात्मक एवम् सकारात्मक दृष्टिकोण की वाहक होती है। खुश रहना है तो अन्तःकरण से शक्तिशाली बनना होगा। अगर हम भीतर से कमजोर रहेंगे तो कोई हमको खुश रख नहीं सकता। खुशी अंतःकरण के सुखद भावों की सहज अभिव्यक्ति है। सम्पूर्ण सृष्टि में केवल मानव ही है जिसके पास मुस्कराने, हँसने और खुश रहने की सामर्थ्य को प्रदर्शित कर सकता है।

शरीर के हर अंग का खुश होने का मन होता है। आँखों का मन होता हैं सदा सुन्दर चीजें देखने की इच्छा होती है, जीभ का मन होता हैं अच्छा–अच्छा खाना, कानों का मन प्रशंसा के शब्द सुनना चाहता हैं, नाक अच्छी–अच्छी महक को सूंघना चाहती हैं, मन भी एक नहीं होता, कई ख्वाब एक साथ चलते रहते है। हर चीज़ जो हमारे पास नहीं है। उसकी इच्छा मन में बनी रहती हैं। जीवित व्यक्ति का मन तृप्त नहीं रह सकता।, इच्छा से ही कर्म होता है मगर अति–महत्वाकांक्षा चिंता का कारण भी बन जाता है। व्यक्ति अपने औंर समाज के हित में सोचे, प्राप्त भी कर ले तो खुशी ही मिलेगी, मगर इच्छा के केवल मकड़जाल में ही उलझ जाने मात्र से चिंता ग्रस्त हो जायेंगें। जैसे आकाश का अंत नहीं होता ऐसे ही प्राप्ति का कोई अंत नहीं होता। **मन शान्त होगा हमारी क्रियाशीलता से। हर पुरुषार्थ के बाद मन में खुशी की लहर उठती है,अगर हम सफल हो रहे हो तो वो ही सच्ची खुशी है।**

खुशी की तलाश हमारी प्रवृति है लेकिन यह भी सच है कि खुशी भीतर ही होती है। तकनीकी भाषा में इसे ''सेल्फबिल्ट' कह सकते हैं। हम खुश रह सकते है, अगर हमने मन ने खुश रहने की ठान ली है। इसके लिए

हमें खुद का सबसे अच्छा दोस्त बनना होगा। जैसे–जैसे अवान्छित कामनाओं का त्याग करते जायेंगे वैसे – वैसे दुखों की निवृति होती जायेगी। दुखों की पूर्ण निवृति की अवस्था ही परमसुख की अवस्था है। क्योंकि **जैसा हम सोचेंगे वैसा ही हम बनेंगें।** अगर हम बाहरी घटनाओं से मनोदशा को प्रभावित करने देंगे तो बाहरी खुशियां हमारी खुशियों को नियन्त्रित करने लगेगी। जीवन में खुश रहने से हमारे अंदर ऊर्जा आती है। खुश रहने से जीवन की गुणवत्ता में सुधार ही नहीं होता है बल्कि खुशी हमारी उम्र भी बढ़ा देती है। इस हेतु अपने मन में छुपी खुशी को टटोलें। कुछ समय के लिए अपनी कमियों को नजर अन्दाज करें मगर हर हाल में खुश रहने का प्रयत्न करें। अगर हम खुश न रह पाये तो हो सकता है हम दुःखी हो जाये, दुःखी यानि सैड (सीजनल अफेक्टिव डिसऑर्डर)।

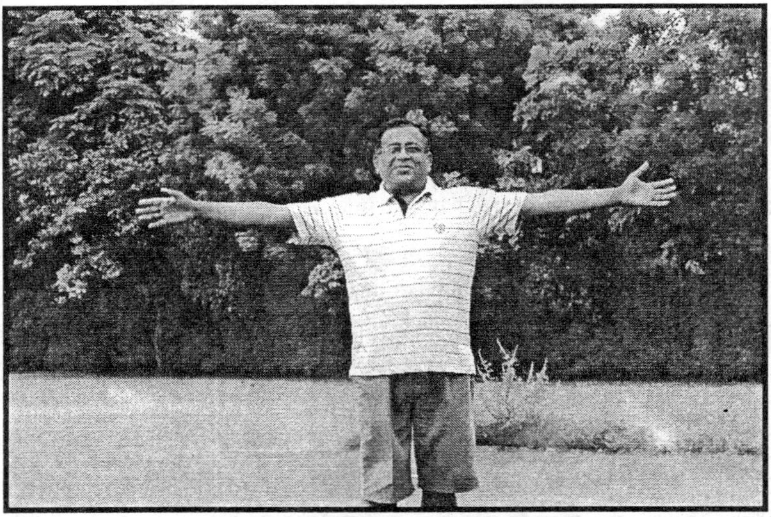

जैसा सोचेंगे वैसा ही हम बनेंगे

जीवन चक्र में हर समय मौसम व परिस्थितियां हमारे अनुकूल नहीं रहती है अतः जल्द से जल्द परिस्थितियों को बेहतर करने का उपाय करें या फिर उसे स्वीकार करने की ठान लें। हमें मौसम के अनुकूल बदलना होता है तभी हम खुश रह पायेंगे क्योंकि संतोष का मतलब रूक जाना, आलस्य करना और निठल्ले रहना नहीं अपितु निरन्तरता बनाये रखना और परिस्थिति के अनुकूल होने का इन्तजार होता है। किसी लक्ष्य के लिए विवेक के साथ मनसे जुड़ने को प्रतिबद्धता कहते है यानि सही दिशा में कार्य

करने का संकल्प ही सफलता की सीढ़ी है। मन का निश्चय ही ऊर्जा को सफलता में परिवर्तित करेगी।

जीवन में खुशी खींचकर लानी होती है। आनन्द अर्जित करने का मामला है जिस का मुख्य फैक्टर परिश्रम व जागरूकता ही है। खुश रहना है तो खुशी का इंतजार न करें, स्वयं सक्रिय हो जाएं। अपने पास जो कुछ भी है, उसके प्रति आभार जताने पर खुशियों का स्तर बढ़ता है। उन चीजों के बारे में याद करें, जिनसे खुशियां मिलती है।

जीवन में तनाव, आपा–धापी और उतार–चढ़ाव तो लगे रहते है, लेकिन इसका मतलब यह नहीं कि आप हर दम इन्हीं उलझनों में फंसे रहें और होंठों को फैलाने के बजाय मुंह फुलाए रखें। हर दिन को इस तरह से जीना शुरू कर दें कि वह जीवन का आखिरी दिन है क्योंकि जब इंसान मृत्यु के बारे में सोचता है तो उसकी सारी उम्मीदें, सारे डर अपने लिए खत्म हो जाते है और सिर्फ जरूरी चीजें ही करता है। अतः अपनी जिंदगी को दूसरों के हिसाब से मत चलाईये। औरों के विचारों के शोर में अपनी अंदर की आवाज को मत डूबने दीजिए। अपने लिए जीना शुरू कीजिए। ऐसी चीजें कीजिए, जो आपको खुशी और सुकून दे। हर दिन खुलकर जीने की आदत बनायें। चाहे कोई भी परिस्थिति आए, हमें उदास नहीं होना है। फिर देखिए लाइफ कितनी मजेदार बन जाएगी।

जीवन में खुशियां छोटी–छोटी चीजों और कार्यों में ढूंढ लें तो बड़े सामानों की जरूरत नहीं पड़ेगी क्योंकि हमारा शरीर जीवन रथ है। इन्द्रियाँ इस रथ से जुड़े घोड़े है हमारी सोच सारथी है सारथी के हाथ में इच्छा रूपी लगाम हैं, इस शरीर रूपी रथ पर मालिक बनकर बैठो। यदि सारथी सक्रिय रहता है तो हम सुखी है और यदि सारथी अपनी मनमर्जी व शिथिलता करता है तो हम दुःखी रहेंगे। अगर मनःस्थिति में ही नकारात्मक पहलु देखोगे तो दुःख का ही अनुभव करोगे। व्यक्ति के देखने का नज़रिया बदलने से चीजें बदल जाती है। एयर कन्डीशन की जगह पेड़ की छांव में बैठ कर भी शकुन प्राप्त किया जा सकता है। सुख और दुःख तो मन की देन हैं। मन के भाव अच्छे तो विपरीत परिस्थिति में भी खुशी को महसूस किया जा सकता है ऐसे भाव सुखद परिणाम ही देते है। एक माँ अपने लाडले को दुध पिलाकर खुश होती है तो शरीर का चीर फाड़ कर सफल आपरेशन करने पर डाक्टर प्रसन्न होता है।

मन के संतुलन और उत्साह के लिए खुशी एक टॉनिक है। दुःख–सुख का अपना कोई अस्तित्व नहीं है, उसकी वेदना, हमारी

स्वीकृति–अस्वीकृति पर निर्भर करती है। **जिन परिस्थितियों को हम दुःखद–स्वीकृत कर लेते है वे हमें दुःख और जिन परिस्थियों को हम सुखद स्वीकार कर लेते है वे हमें खुशी देते है।** अपनी जिंदगी को दूसरों के हिसाब से मत चलाइए। औरों के विचारों के शोर में अपनी अन्दर की आवाज़ को मत डुबने दीजिए। अपने लिए जीना शुरू कीजिए जो आपको सकून दे। मन में दुख होने पर अपने को किसी न किसी काम में व्यस्त करें। हमारा बीता हुआ कल हमारे लिए नॉलेज का सोर्स होता है, आने वाले कल में उम्मीद की किरण होती है। आज का समय अपने हाथ में होता है जिसमें कल के अनुभवों से आने वाले कल को आज के प्रयास से संवार सकते है। अभिनेत्री अर्चना पूरणसिंह इसलिए मशहूर हो चुकी है क्योंकि वो खिल–खिला कर हंसती–मुस्कुराती है और इस हंसने को व्यवसाय बनाकर अच्छी खासी राशि टी.वी. सिरियल वालों से लेती है अतः हँसना, मुस्कुराना जीवन में आवश्यक पहलु होता है। अपने लिए जीना शुरू कीजिए, जो आपको सकून दे। इस हेतु निम्न बातों पर जोर दें:–

(1) प्रकृति से सानिध्य बढ़ायें।

(2) मन में ठान लें कि मैं सम्पन्न हूँ, मेरे हाथ है, पैर है, घर है, बुद्धि है, परिवार है, मैं खुश रहूँगा। बाधायें मेरा कुछ और नहीं बिगाड़ सकती।

(3) हर परिस्थिति में आनन्द का अनुभव करें और अनहोनी को ईश्वर की मर्जी पर डाल दे।

(4) अपनी आशाओं (Expectation) को अपनी पहुँच के अनुसार ही बढ़ायें।

(5) खुद को खाली न बैठने दें, मनोरंजन के लिए भी कुछ करते रहें।

(6) अपने से कम भाग्यशाली लोगों की मदद कर खुशी का अनुभव करें।

(7) भौतिक सुविधाओं के उपयोग पर संयम बनाये रखें, इनके लिए चिंता मग्न न रहें पर अपनी सुरक्षा अवश्य करें।

(8) मन से औरों के प्रति द्वेष निकालें। इस हेतु खुद के साथ औरों को भी माफ करें।

(9) जीवन में गति होती है अतः अवसर फिर मिलते है, रास्ते नये मिलते हैं। जरूरत है फिर उठ कर प्रयत्न करने की।

(10) अपने से छोटे व जवान लोगों से दोस्ती बढ़ायें, आप उनके मध्य लीडरशिप और जवानी का अनुभव करेंगे।

(11) अपने मन से भावनात्मक नाकामयाबी (Emotional Failure) की बात

निकाल फेंके और सोचे कि मैं इतना तो कर ही सकता हूँ। अपनी छुपी अच्छाइयों को देखें और सतत् संघर्षरत रहें।

(12) अगर बड़े काम तक नहीं पहुँच पा रहे है तो छोटे–छोटे काम शुरू कर दें मगर हर हाल में व्यस्त रहें। सक्रिय रहें।

(13) हर छोटी से छोटी क्रिया में खुशी का अनुभव करें हर परिस्थिति में अच्छा अनुभव करें। जैसे कितने अच्छे लोग है, कितनी अच्छी हवा है, कितना अच्छा काम है, कितने सारे अवसर है ऐसी ही सकारात्मक सोच को जागृत करें, खुशी स्वयं आपके मन का दरवाजा खोलेगी।

(14) काम जब भी याद आये, कर डालें या तैयारी कर डालें या लिख डालें। लिखा हुआ कार्य पुनः देखने पर याद आ जायेगा, कार्य के पूर्ण होने में ही खुशी है काम के अधूरेपन से चिन्ता ही सतायेगी।

(15) मेलजोल (Interpersonal) की आदत बनायें।

(16) संगीत को सुनें व संगीत के साथ लयबद्ध (Rhythmic) होवें।

(17) नित्य खेल के लिये समय निकालें।

(18) पढ़ने और लिखने की आदत बनायें। प्रेरणादायक पुस्तकें पढ़ें।

(19) आशावादी (Optimist) नजरिये से जियें मगर खुश रहने का तरीका है कि "उम्मीद" अपने आप से रखो, किसी और से नहीं।

(20) खुश रहने का सबसे बड़ा पहलू होता है वर्तमान का उपयोग, इसी क्षण सोचो कि कितना अच्छा समय है, श्वास सही चल रही है, हाथ–पैर कार्यशील है, भीड़ में भी कितना आराम से बैठा हूँ। अपने छोटे से छोटे काम में लगन रखें, काम को बोझ ना समझें और हीन भावना भी मन में ना लाएं। ये ही सोचे कि मैं तो छोटे बड़े सभी काम कर सकता हूँ और इसी में आंनद लो, जो भी कर रहे हो उसे खुशी से करो। **सुख को मांगो मत, अनुभव करो। यही है खुश रहने की सोच।**

(21) कुछ लोगों के दुःख का कारण होता है दूसरो की खुशी, जिसे ईर्ष्या कहते है। ऐसे लोगों को खुश रहने के लिए अपने दिमाग में अपनी तुलना दूसरों के सुखों से करने की बजाय दूसरों के दुखों से करना शुरू कर दें। देखते ही देखते आपके दुःख गायब हो जायेंगे और आप अपने को खुश मानने लगेंगे।

(22) निःस्वार्थ भाव से एवं मन से किया गया सही काम सम्बन्धों में प्रगाढ़ता उत्पन्न करता है जो खुशी का बीज होता है। मन को मारें नहीं, सोचने

को मजबूर करें।

(23) अपने विचारों का आदान–प्रदान बनायें रखें, जहाँ एकान्त होगा, वहाँ विवाद होगा। अपनी भावनाओं को खुलकर अभिव्यक्त करें।

(24) आप अगर स्वस्थ है तो आपके मन के भाव शुद्ध रहेंगे, मन के भावों को दबाने से प्रतिक्रिया स्वरूप मन में तनाव, पेट में अल्सर, चेहरे पर निराशा, रिश्तों में उदासीनता आयेगी। अतः आपका स्वास्थ्य अच्छी सोच का, खुश रहने का बेहतरीन तरीका है।

(25) आपकी क्रियाशीलता आपकी रोग प्रतिरोधक क्षमता को भी बढ़ाती है। ऐसे में छोटी–मोटी बीमारियां आपसे दूर होती रहेगी। आप अपने को स्वस्थ व खुश महसूस करेंगे।

(26) अपनी ऊर्जा को बेवजह के झगड़ों में न खर्च करके केवल रचनात्मक कार्यो में लगाएं।

(27) फुर्सत के समय केवल उन्हीं लम्हों को दोहराऐ जिसमें आपका एवं साथ वाले का मूड अच्छा रह सके। साथ वाले को चुभने वाली बात को न दोहराएं और अच्छे लम्हों को याद करें।

(28) खुद की दुसरों से तुलना करना छोड़ें क्योंकि हर व्यक्ति की अलग खासियत होती है। इससे मन में ग्लानि ही उत्पन्न होगी और आप की ऊर्जा और समय दोनों ही नष्ट होंगे।

(29) जीवन में खुश रहने कड़ी होती है निर्भयता, अगर बात–बात पर घबराना छोड़ दोगे तो भयमुक्त जीवन खुशी प्रदान करेगा।

(30) जीवन में क्या–क्या करना है यह जरूर तय करें। बिना लक्ष्य के जीवन ऐसी गाड़ी की तरह होगा जिसका स्टेयरिंग ही न हो। अतः तय किये हुए कार्यो को करने में खुशी मिलेगी क्योंकि वह कार्य आपके मन का कार्य होगा।

(31) गुजरी बातों के बारे में सोचने से या भविष्य की चिंता करने से कुछ हासिल नहीं होता। इससे तनाव ही होता है। भविष्य हमारे हाथों में नहीं होता है और भूत पर हमारा अब बस नहीं चल सकता। अतः वर्तमान में जीने से ही खुशी के पल हाथ में रहेंगे।

(32) जो काम पसंद हो उसे करने में उत्तेजना महसूस होती है, खुशी के हार्मोन्स बनते हैं काम बोझ नहीं, शौक बन जाता है।

हमारी शारीरिक – मानसिक क्रियाओं से जीवन स्वस्थ व सुंदर

बना रह सकता है नियमितता से टहलना, योगासन, प्रकृति के साथ समय बिताना, साहित्य, संगीत, कला, नृत्य, वृक्षारोपण से जुड़ाव रखना व ऐसी गतिविधियों में भाग लेना जिनसे मन प्रसन्न हो एवं मानवता का हित हो तो खुशियाँ आप के द्वार में ही आयेगी। हम खोखली नकली चमक से चनकने की बजाय नैतिक गुणों की सम्पूर्णता से खुशी अंदर से दमकेगी जो असल में होगी खुशी।

खुश रहने का एक और तरीका है– वह काम करें जिसे करने में खुशी मिलती है। काम परिवार, स्वयं एवं समाज के लिए सार्थक हो तो समाज में सफल भी कहलाओगे। खुशी से किये गये कार्य में उत्पादकता बढ़ती है और अपने कार्य को दुनिया के श्रेष्ठतम स्तर तक ले जा सकते है। इससे भावनात्मक स्तर भी संतुलित रहेगा। इसके विपरीत वह काम कभी न करें, जिसमें खुशी न छिपी हो, मसलन इर्ष्या, दुर्भावना, धोखा, द्वेष, विनाश का कार्य कभी किसी को खुशी नहीं दे सकते।

खुशी लेने के लिए मन के पात्र का ढक्कन को खुला रखना होगा, खुशियाँ बरस रही है, आप भर लीजिए। यदि ढक्कन बंद है या पात्र उल्टा (गलत आदते) हैं तो खुशियाँ तो बरसेगी पर आप एकत्र (एन्जॉय) नही कर पाएंगे। जीवन में मन के पात्र को खुला रखें और दोनों हाथों से खुशियाँ समेट लो क्योंकि खुला रहना ही जीवन है। अगर हमारा ध्यान दर्द की तरफ होगा तो वे सारे जीवन के फूल हमें खुशी नहीं दे सकेंगे। हमें उन फूलों के साथ चुभने वाली चीजों को हटाना है। जिससे हमें सिर्फ फूल नहीं बल्कि खुशी मिले, सुख मिले, सेहत मिले, सिर्फ सजावट नहीं। खुश रहने के लिए सबसे जरूरी है अपने स्वास्थ्य का पूरा ख्याल रखना। **हमारी शारीरिक–मानसिक क्रियाओं से हम खुश तथा जीवन स्वस्थ व सुंदर बना रह सकता है** नियमितता से टहलना, रचनात्मक कार्य करना, वृक्षों से जुड़ाव, नृत्य संगीत, साहित्य में समय लगाना। प्रकृति के साथ जुड़ाव कर व्यस्त रहने से खुशियाँ मन के द्वार में ही आयेंगी।

हम खुश होंगे तो हमारे चेहरे पर मुस्कराहट झलकेगी और जिसके निम्न फायदे होंगे–

- मुस्कराहट मनुष्य होने की पहचान है एक पशु कभी भी मुस्करा नहीं सकता।
- हर इंसान खिले फूलों और खिले चेहरों को देखना पसंद करता है। हमें भी हंसते हुऐ पसंद किया जायेगा।

- मुस्कुराहट के पैसे नहीं लगते, ये तो खुशी और सम्पन्नता की पहचान है।
- एक हँसते हुए चेहरे को देख कर हमारा मन भी हँसने को करेगा। मुस्कान होंठों का ऐसा गहना है जो चेहरे की खूबसूरती में चार चाँद लगाती हैं।
- मुस्कराइए क्योंकि हमारी मुस्कराहट अन्य चेहरों पर मुस्कान लायेगी। दो होंठों के बीच ठहरी वो एक इंच मुस्कान जब अनजान शख्स को भी अपना बना लेती है तो अपने लोगों के लिए तो यह किसी जादू से कम नहीं।
- मुस्कुराहट के साथ की गई वार्ता में बातें सत्य लगती है और खुशी का माहौल बनता है।

लेखक मार्था वॉशिंगटन बताते है कि –"स्थितियां कैसी भी क्यों न हों, मैं अब भी आनंदमग्न और खुश रहने के लिए प्रतिबद्ध हूं क्योंकि मैनें अनुभव से यह सीखा है कि हमारी खुशियों और दुखों का बड़ा हिस्सा हमारी सोच पर निर्भर करता है न कि हमारी परिस्थितियों पर।"

"जिन्दगी रोने के लिए नहीं, कुछ करने के लिए होती है। खुश रहना हर कोई चाहता है मगर खुश वो रहेंगे जो विवेक के साथ कर्म करेंगे।

आत्म संतोष के लिए राजमुकुट पहनने की अपेक्षा खुद का नियन्त्रण अच्छा होता है।"

–इन्जी.ओ.पी.माहेश्वरी

04 जीवन में देखें सपने

(Dreams in Life)

जिन्दगी में आगे बढ़ने के लिए सपने देखना बहुत जरूरी है लेकिन ये सपने आपको खुली आँखों से देखने है। सपने इन्सान की सोई हुई सृजनशीलता में ऊर्जा भरने का काम करते है। जिस पल हम सपनों के बारे में सोचते है, वे सजीव होना शरू हो जाते है। **सपनों में जीवन की कई जटिलताओं, समस्याओं और कल्पनाओं के समाधान मिल जाते है कई नये आविष्कारों की रूपरेखा सपनों में बनती है जिसे क्रियाशील लोग हकीकत में बदल देते है।**

सपने देखना यानी विचार करना कोई बुरी बात नहीं है मगर सपने अपने हो, दूसरों द्वारा दिखाए गए सपनों को जीना बोझ ढोना होगा जबकि अपने सपनों को पूरा करना खुशी का अनुभव होगा। आप जो बातें खुद से करते है, सोचते है उससे जिन्दगी को देखने का नज़रिया तय होता है हमारा उत्साह और हीनता का सम्बन्ध भी हमारी सोच से ही है। सपने हमारे विचार होते है। विचारों को मन के जेलखाने में ही कैद मत रखिए। इन विचारों में अपनी ऊर्जा को खपा कर जगत में आने दीजिए। हम वैज्ञानिक, कलाकार, नेता, लेखक बन सकते है और यह तभी सम्भव होगा जब मन में उठे विचारों को क्रियारूप देंगे। सपने ही किसी व्यक्ति में लक्ष्य को पाने की ललक जगाता है। चाहे जैसे हालात हो अपने सपनों का पीछा करते रहो। जब तक मन में ही कुछ नहीं सोचा (Think) जायेगा कार्य की रूप रेखा नहीं बनेगी, मंजिल आसान नहीं होगी। भारत के पूर्व राष्ट्रपति और प्रख्यात वैज्ञानिक ए.पी.जे. अब्दुल कलाम ने देश को 'विज़न 2020' दिया। भारत को वर्ष 2020 तक विकसित राष्ट्र बनाने की उनकी इस परिकल्पना का आधार भी वह सपना है, जिसमें देश तरक्कीशुदा (Progressive) राष्ट्र के रूप में दिखाई देना है। इसी वैज्ञानिक का सोचना है कि बड़े सपने देखना बड़ी सफलता का मार्ग हैं।

सपने+कार्य योजना+पुरुषार्थ = खुशी+सफलता

Dreams+Planning+Monliness = Happiness+Success

जब मार्ग मिल जाता है तो मंजिल भी तय होने से कोई नहीं रोक सकता। जरूरत है हिम्मत के साथ बढ़ने की। इन्सान अपनी जिंदगी का एक तिहाई समय दिन में ख्वाब देखते हुए ही बिताता है। इसी ख्वाब में

अपने कार्य का रास्ता ढूंढ लेने वाले व्यक्ति लक्ष्य को पाने में सफल हो जाते है। कहते है खाली दिमाग शैतान का घर होता है अतः दिमाग में आये पहलू पर कार्य योजना बनायें। सफल लोग भी आप जैसे ही होते है। वे अपनी क्षमताओं पर विश्वास करते है, बड़े सपने, दृढ़ विश्वास के साथ लक्ष्य के प्रति एकाग्रचित्त रहते है, सोचना कार्य की रूपरेखा है। यह परिकल्पना है शक्तिशाली योजना की।

सपने से ही मन की चाह पूर्ण होती है। सपने ही जिन्दगी के लक्ष्य बनाते है, कुछ लोग सपनों में आई बात को नजर अन्दाज कर देते है, जबकि सपनों में तो उस पहाड़ी पर चढ़ जाते है और जब जगते है तो पाते है कि इतनी ऊँची पहाड़ी पर मैं कैसे चढ़ सकता हूं मगर उत्साह वाले लोग मन में ठानी बात को पूर्ण करने में लग जाते है। वैज्ञानिकों का कहना है कि दिन में सोचने वाले व्यक्ति दुनिया की समस्याओं को ज्यादा तेजी से सुलझाने की क्षमता रखते है। दिमाग को काम लेने से इसकी ताकत बढ़ती है जो समस्या के सही समाधान पर केन्द्रित कर देता है। एक कहावत है कि ''चारों ओर अन्धेरा है तो कोई बात नहीं, बर्फ गिर रही है, तो कोई बात नही। सूरज फिर से निकलेगा क्योंकि सूरज कभी मरता नहीं है।'' हर आने वाला दिन, नया दिन होता है जो आपके सपनों को साकार करने का नया अवसर प्रदान करता है। जरूरत है आपको लक्ष्य तय करने की, मंजिल के प्रति समर्पित होने की, क्योंकि सच्चा सपना वही होगा जो हमें हासिल कराये, न कि केवल दिखाये। अतः सोचें, समझें व आगे बढ़ें।

बिना लक्ष्य के जीवन बिना स्टेयरिंग की गाड़ी की तरह होता है। ऐसी गाड़ी चलती तो है पर उसकी कोई दिशा नहीं होती। दिशा देने के लिए कार्य योजना बनानी पडेगी, अपने को अपनी सीमा से बाहर सोचना होगा। अपनी सोच को हर दिशा में जाने देना चाहिए। सोचें कि लक्ष्य के लिए पहली प्राथमिकता क्या होगी उन्हें क्रम वार लिख दें। सपने हमेशा एक्शन से ही पूरे होंगे। आपका लक्ष्य उस सीमा में होना चाहिये जिसे आप एक–एक कर पूरा कर सकें। इस हेतु समय सीमा भी तय करें कि कल तक किन–किन बिन्दुओं पर कार्य करना है, कैसे करना है, किस–किस की मदद लेनी है और फिर मन में जोश को बनाये रखना है। जैसे भवन निर्माता, इंजीनियर अपने–अपने विषय के विशालाकाय ढ़ाँचे को एक्शन में लाने के लिए रूप रेखा कागजों पर अंकित कर ड्राईंग बना लेते है। उनकी कल्पना शक्ति इतनी प्रखर और पैनी होती है कि जो करना है, उसे व्यवहारिकता से तालमेल बिठाते हुए बजट अनुसार बना लेते है, जिसमें भूल होने की

गुंजायश कम से कम रहे। यह मन के सपने का ही एक प्रकार है। वैज्ञानिक अविष्कारों की प्रारम्भिक रूपरेखा भी मस्तिष्क और कल्पना–क्षेत्र में ही सम्पन्न हो जाती है। प्रयोगशाला में तो सिर्फ इस बात की पड़ताल की जाती है कि जो कुछ सपने में सोचा गया था, वह जमीन पर खरा उतर रहा है।

इसीलिए कहने का तात्पर्य यह है कि सपना ऐसा हो जिसक कोई सिरा हो, उसकी सीमा हो, उसे पाया जा सकता हो जबकि हवाई कामनाओं की कोई सीमा नहीं होती और नहीं कोई छोर होता है। बिना छोर के लक्ष्य तय नहीं हो सकते अतः सपने की सीमा का निर्धारण अवश्य करें। वो भी नहीं करें जो सभी लोग कर रहे हैं। वो करें जो आप सोचते है और करना चाहते है। भीड़ के साथ चलने के बजाय अपना रास्ता खुद को तय करना होगा। जीवन में आशा और उत्साह का संचार ही आपके जीवन को गतिशील बनायेगा।

"हार और जीत, है क्या वस्तु? जब हम इन शब्दों का व्यवहार करते है तो हमारे मन में किसी न किसी प्रकार की लड़ाई की कल्पना होती है। हम किसी प्रतिपक्ष को दबाकर अपने मनोनुकूल लक्ष्य तक पहुंच जाते है तो उसे जीत कहते है, और जब प्रतिपक्ष ही प्रबल हो जाता है और हमें अपने लक्ष्य तक नहीं पहुंचने देता, तब निराश होकर हार मान लेते हैं।"

– हजारी प्रसाद द्विवेदीः अजेय सत्याग्रही

"विचारों को मूर्त रूप देने की क्षमता ही सफलता का रहस्य है"।

– हैनरी वार्ड बीचर

सफलता का राज

काम के लिए समय निकालना, है यह सफलता का सेतु
जागृत रह कर सोचते रहना, है यह सफलता की कुंजी
ज्ञान बढ़ाकर बुद्धि बढ़ाना, है यह सफलता का कदम
वैज्ञानिक पहलुओं का भी ज्ञान, है यह सफलता का विज्ञान
अपने लक्ष्य पर ध्यान बढ़ाना, है यह सफलता का औजार
कड़ी मेहनत का नहीं कोई मुकाबला, है यह सफलता का पहिया
सकारात्मक सोच एक मिसाल, है यह सफलता का राज

– इन्जी.ओ.पी.माहेश्वरी

05 सोच कैसी हो?

सोच का निर्माण व्यक्ति के बीते हुए अनुभव, मन में बनाई हुई धारणाओं व ज्ञात जानकारियों के आधार पर बनती है। आप की प्रत्येक सोच (Thoughts) ही ऊर्जा होती हैं। सोच से ही मन के भाव उत्पन्न होते है। हर व्यक्ति के सोचने का तरीका अलग–अलग होता है। भाव बनते है मन में उत्पन्न राग, द्वेष, ईर्ष्या, सेवा, सद्भावना, ममता, अपनत्व, डर,निर्भयता से जो हर व्यक्ति के मानस पटल पर अंकित होती है व इन्हीं से दुःखी और सुखी भी होता रहता है। **भावनाएं विचारों को गति देती है, जिससे हमारी जीवन की परिस्थितियों का निर्माण होता है। हमारी परिस्थितियां हमारे भावपूर्ण विचारों की देन होती है।** जिन्दगी में भावनाओं को सही दिशा देना और सपनों को संजोना किसी गेम के समान ही है। अंतर केवल इतना ही होता है कि इसमें दूसरे प्लेयर्स की जरूरत नहीं होती है। यह गेम कभी भी खेल सकते है किसी भी उम्र में खेल सकते है यानी दिल की सुनें।

हर क्षण उपलब्ध विकल्पों में से बेहतर का चुनाव ही हमारे जीवन को सार्थक बनाता है। इस क्षण हम क्या चुनते है यह ही निश्चित करेगा कि हमारे आने वाले क्षण कैसे होंगे। हमारा भविष्य वर्तमान में लिए गये निर्णय का दर्पण होता है। बेहतर विकल्प का चुनाव हम बुद्धि के सहारे करते है। हमारे क्रिया–कलाप हमारे सोच से आगे बढ़ते हैं **जैसे सोच होगी वैसे ही कर्म होंगे।** अगर इच्छा है तो विपरीत परिस्थिति में किये गये बड़े मुश्किल कार्य भी सुख की अनुभूति प्रदान करते हैं। एक व्यक्ति जिस को सही मानता है वही दूसरे व्यक्ति के लिए बिल्कुल गलत हो सकता है। हर व्यक्ति की परिस्थिति अनुसार सोच बनती व बदलती रहती है। हमारे व्यक्तित्व की उत्पत्ति हमारे विचारों में है, हम जैसा सोचते है वैसी वस्तुस्थिति हमें नजर आती है। मृग मरीचिका के बारे में हमने जरूर सुना होगा। जब कोई इंसान रेगिस्तान में चारों तरफ रेत के टीलों में प्यासा घिर जाता है तो दूर चमकती रेत में दरिया का अहसास होता है और वह पानी की तलाश में उसकी ओर भागता है यानी हमारे संवेदी अंगों पर हमारी मनोदशा का सीधा असर पड़ता है।

भूखा व्यक्ति खाने–पीने की चीजों के बारे में सोचता है और ज्ञानी व्यक्ति अपने अनुभव, ज्ञान से सोच का दायरा बनाते है। एक इंसान जब

दुनिया में आता है तो उसके पास सोच के तौर पर कुछ नहीं होता है, बच्चें का दिमाग कोरी स्लेट की तरह होता है, जिस पर लोग अपनी छाप छोड़ते हैं। व्यक्ति की सोच से जन्मजात दिमागी रचना में भी बदलाव लाया जा सकता है। **हम आज जो भी है या भविष्य में जो भी बनेंगे, वह हमारे सोचने और निर्णय के तरीके का ही परिणाम होता है अगर हम सोचने की गुणवत्ता बदल लेते है, तो जीवन की गुणवता भी बदल लेंगे। सोच जितनी दृढ़ होगी उतनी ही जल्दी फल मिलेगा।** 'मैं जीत जाऊंगा, मैं इसे कर सकता हूँ, मैं सफल होकर दिखाऊँगा,' अगर ये विचार हमारी सोच में होंगे तो सफलता ही मिलेगी। असफलता के बारे में सोचने पर मन का जोश भी क्षीण होता जायेगा। यदि सोच स्वस्थ होगी तो शरीर भी स्वस्थ रहेगा। सोच एक गतिशील शक्ति है। स्वस्थ सोच से ही रचनात्मक शक्ति जागृत होती है जो सफलता की भूमि तैयार करती है।

हमारी सोच हमारे ज्ञान से बनती है और ज्ञान मिलता है शिक्षा, माहौल व परिस्थितियों से। सोच हमें कार्य की सही दिशा देता है। अगर दिशा मानवता के हित में है तो सकारात्मक की श्रेणी में मानी जाएगी। सकारात्मक सोच अपना कर हम जीवन के सारे दुःखों, तनाव से उबर सकते है यानी प्रसन्न रह सकते है। वहीं सकारात्मकता की सोच सफलता का ध्वज है जिसे लेकर हम अपने लक्ष्य को पा सकते है समाज का हित सोच सकते है। सद्बुद्धि व्यक्ति को राम बना सकती है और विकृत बुद्धि व्यक्ति को रावण बनाती है। आपकी सोच मानवता के हित की है तो सकारात्मक और सोच समाज के लिए अहितकर है तो नकारात्मक श्रेणी में आयेगी। नकारात्मक विचार ऐसा वायरस है जो सपनों और मनोबल को ध्वस्त कर देता है। नकारात्मकता दुःखों और असफलता की धुरी हैं। यह वह हथौड़ा है जो शांति के शीशे को तोड़ देता है। आपकी सोच निजहित और समाज के लिए कितनी हितकर होगी या दूषित होगी। आप जो भी करें उसमें आपका भी भला हो पर दूसरे का नुकसान भी न हो। इसी के अनुरूप सोच को सकारात्मक व नकारात्मक श्रेणी में बांट सकते है।

सकारात्मक सोच (Positive Thinking) :–

1. विवेकपूर्ण कार्य के लिए तत्पर रहना।
2. मन में हमेशा अच्छा करने की सोचना।
3. अपने दिल से सहयोग करने की कोशिश करना।
4. विफलता से नहीं घबराना।

5. अपनी आस्था कुछ करने में रखना।

6. हर कार्य में तत्पर रहना, जिससे आलस्य, बीमारी दूर भाग जाती है।

7. खुद के भले के साथ औरों का भी भला चाहना।

8. ऐसे लोग आशावादी (Optimistic) होते है। कोई भी काम करने की समय सीमा होती है। ऐसे लोग हर काम को प्रथम सीमा में करने की कोशिश करते है।

9. ऐसे लोग अपनी ताकत (Energy) और सीमा (हद) को पहचानते है।

10. ऐसे लोग भीरू प्रवृति के भी नहीं होते है।

11. आपसी सम्बन्धों में अपनत्व, प्यार और वफादारी रखना।

सकारात्मक व्यक्तियों के लक्षण होते है :–

- तत्पर (Prompt)
- आशावादी (Optimistic)
- कर्मवादी (Work Oriented)
- क्रियाशील (Activeness)
- निडर (Brave)
- उच्च मनोबल (High Moral)
- ज्ञान (Knowledge)
- स्वस्थ (Healthy)

नकारात्मक (Negative) सोच :–

1. हर कार्य में यह देखना कि दूसरे को फायदा क्यों हो रहा है?

2. कार्य करने की बजाय बहाने बनाना, लेकिन, किन्तु, परन्तु में ही उलझे रहना।

3. जब कार्य करने की आदत नहीं रहेगी तो स्वास्थ्य भी ठीक नहीं रह पायेगा।

4. जब कार्य नहीं करने की मन में रहती है तो ऐसे लोग समय के पाबन्द भी नहीं रह पाते है। हर कार्य में संशय बना रहता है।

5. ऐसे लोग खुद के साहस के बूते न रहकर लोगों के आश्रित ज्यादा रहते है।

6. हर काम में नुक्ता–चीनी करना।
7. प्रकृति का आनन्द क्या होता है, नहीं उठातें है। ये लोग कुछ करने की बजाय, बैठे–बैठे पाना चाहते है।
8. ऐसे लोग निराशावादी (Pessimistic) होते है। कोई काम करने की समय सीमा भी नहीं होती है। ऐसे लोग कोई भी काम को अन्तिम सीमा में ही करते है।
9. ऐसे लोग डरपोक बने रहते है व खुद में विश्वास, हिम्मत की हद (Limits)को नहीं जानते हैं।
10. ऐसे लोग अपरिपक्व (Immature) होते है।
11. आपसी सम्बन्धों में खटास, घृणा व दुश्मनी रखना।

नकारात्मक सोच के लक्षण होते है:–

- निष्क्रियता वादी (Inactivness)
- जिद्दी (Obstinate)
- असफलता का डर (Atychiphobia)
- भीरुपन (Cowardness)
- भाग्यवादी (Fatalistic)
- निराशावादी (Pessimistic)
- शकी (Suspicious)
- रुढ़िवादी (Orthodox)
- अज्ञानता (Ignorance)
- अस्वस्थता (Unhealthy)
- उलझन (Frustration)

सच तो यह है की हम सकारात्मक रहकर ही दूसरों की भावनाओं को समझ पायेंगे, अपनी सोच के साथ सहज होकर ही दूसरों की सोच को स्वीकार कर पायेंगे, अपनी खुशियों को तलाश कर ही दूसरों के दुखों को बांट पायेंगे। जीवन में इस तरह दृढ़ सोच से कि मैं जिस तरह जीना चाहता हूँ, जीवन से जो कुछ पाना चाहता हूँ वह सर्वथा उचित है। लेखक विशंभर मानव ने अपनी पुस्तक 'प्रेमिकाएं' में लिखा है कि **"दु:खी ऐसे लोग रहते है, जिनके पास करने को कोई महत्वपूर्ण काम नहीं होता। जो व्यक्ति काम नहीं करता यह सोच कर कि काम न करने में सुख**

मिलेगा, मनुष्य का स्वभाव प्रायः काम करने से बचने का है, पर वास्तविक आनंद कर्म में लीन प्राणियों को आता है, कर्म से जीवन में एक प्रकार की व्यवस्था आती है, व्यवस्था के लिए पहली आवश्यकता है, अनुशासन। अनुशासन की यह प्रकृति हमारे सारे व्यक्तित्व में होनी चाहिए। दूसरी आवश्यकता है चारों और फैली समस्याओं के प्रति एक स्वच्छ दृष्टिकोण, उस दृष्टिकोण की जो जीवन को जीने योग्य बना सके।''

आपका घर चार दिवारों का परकोटा ही नहीं होता, घर वस्तुओं का संग्रह भी नहीं होता है, **अच्छा घर एक दूसरे के प्रति पवित्र सोच व सम्बन्धों का ढांचा होता है। आपका मकान भले ही चार दिवारों से बन जाए मगर अच्छे घर का बनना, आपसी सोच पर टिका है।** अतः आपकी सोच, आपका दृष्टिकोण एवं कार्यशैली घर में एवं बाहर सभी जगह पर मानवता के हित में होगी तो ही अच्छी सोच मानी जाएगी।

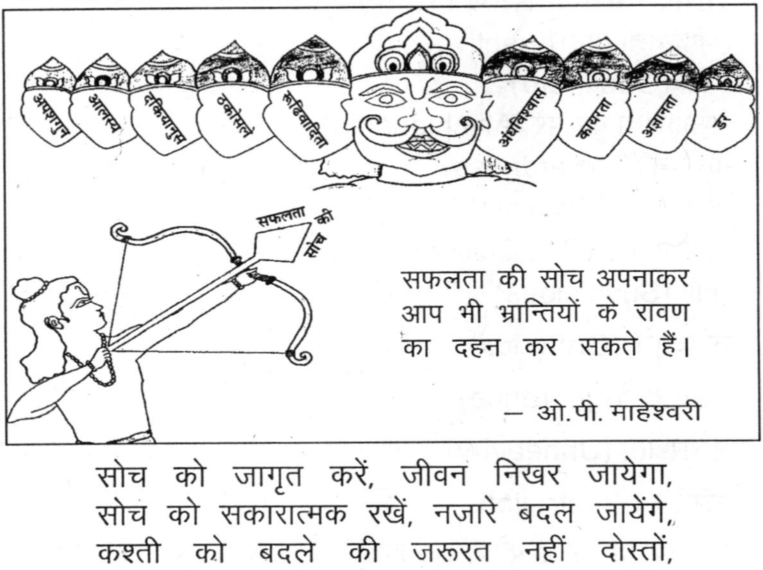

सफलता की सोच अपनाकर आप भी भ्रान्तियों के रावण का दहन कर सकते हैं।

— ओ.पी. माहेश्वरी

सोच को जागृत करें, जीवन निखर जायेगा,
सोच को सकारात्मक रखें, नजारे बदल जायेंगे,
कश्ती को बदले की जरूरत नहीं दोस्तों,
कश्ती के रूख को बदलिये, किनारे बदल जायेंगे।

''सकारात्मक सोच का सीधा सम्बन्ध आपकी सफलता के साथ, स्वास्थ्य से भी जुड़ा रहता है।यह दर्पण है व्यक्तित्व का।''

— इंजी.ओ.पी.माहेश्वरी

06 चुस्ती लाओ, सुस्ती भगाओ

अच्छी जिंदगी जीने के दो तरीके है– जिसे पसंद करते है उसे हासिल कर लीजिए और अगर हासिल नहीं कर सकते तो जो आप के पास है उसे पसंद करना सीख लीजिए। चुस्त रह कर काम करने वाले स्वर्ग का सेतु बनाते है तो सुस्त मन से किया गया काम बंधन की बेड़ी बनती है। हम जितना ज्यादा खुद को पसंद करेंगें, उतना ही हमारा प्रदर्शन बेहतर होगा। लॉ ऑफ रिवर्सिबिलिटी की मानें तो हम जितना बेहतर प्रदर्शन करेंगे, खुद को उतना ज्यादा पसंद करेंगे।

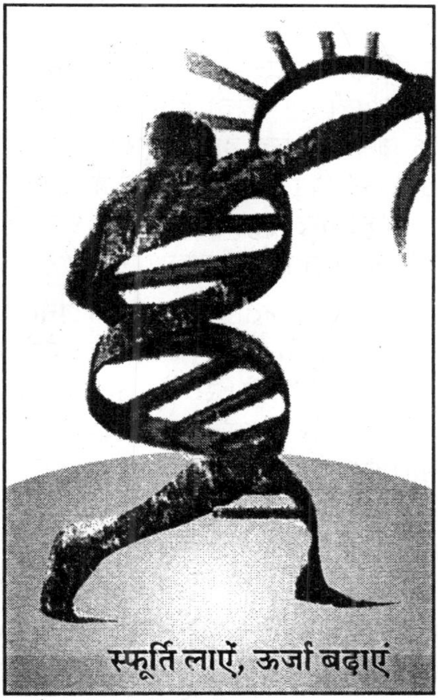

स्फूर्ति लाएँ, ऊर्जा बढ़ाएं

इंसान की पहली और सबसे महत्वपूर्ण जिम्मेदारी एक खुश मिजाज प्राणी होने की है। खुश रहना ही जीवन का चरम पहलू ही नहीं है यह जीवन का बुनियादी पहलू है। खुश रहने के लिए हमें चुस्त रहना होगा और यह होगा मानसिक ताकत से। इस ताकत के माध्यम से व्यक्ति बड़े से बड़े कार्यों को कर सकता है। शक्ति प्रत्येक व्यक्ति में होती हैं, लेकिन अनेक लोग इस ताकत का प्रयोग करना नहीं जानते। हम यह कई बार अनुभव करते है कि कुछ लोग हर जगह सुस्त ही रहते है तो कुछ इतने अधिक क्रियाशील (Active) कि वो हर जगह अग्रणी रहते है। **व्यक्ति के चुस्त रहने में उनकी सोच का बहुत बड़ा रोल होता है** क्योंकि चुस्ती और उत्साह कहीं से लाने अथवा आने वाली वस्तुएं नहीं हैं। ये दोनों तेज आपके अन्तःकरण में सदैव ही विद्यमान रहते हैं, आव यकता है समय पर जगाने और अपने मन में पुकारने की। जीवन की कठिनाईयों तथा आपत्तियों से घबराकर अपने इन अंतरंग मित्रों को भूल जाना ही हमारी भूल है। जो व्यक्ति कुछ करना चाहता है तो वो सक्रिय होकर ही कार्य सम्पन्न कर पायेगा। चुस्त रहने के लिए अच्छी सोच के साथ अच्छा स्वास्थ्य, मन की लगन और सकारात्मक

सोच का तो मुख्य रोल है ही, साथ ही व्यक्ति के **जीवन में नियमितता, जिम्मेदारी का भी बहुत बड़ा रोल होता है।** जब तक आप अपनी जिम्मेदारी नहीं समझेंगे तब तक आप उस कार्य में नही लगेंगे। साथ ही जब तक नियमितता नहीं रहेगी तब तक आप आलस्य का त्याग नहीं कर पायेंगे। आपको व्यवसाय की जिम्मेदारी हेतु समय पर जाना है तो आप अपने दिनचर्या के काम को उस समय से पूर्व निपटायेंगे अन्यथा जब समय पर नहीं जाना होगा तो आराम से यानि सुस्ती के साथ ही कार्य करेंगे।

अतः सुस्ती रखने वाले अधिकतर लोग समय की महत्ता को भी नहीं समझ पाते है और अपना समय ही व्यर्थ करते रहते है। वे अपने मन की बातों को खामोशी की चादर में ढके रखते है। ऐसे लोग कभी भी चुस्त नजर नहीं आते हैं। सुस्ती हमारे शरीर में जहर का काम करती है जो काले नाग के फन की तरह ही है। सुस्ती की आदत हमारे मन की चेतना को डसती है और उसका काला जहरीला द्रव्य हमारे मनोमस्तिष्क में फैलकर उसे विषाक्त कर देता है। जब मन सुस्त हो जाता है तो उसका कष्ट शरीर को भोगना पड़ता है और हाथ लगती है असफलता।

सफलता की गाड़ी दौड़ानी है तो गाड़ी खुद को ही चलानी पड़ेगी। कर्म की कुंजी से हम जैसा चाहे वैसे रह सकते है चुस्त या सुस्त। यह सब सोच में निहित है। सोच चेतना को जागृत करता है, काम को करने से पहले उस के बारे में सोचें और दिमाग में बिठाएँ। आँखों से देखकर, कानों से सुनकर भी जब तक हम सजग न होकर दिमाग में नहीं बिठाऐंगे तब तक उस कार्य की पकड़, उसकी अनुकूलता हम नहीं समझ पायेंगे। अतः मन में सही गलत का विश्लेषण कर, कार्य के लिए तुरन्त आगे बढ़ें। आपकी सक्रियता खुश मनः स्थिति की उपज ही है। खुशमिजाज लोगों की सोच नए विचारों के प्रति खुली और व्यापक होती है। उनकी भावनाएं काबू में रहती है। वे लकीर पीटने के बजाए समस्याओं के नये हल खोजने में विश्वास रखते हैं। नई क्रियाऐ, नए प्रयोग उन्हें आकर्षित करते हैं। जबकि सुस्त लोगों की सोच संकुचित होती है। उनका स्वभाव खामियां खोजने वाला, काम को बोझा मानने वाला, काम न कर पाने के कारण चिड़चिड़ा और गुस्सैल होता है। अतः व्यस्त रहो और हमेशा अपनी पसंद के काम को करने के लिए समय निकालों। इससे जीने की उम्मीद और कुछ पाने की खुशी मिलती है। यह खुशी सफलता की महक है।

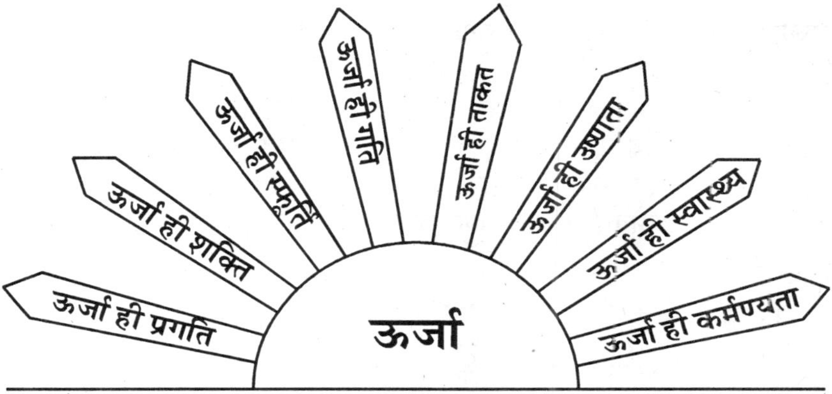

आत्मा ही ऊर्जा, ऊर्जा ही जीवन

आप क्रियाशील रहते है –

- ◀ अच्छी सोच से
- ◀ अच्छे स्वास्थ्य से
- ◀ जिम्मेदारी अनुभव करने से
- ◀ अच्छे खानपान से
- ◀ नियमितता रखने से
- ◀ सकारात्मक नजरिये से
- ◀ समय की पाबन्दी रखकर
- ◀ कार्य सूची / प्रतीकात्मक चिन्ह से सक्रिय रहकर
- ◀ समय की कीमत को जानकर
- ◀ ज्ञान से निर्णय क्षमता बढ़ाकर
- ◀ आलस्य को अपराध समझ कर त्यागने से
- ◀ प्रसन्नचित्त जीवन शैली से
- ◀ प्रकृति के सान्निध्य में रहकर
- ◀ काम की योजना बना कर
- ◀ स्फूर्ति की आदत अपनाकर
- ◀ अच्छे सम्बन्धों से

इसलिए कवि रामधारी सिंह दिनकर ने कहा है कि–

" मुश्किले दिल के इरादे आजमाती है,
स्वप्न के परदे निगाहों से हटाती है।
हौंसला मत हार, गिरकर ओ मुसाफिर,
ठोकरें इंसान को चलना सिखाती है।'

समझ और जागृति

समझ–समझ कर जो ना समझे।
सक्रियता, स्वस्थता को जो न जाने।
जागृति की समझ को जो न समझे।
बोझा ढोना उसका जीवन।
समझ रखना ही है जागृति।
जीवन समझो उसका सार्थक।

"आप के सारे कार्यकलाप आपकी सोच अनुसार चलते है। अगर आप चुस्त और जागृत है तो आपका तीर सही दिशा में लगेगा और जीत आपके कदमों में होगी।"

–इन्जी.ओ.पी.माहेश्वरी

07 संवाद बढ़ायें, ज्ञान गुण जगायें

मानव की महानतम उपलब्धियाँ आपसी वार्ता से संभव हुई। हमारे आपस में बात करना और सुनना संवाद है। संवाद यानि स्वस्थ माहौल में वार्ता। वार्ता में अगर तनाव उत्पन्न हो रहा हो तो संवाद विवाद में बदल जाता है, और सच्चाई अशिष्टता में। **शान्ति पूर्वक, मन भावक विचारों का आदान–प्रदान जिसमें सुनने वाले विध्वसंक न रहकर अपना तर्क दे, तो ऐसी ठण्डे दिल से होने वाली वार्ता को संवाद कहा जायेगा।**

किसी कार्य योजना को कार्यरुप देने के लिए विचार विमर्श का होना संवादमय वार्ता होती है। अगर संवाद है तो योजना के बारीक से बारीक पहलू पर समस्या आने से पूर्व ही ध्यान जा सकता है। ऐसे में एक व्यक्ति के ज्ञान के साथ अन्य व्यक्तियों के अनुभव का लाभ मिल जाता है। संवाद से कार्य में पारदर्शिता एवं आने वाले व्यवधान के प्रति सुरक्षात्मक कार्यवाही की जानकारी रह सकती है।

सिक्के की तरह मतभेद के भी दो पहलू होते है। दोनों आपस में तब तक अड़े रहते है जब तक वार्ता का दौर नहीं होता। बिना संवाद रिश्तों में ठंडक आ जाती हैं। वार्ता यानी संवाद अगर सुखद वातावरण में रहे तो बहुत कुछ दैनिक कार्यों से लेकर लक्ष्य की पहुँच तक रास्ता बन जाता है और अगर संवाद उग्र रूप धारण कर लेता है तो दुश्मनी उत्पन्न हो जाती है। सुखद संवाद के लिए अपने पहलुओं को बताने से पूर्व सामने वाले से मैत्री भाव को जाग्रत करना होगा। जब तक घनिष्टता नहीं बढ़ेगी संवाद सुखद नहीं रह सकता। हर व्यक्ति अपने में अथाह ज्ञान लिये होता है यह हम पर निर्भर करता है कि हम उससे क्या–क्या सीख पाते हैं। यह सीखने की प्रक्रिया संवाद से चालू होती है। संवाद यानि मन के भावों का प्रतिरोपण। अगर भाव अच्छे हो तो विचार, ज्ञान और नई जानकारी मिलेगी।

पारिवारिक रिश्तों में भी संवाद का बड़ा महत्व रहता है। जिन परिवारों में संवाद नहीं रहता है वहाँ रिश्तों में दूरिया बढ़ती जाती है। घर के सभी सदस्य एक स्वस्थ माहौल में कुछ देर एक–दूसरे से सुख–दुख, काम–धाम की बातें करें ताकि तनाव उत्पन्न न हो। ये बातें एक साथ डाईनिंग टेबल पर भोजन करते समय काफी शान्ति पूर्ण माहौल में हो सकती है। अपनी व्यस्ततम दिनचर्या में संवाद रिश्तों में ठंडक एवं

भावनात्मक रुप से अपनत्व के बीज बोने का कार्य करता है। **घर में संवादहीनता का वातावरण, घर को शमशान सा बना देता है**। सोचो अगर, घर में बात–चीत न हो तो घर की दीवारें भी घर में रहने से काटने लग जाती है। संवादहीनता से वैचारिक मतभेद बढ़ते है जो भावनात्मक दूरी में बदल जाते है। संवाद के अभाव में अकेलेपन का अनुभव होने लगता है और रिश्तों में अवसाद होने लगता है। इन समस्याओं का समाधान संवाद पर ही टिका है, इसलिए संवाद बराबर करते रहें। रिश्तों को सदाबहार रखने के लिए एक ही मंत्र है–संवाद ।

संवाद में विपरीत विचार वाले लोगों को भी एक अटूट बंधन में बांधने की शक्ति होती है। वर्तमान में हम देख रहे है कि बहुत से परिवारों में संवाद हीनता बनी रहती है। बच्चों में मोबाईल व विडियो गेम के कारण माता–पिता तक से लम्बी बातचीत नहीं हो रही है। ऐसे ही काम में व्यस्त होने के कारण वृद्ध व्यक्तियों के अनुभवों, अपनत्व का लाभ लेने की क्रिया सम्पन्न परिवारों में कम होती जा रही हैं। इससे वृद्धजन अपने को अकेला अनुभव कर रहे है। माना कि तकनीकी विकास का उन्हें अनुभव नहीं रहा होगा, मगर जीवन जीने की कला का अनुभव उनका अधिक रहा हैं। अगर वार्ता होगी तो कुछ नया ज्ञान ही मिलेगा। इस ज्ञान का उपयोग भले ही व्यवसाय बढ़ाने में न मिल पाये मगर जीवन की बाधाओं को पार करने में तो काम आयेगी ही।

आजकल हम सुविधा भोगी हो गए हैं। घर बड़े है दिल छोटे, पैसा खूब पर सिर्फ खुद पर खर्च करने के लिए। सब अलग रहना चाहते है, अलग रहते भी है पर खुश नहीं रहते। इंटरनेट, मोबाईल और तकनीक ने जीवन तो आसान बना दिया मगर आपसी सम्बन्धों मे दुरीया बना दी है। आपसी लगाव खत्म सा हो रहा है। इंसान खुद में ही सिमट कर रह गया है। जबकि संयुक्त परिवारो मे एक दुसरे पर निर्भर रहकर सबके दिल आपस में जुड़े रहते है लोग एक दुसरे कि सुनते है। सुख दुःख में काम आते है, भावनात्मक लगाव बनता है जिससे संवाद होता है, आपस में एक दुसरे की समस्याएँ साझा करने से परिवार में स्नेह बना रहता है।

ऐसा देखा गया है कि संवाद हीनता से वैचारिक मतभेद बढ़ते है। इससे भावनात्मक दूरी बढ़ती है जो रिश्तों में अवसाद पैदा कर देती हैं। इसलिए आवश्यक है कि हर स्तर पर संवाद बराबर करते रहे। परिवार में संवाद बनाये रखने के लिए साथ बैठ कर खाना–खाना बहुत अच्छा मौका

होता है। कार्यालय में सामूहिक मिटिंग में वार्ता कर बहुत कुछ नतीजों पर पहुँचा जा सकता हैं।

हमारी बड़ी से बड़ी उम्मीद कल हकीकत बन सकती है। हमें तो सिर्फ यह सुनिश्चय करना होगा कि हम आपस में बात करते रहें। संवाद दोधारी तलवार है जिसकी सोच सकारात्मक नहीं है उसको वार्ता भी कुवार्ता नज़र आती है फिर भी सही बात को ज्यादा दिन नहीं झुठलाया ला सकता है। अतः आज नहीं तो कल सत्य को स्वीकार करना पड़ेगा। यही संवाद की सच्चाई है। अगर हम बोलेंगे ही नहीं तो समस्या का समाधान नहों हो सकेगा। अपने अहंकार को भूल कर व्यवहार में लचीलापन लाएँ। बड़े से बड़े झगड़े सौहार्दमय वातावरण में होने वाले संवाद में सुलझ जाते है। संवाद से ज्ञान का आदान–प्रदान होगा। ज्ञान और मैत्री जब मिलते है तो किसी कार्य को सम्पन्न करने में सफलता अछूत नहीं रह सकती।

" संवाद दोधारी तलवार है, जिसकी सोच नकारात्मक है उसको वार्ता भी कुवार्ता नजर आती है। संवाद हमें नये पहलुओं पर सोचने को मजबूर करता है।"

– इंजी. ओ.पी. माहेश्वरी

08 जागरूकता का समानुपात सफलता

अगर हम जागरूक है तो आने वाली हर बाधाओं का अनुमान भी रहता है। यह अनुमान बनता है आपके ज्ञान, चिंतन और अनुभव से। जागरूक व्यक्ति अपने रास्ते में आने वाली बाधाओं को समझ जाता है। जब बाधाओं का ज्ञान होगा तो उनका समाधान भी संभव है। ऐसे लोग अन्धभक्त, अन्धविश्वासी, ढकोसलों और पाखंडों में न जाकर अपने विवेक से सही रास्ता अपना लेते है। हम अपने जीवन में कई मान्यताओं द्वारा कई गलत धारणाऐं बना लेते है। जब हम जागरूक होंगे तो हम सही और गलत के मध्य विवेचना करेंगे। सही सोच, उत्तम ज्ञान व अच्छे अनुभव से यह विवेचना हमको अपने लक्ष्य की राह आसान कर देगी। अगर हम जागरूक है तो सही मान्यताओं को अपना भी लेंगे क्योंकि सभी मान्यताएं गलत भी नहीं होती है। अधिकतर मान्यताएं हमारे पिछले अनुभव के आधार पर सुरक्षा एवं शिक्षा के लिए ही होती है मगर समय के साथ परिस्थिति के बदलाव एवं वैज्ञानिक जानकारियों के आधार पर इनमें बदलाव करना ही जागरूकता है।

इंसान का मस्तिष्क हर बार नये तरीके से करने की सोचता है। नई सोच से नये रास्ते भी मिलते है। ये रास्ते लक्ष्य प्राप्ति में जादू की छड़ी का काम करते है। इसके सहारे सफलता का मार्ग प्रशस्त हो जाता है। यह भी सही है कि जो जागरूक नहीं है उसे कुछ बातों का पता भी नहीं होता है। **जागरूक व्यक्ति की कोशिश हर समय सीखने की भी होती है।** यही सीखने की कोशिश जागरूक बनाती है। जागरूक व्यक्ति का मन पवनचक्की के समान होता है जब उसमें ज्ञानरूपी गेहुँ डालते है तब गेहुँ को पीसा यानि ज्ञान का मंथन कर आटा बना देगी। परंतु जब इस में गेहुँ न डालोगे तब वह स्वयं अपने आप को पीस कर क्षीण (निरर्थक) बना डालेगी। पीसा हुआ आटा ही ज्ञान का विश्लेषण है जो व्यक्ति को जागरूक बनाती है। यही ज्ञान, यही जागरूकता सफलता की राह आसान कर देती है। ऐसे व्यक्ति उच्च शिखर पर पहुँचते है। सफलता छोटे और बड़े का भेद नहीं जानती। जो जागरूक होगा वह चाहे आरंभ में कितना छोटा, गरीब, अज्ञानी रहा हो पर अब उस की जागरूकता उसे सफलता की मंजिल पर बिठा देगी। अपने लक्ष्य को प्राप्त करना ही सफलता है।

विज्ञान में अनुरूप और समानुपात **(Proportion)** के लिए एक निशान चिन्हित किया गया है वह निशान है– 'α' इसे देख सकते हैं।

दिमागी तन्दुरूस्ती α शारीरिक तन्दुरूस्ती

शारीरिक तन्दुरूस्ती α सुपाच्य भोजन

सुपाच्य भोजन α मेहनत

मेहनत α विवेक

विवेक α मस्तिष्क

मस्तिष्क α ज्ञान

ज्ञान α श्रेष्ठता

श्रेष्ठता α लक्ष्य

लक्ष्य α कर्म

कर्म α जागरूकता

जागरूकता α सफलता

"सफलता की पहली शर्त यह है कि असंभव को संभव बनाने की **अपनी क्षमता पर कभी अविश्वास न करें।** विश्वास के बिना हर काम कठिन है। विश्वास की ही जलधारा के सामने बाधाओं की चट्टानें टूट कर बिखर जाती है। जीवन का मार्ग बाधाओं की चट्टानों से पटा है। इन बाधाओं को सीढ़ी बना कर चढ़ने वाला व्यक्ति सफलता के शिखर पर पहुँचता है।"

–सत्यकाम विद्यालंकार : चरित्र निर्माण

09 ऊँची सोच, आपका मनोबल

सोच का स्त्रोत हमारा दिमाग होता है। सोच में हम स्वयं से ही बातचीत करते है। सोच से इरादे बनते है, इरादों से लक्ष्य बनता है और लक्ष्य मिलता है आपके मनोबल व संघर्ष से। **हर व्यक्ति की सोच, ही उसकी ऊर्जा होती है। यही ऊर्जा कार्य को सम्पन्न करने का मनोबल (Moral) प्रदान करती है।** आपकी सोच अगर सही दिशा में होगी तो इसके परिणाम भी सही मिलेंगे। सही परिणाम के लिए प्रयासरत होना जरूरी है और अगर प्रयास ऊँचे मनोबल के साथ हो तो सफलता आपके कदमों में होगी। आपकी सोच आपके ही नहीं, समाज के हित में हो। यह सब तभी सम्भव है जब आप कुछ करोगे। हर किये हुए कार्य का फल अवश्य मिलता है। फल कितना मीठा होगा यह आपके मनोबल पर निर्भर करेगा।

ऊँचे मनोबल वाले व्यक्तियों के लक्षण

1. आत्मविश्वास (Confidence) से लबालब भरे होते है। कार्य ही पूजा है (Work is Worship) कार्य के लिए आस्था रखना एवं मन से कार्य करना।

2. अपने काम के प्रति जोश (Spirit) व उमंग रखना।

3. जो अब तक मिला है उसमें खुश होना व जो प्राप्त करना है उसके लिए प्रयत्नशील रहना।

4. आशा व विश्वास का भरा होना।

5. स्वस्थ जीवन, सरल जीवन एवं ऊर्जामय जीवन बनाये रखना।

6. कार्य करने के लिए कार्य योजना बनाना और उसके अनुरूप कदम बढ़ाना।

7. अपनी सीमाओं (Limits) का आंकलन करना व व्यावहारिक सीमाओं को मन में रखना।

8. कार्य में सहयोग का लेना पर पूर्ण विराम को दूर रखना।

9. जिम्मेदारी उठाने के लिए तैयार रहना।

10. नये तरीके व नये अवसरों को खोज निकालना।

कमजोर मनोबल वाले व्यक्तियों के लक्षण

1. अपना काम खुद नहीं करना व भाग्य के भरोसे (Fatalistic) बैठे रहना।
2. काम कम करना व आशा ज्यादा (More desire) रखना।
3. खुद कुछ न कर पाने की ग्लानि में दूसरे की सफलता पर आलोचना (Criticism) करना।
4. काम में हमेशा सहारा ढूंढते है। (Require Assistance)
5. कार्य की सही दिशा का ज्ञान (No Proper Way) न होना।
6. हीन भावना (Demoralized) से ग्रसित रहना।
7. दृढ़ इच्छा शक्ति का अभाव एवं शारीरिक दुर्बलता।
8. ज्ञान की कमी (Unskilled) होने से अपने काम पर विश्वास न होना।
9. समय के पाबन्द न होने के कारण हमेशा पीछे–पीछे चलना।(Non Punctual)
10. मन में उमंग न होने के कारण बहाने बनाना व अपनी बात पर अटल न रहना।
11. अपने कार्य से सन्तुष्ट (Satisfied) न होकर, असीमित धन दौलत की लालसा रखना।
12. आलसी होना। (Lethargy)

सफलता ऊँचे मनोबल का ही परिणाम होता है, हो सकता है इसके लिए आपको धारा के विपरीत यानि लीक से हटकर कुछ करना पड़े। सफल होने के लिए मन के भय को खत्म कर नये रास्तों की तलाश करनी होगी। न्यूटन, आंइस्टीन ने धारा के विपरीत जाने का साहस किया। जब हम धारा के साथ बहते है, तो खुद के दिमाग पर ज्यादा जोर नहीं डालते और जैसा सब कर रहे है वैसा ही करने लग जाते है। हजारों की भीड़ में आगे वही बढ़ता है जो उनसे अलग सोच रखता हो, ज्यादा मनोबल के साथ आगे बढ़ता हो।

ऊँची सोच का सम्बन्ध स्वयं पर आस्था एवं अपनी छिपी हुई शक्तियों पर भरोसा है। ऊँचे मनोबल वाले व्यक्ति असफलताओं को कैसे पार करते हैं इस हेतु लेखक सत्यकाम विद्यालकार ने अपनी पुस्तक 'चरित्र निर्माण' में लिखा है कि – "असफलता को जीवन की एक साधारण–सी घटना ही समझना चाहिए, ठोकर खाकर मनुष्य को यह देखना चाहिए कि

ठोकर उसने क्यों खाई, वह सही रास्ते पर ही जा रहा था या भूलकर किसी और दिशा में चल पड़ा था। सफलता की पहली शर्त यह है कि आप असंभव को संभव बनाने की अपनी क्षमता पर कभी अविश्वास न करें। विश्वास के बिना हर काम कठिन है, विश्वास की ही जलधारा के सामने बाधाओं की चट्टानें टूट कर बिखर जाती है, जीवन का मार्ग बाधाओं की चट्टानों से पटा है। इन बाधाओं को ही सीढ़ी बना कर चढ़ने वाला व्यक्ति सफलता के शिखर पर पहुंचता है। आपका जीवन वह दीपक नहीं जो हवा के झोंकों से बुझ जाए, यह तो वह ज्वाला है जो आंधियों से लिपट कर आसमान को ललकारती है।'' यह फैसला आपका है कि आप जोश उमंग के साथ रहना चाहते है या निराश व पंगु बन कर। आस्था रखें अपने कार्य पर क्योंकि फल कार्य करने से ही मिलेगा। कामयाबी का कोई पैमाना नहीं होता है मगर मन के विचारों को कार्यरूप देकर ही संतुष्टि प्राप्त की जा सकती है।

हर व्यक्ति के जीवन में बचपन, जवानी व बुढ़ापे का असर आना स्वाभाविक है। **उम्र का बढ़ना तो अनिवार्य है पर वृद्ध–अवस्था आवश्यक नहीं।** यह तब शुरू होती है जब कोई सोचे कि अब हम यह नहीं कर सकते, क्योंकि अब आयु हो गई। **जो व्यक्ति जवानी में बूढ़े विचारों के साथ रहते है, वो कुछ समय में बूढ़े दिखने भी लग जाते है क्योंकि ऐसे व्यक्ति निराशावादी रवैया रखते है। जोश व उमंग रखने वाले व्यक्ति के कार्य ही सफल नहीं होते अपितु उनके चेहरे पर भी जोश झलकने लग जाता है।** जो व्यक्ति मृत्यु के भय से हार बैठता है वो अच्छा जीवन नहीं जी सकता। शरीर की ऊर्जा व ताकत कम होने मात्र से जो लोग सोचने लग जाते है कि अब तो सब कुछ खत्म हो गया उन्हें हार ही मिलती हैं और जो लोग मनोबल को ऊँचा बनाये रखते है वे शरीर से कमजोर होते हुए भी जीत जाते हैं।

ऊँची सोच, मनोबल का ही नाम है। मन, वचन, व कार्यों के अद्‌भुत सामंजस्य से ही व्यक्ति का मनोबल बढ़ता है। जिसके पास मनोबल नहीं, उसका जीवन ही निष्क्रियता का रहता है ऐसे लोग मनुष्य होते हुए भी मनुष्यता नहीं रख सकते। असफलता से निराश न हो – जिन्दगी में कई बार जैसे हम चाहते है वैसा होता नहीं है। जब मनचाही सफलता नहीं मिलती है तो हम निराश हो जाते है। एक बार की असफलता मात्र से अपने मन का विश्वास खो देते है और निष्क्रिय होकर हथियार डाल देते है। असफलता हमें कुछ नहीं करने देती, यहाँ तक की सोच भी अंधी हो जाती

है। अगर पहले यह सोचा जाये की असफलता ही सफलता की पहली सीढ़ी है तो गहरी निराशा से बचा जा सकता है। इस विश्वास की धधकती अग्नि में निराशा, हताशा और मन की कमजोरी वाष्प बनकर उड़ जाती है। ऐसे सफलतम व्यक्ति अपने लक्ष्य को प्राप्त करने के लिए निरंतर प्रयत्न दुगने सामर्थ्य के साथ करते है यही शक्ति और सामर्थ्य हमारे लक्ष्य को प्राप्त करने में सहायक बनती है। वह एक–एक कदम सोच–समझकर आगे बढ़ाता है परन्तु उसे हमेशा सफलता मिल जाये, यह अनिवार्य नहीं है। अपनी विफलताओं से प्रेरणा लेनी चाहिये कि पहले से अधिक तैयारी करनी है, समय के मुल्य व अवसर का लाभ उठाना है। अधिक तत्परता और जानकारी के साथ कठोर परिश्रम करना चाहिए। आप जैसा कार्य करते है उसके अनुरूप परिणाम मिलेगा ही, यह एक वास्तविकता है।

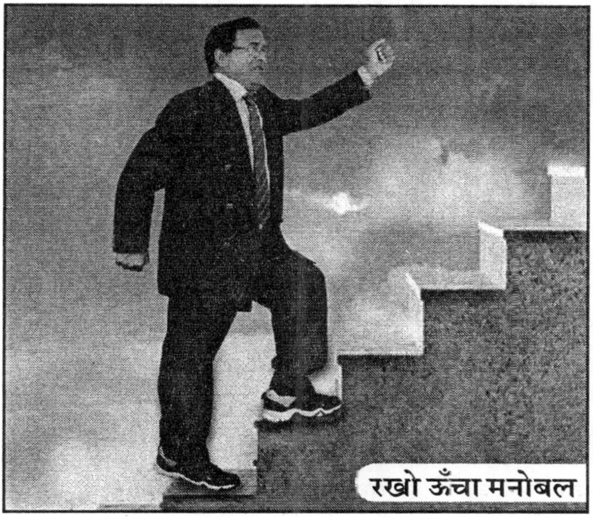

अगर आप बीमारी के इलाज के लिए सही दवाई नहीं ले रहे हो तो आपकी दवाई लेने के बाद भी ठीक न होना आपके प्रति सही इलाज में कमी को दर्शाता है क्योंकि प्रत्येक क्रिया की एक प्रतिक्रिया होगी ही। किसी कार्य में किसी को कितना फल मिलेगा यह उसकी तैयारी एवं निपुणता एवं अवसर का लाभ उठाने की समझ पर निर्भर है। चींटी से मेहनत, बगुले से तरकीब, मकड़ी से कारीगरी की सीख को समझो जो अपने कार्य के लिए संघर्षरत रहते है। जिस तरह प्रकृति में रात और दिन का चक्र चलता है ठीक उसी तरह सफलता असफलता भी एक सिक्के के दो पहलू है। कब कौनसा पहलू सामने आ जाये, सहने के लिए भी तैयार रहना चाहिये। हमेशा सफलता ही सफलता मिलती जायेगी अगर ऐसा सोच है तो ऐसे प्रयत्न भी

होने चाहिये। हार के चलने वाला व्यक्ति में उत्साह अगर बना हुआ है तो सफलता एक दिन आपके कदम चूमेगी। निराश होकर हारना ही असफलता है। नये रास्ते, नये तरीके, नये अवसर और दृढ़ परीक्षण आपके कार्य में सफलता लायेंगे।

सफलता हमें सबसे अजीज होती है वह सुखदायी है, इसीलिए हम इतना चाहते है। कोई भी सफलता पाने के लिए लगातार क्रिया करने की मन में चाह रहनी चाहिये क्योंकि बड़े से बड़ा वृक्ष भी एक लघु बीज से पैदा हुआ है और ऐसा इसीलिए हुआ क्योंकि वह बीज धरती के अंतस में निरंतर प्रगतिशील रहा। शक्ति अर्जित करने के लिए गहरी जड़ों की आवश्यकता होती है और जड़ें विकसित करने के लिए मनोबल की। आराम के साथ बैठकर भाग्य के भरोसे सफलता प्राप्ति की आशा हथेली पर सरसों उगाने के समान है। आपका मनोबल ही भीषण संघर्ष की परिस्थितियों में से कुंदन–सा बनकर निकालेगा। विजय–श्री उसी के हाथ लगेगी जिसका मनोबल संघर्ष से पराजित नहीं होगा। **भाग्य कुछ नहीं करता, प्रयत्न स्वयं को ही करने होंगे। हमें ऐसी परिस्थितियों को जन्म देना होगा जो अवसर को स्वयं हमारे पास खींच लाए। निर्बल वह नहीं जिसे संसार निर्बल समझता है, बल्कि वह है जो अपने को निर्बल समझता है।** प्रश्नों के उत्तर आपको आते है मगर आप उनका सामना अब भी नहीं कर रहे हो तो आपका मनोबल निम्न स्तर का ही रहेगा। अपने को निर्बल समझना ही आपकी भूल है अतः अपनी सोच में बदलाव लाएं व ऊँचे मनोबल के साथ कार्य करने को आतुर हो जायें। विजय तुम्हारे चरणों में होगी।

" मनुष्य अपने विचारों, रूचियों एवं कर्म द्वारा सफल व्यक्तित्व का निर्माण कर सकता है अगर आपका मनोबल सदा ऊँचा रहे।"

–इन्जी.ओ.पी.माहेश्वरी

10 क्या हर आने वाला दिन नया सवेरा होता है ?

हमारी परम्पराओं (Tradition) में हर त्यौंहार को नया दिन माना जाता है और नये दिन में किये गये हर कार्य को शुभ (Omen) माना जाता है, चाहे किसी जीव की हत्या क्यों न हो? जीव की हत्या वाले त्यौंहार कितने शुभ होंगे यह उनमें उत्पन्न होने वाली भावना से मालूम पड़ेगा। क्षत्रिय के लिए यह कृत्य ठीक हो सकता है मगर समाज के लिए तो यह निदनीय कार्य ही होगा। यह नये दिन वाली प्रथा (Custom) इसलिए भी बनी होगी ताकि कुछ नये कार्यों को वर्ष भर याद रखा जा सके। हमारी जिन्दगी का कैलेण्डर बारामासी नहीं होता। इसमें सैकड़ों महीने और हजारों दिन आते है तमाम खुशियाँ और गम, सफलता–असफलता, सुविधा–असुविधा, प्यार–मनमुटाव, लाभ–हानि के अनगिनत पल होते है। हर दिन, जीवन में नया होता है, कुछ मिलता है कुछ पीछे छूटता है सुख देने वाले पलों को ही नया दिन कहते है।

अगर आप के काम आपके मन के मुताबिक नहीं हो रहे हो और निराशा का बहुत बड़ा बोझ अपने दिमाग पर ढो रहे हो तो अपनी सारी ऊर्जा इसी में खत्म हो जाएगी। दिमाग में जो काम याद आता है उसे कार्य योजना से पूर्ण करने की कोशिश तुरन्त कर लें। इसीलिए इमर्सन ने कहा था कि "हर दिन को पूरा करो और फिर इससे मुक्त हो जाओ। तुमने वह सब किया, जो तुम कर सकते थे। बेशक कुछ गलतियाँ और मूर्खताएँ भी हुई होगी, लेकिन उन्हें जितना जल्दी भूल सकते हो, भूल जाओ। आने वाला कल एक नया दिन है। इसे अच्छी तरह और शांति से शुरू करो। पुरानी मूर्खता के बोझ के बजाय इसे उत्साह से शुरू करो। यह दिन अच्छा और सुंदर है। उम्मीदों से भरा यह सुहाना दिन इतना कीमती है कि बीते हुए कलों पर इसका एक पल भी बर्बाद नहीं किया जाना चाहिये।"

जो बीत गया सो बीत गया, अब हमें क्या करना हैं इसी सकारात्मक सोच के साथ अपने हर पल को व्यतीत करें। जीवन का हर दिन नया हो सकता है इसके लिए हमें हर रोज मन का जोश बनाये रखना होगा। यह जज्बा हर दिन नई सुबह लेकर आ सकता है। आपकी सक्रियता हर पल में उत्साह के दीप जलायेगी। हर रोज रात को सोते समय दिनभर के कार्यों का अवलोकन करें, जिसे स्वाध्याय कहते है जिसका अर्थ है 'स्व'

का अध्ययन करना। दिनभर के किए गए कामों के बारे में सोचने से हमें अपनी गलतियों को सुधारने का अवसर देगा। हमें सोचना चाहिये कि हमने दिनभर में क्या–क्या किया, कैसे किया, और अच्छा कैसे कर सकते थे यानि हमारी प्रतिक्रिया हर पहलू पर कुछ समय के लिए मन में होनी चाहिये ताकि अगले दिन अपनी गलतियों में सुधार कर नये जोश के साथ आगे बढ़ सकें।

जीवन रथ उसी का आगे पहुँचना है जिस रथ में ऊर्जा, संघर्ष व बुद्धि के घोड़े जुते हुए होते है। इन घोड़ों की लगाम आपके मस्तिष्क में है, मस्तिष्क से जैसा आदेश मिलेगा उतना ही तेज रथ आगे बढ़ेगा। तारीख हर रोज नई होती है, सूर्य हर सवेरे उदय होता है बीती हुई बातों से शिक्षा लेकर हर रोज नई कोशिश करें। अंग्रेजी के जाने–माने उपन्यासकार जे.बी. प्रीस्टली ने लिखा है – "मुझे हर सुबह एक नई शुरूआत कर पाने का अहसास खुशी से भर देता है। मैं बड़ी उम्मीद से सुबह का इंतजार करता हूँ। इस यकीन के साथ सूरज को देखता हूं कि जब वो सुबह लेकर आता है, तो जरूर उसमें जादू छुपा होता है, जिससे मुझे अपनी जिंदगी को बदल देने का मौका मिलेगा।"

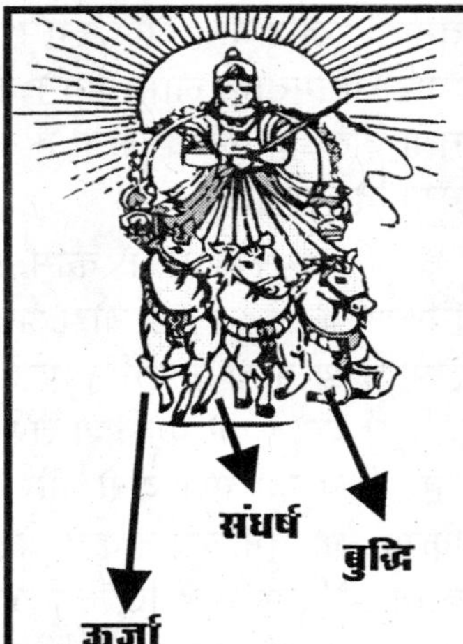

नया दिन नई बात। आपके प्रयत्न ही नये अवसर लाते है। इस हेतु लेखक प्रो. योगेश्वर देव ने अपनी पुस्तक 'जागरण' में लिखा है कि – **"यह संसार अपना है साहसपूर्वक बढ़ कर अपना हिस्सा प्राप्त करो, निर्बल वह नहीं जिसे संसार निर्बल समझता है, बल्कि वह है जो अपने को निर्बल समझता है, संसार में भला ऐसी कौनसी वस्तु है, जिसे तुम प्राप्त न कर सको?** संसार की सब वस्तुएं जब बनी ही तुम्हारे लिए है तो भला वे तुम्हें कैसे नहीं मिलेगी? हां, उसके लिए तुम्हें हाथ बढ़ाना पड़ेगा, संसार में ऐसी कौनसी विद्या है जिसे तुम न सीख सको, पर सीखने के लिए प्रयत्न तो करना ही पड़ेगा, संसार में ऐसी कौन सी चोटी है जिस पर तुम चढ़ नहीं सकते, पर चलना तो पड़ेगा ही। यह समझना भारी भूल है कि तुम्हें कुछ आ नहीं सकता, सफलता का मार्ग

अध्यवसाय की दुर्गम घाटी में से होकर निकलता है। सफलता पसीने की बूंदों का ही मोल है, तुम पसीने की बूंदे तो पैदा करो। यदि तुम समझते हो कि तुम्हारा भाग्य का अभिशाप है, तो यह भी तो समझो कि तुम्हारे ललाट पर लिखे विधि के लेखों को धोने की क्षमता भी तुम्हारे ललाट के पसीने की बूंदों में ही है।''

लेखक लक्ष्मीनारायणलाल ने अपनी पुस्तक 'प्रेम अपवित्र नदी' में क्षण और समय के लिए कितना अच्छा लिखा है ''तुम्हारा सारा दुःख मानसिक है और झूठा है, तुमने अपने आप को बीते हुए जीवन में कैद कर रखा है। जो बीत गया, वह कब का मर गया और तुमने उसी मरी हुई लाश को अपने अंग में बांध रखा है, इसीलिए तुम्हारा वर्तमान इतना दुखमय है। यह भूतकाल का पश्चाताप् है, जिस का न कोई अर्थ है न कोई सत्य, सत्य हो तुम ....केवल तुम और तुम्हारे वर्तमान का हर क्षण....... उस का एक एक पल जो नदी की धारा की तरह असंख्य जल बूंदों सहित तेजी से बहता चला जा रहा है।'' अलबर्ट आंइस्टीन ने कहा की ''जिस इंसान ने जीवन में कभी कोई बड़ी गलती नहीं की, उसने जीवन में कभी कोई प्रयास भी नहीं किया।'' शुभ–अशुभ, होना न होना निराशावादी लोगों की सोच है। आपका विवेक (Discretion) आपको कितना मनोबल देता है उसी अनुरूप अवसर का उपयोग करें। जागृत हो आगे बढ़ें, क्योंकि हर दिन नया दिन ही होता है।

''आपकी सफलता आपके कार्य करने के तरीके में छुपी है विवेकपूर्ण कार्य से सुनिश्चित होगा कि वो आपको मिलेगी।''

–इंजी.ओ.पी.माहेश्वरी

11 जहाँ चाह वहाँ राह

आपकी चाह आपके मन के भाव होते है। मन में जो तंरग उठती है और उसे अगर रचनात्मक रूप दे दिया जाता है तो सफलता आपके कदमों में होगी। बुद्धि के आईने में हमें अपने जीवन के कार्य और कर्त्तव्य को देखना होगा। हम, जो कार्य करने वाले है, का मन कैसा हैं। बोझिल मन से किया गया काम और जिया गया जीवन भला क्या काम का! आपके जीवन में उत्साह ही आपका जीवन है। अगर उत्साह है तो सोच है, कुछ करने की चाह बनेगी। गुरूदेव रवीन्द्र नाथ टैगोर ने कहा "किनारे पर खड़े होकर धारा को देखते रहने से नदी पार नहीं की जा सकती।" आपके मन के भाव बनते है आपकी सोच व जागृति से। अगर आप जागृत (Awake) है तो समस्या का समाधान (Solutions) खोजने के लिए मन विचलित होगा। आप उस समस्या के समाधान हेतु कई तरह से हाथ–पैर मारोगे, कई विशेषज्ञों की सलाह मांगोगे। अगर आप सतत् प्रयास में लगे रहेंगे तो समाधान स्वयं मिल जायेगा। इस हेतु एक पौराणिक (Ancient) धार्मिक कथा का वृतांत बताता हूँ।

एक बार गुस्से में भगवान शिव ने अपने ही पुत्र का सिर धड़ से अलग कर दिया और जब सबने समझाया कि आपने यह गलत कार्य कैसे कर दिया। भगवान पछताने के बाद इस समस्या का समाधान ढूंढने लगे। समाधान के लिए भगवान ने अपने सिपाहियों को आदेश दिया कि तुम लोग उत्तर दिशा में जाओ और ऐसे नवजात शिशु का सिर लेकर आओ जिसकी माँ बच्चे की ओर पीठ करके सोयी हो। सिपाहियों ने एक हथिनी व उसके बच्चे को देखा और हथिनी के बच्चे का सिर काट कर भगवान शिव के पास लेकर आ गये। अब भगवान सोच में पड़ गये कि जानवर का सिर इस धड़ पर कैसे लगाऊं। भगवान शक्तिमान थे अतः उन्होने हथिनी के बच्चे का सिर उस धड़ से जोड़ दिया। जिन्हें भगवान गणेश का नाम दिया जिनकी पूजा हर शुभ कार्य में होने लग गई। यहाँ चाह थी कि कटे हुऐ धड़ को पुनः जीवित किया जाये, जो पूर्ण हो गई। हर व्यक्ति की यह स्वाभाविक चाह होती है कि वह अपने जीवन में सफलता की उच्चतम ऊँचाइयों को छूना चाहता है। उसकी यह नैसर्गिक, आकांक्षा होती है कि उसे मनचाही वस्तु मिले, मन चाहा पद मिले, मनचाहा जीवन साथी मिले, मनचाहा बंगला, कोठी, कार, ठाट–बाट, मानसम्मान मिले। इन सबको प्राप्त करने के लिए पुरूषार्थ करना होगा। अगर राह विवेकपूर्ण है तो जो आप चाह रहे है उसे प्राप्त कर सकते है। जीवन मिलना भाग्य की बात हो सकती है, मृत्यु आना

भी अटल सत्य है पर मृत्यु के बाद लोगों के दिलों में जीवित रहना श्रेष्ठ कर्मों की बात होगी।

ऐसे ही जीवन में अनगिनत समस्याओं में हम उलझ जाते है। जिस समस्या को हम भूल जाते है वह समस्या होती ही नहीं है और जो सच में समस्या है या लक्ष्य है तो उसके लिए रास्ता अवश्य मिलेगा। जब आप कोशिश करेंगे और कोशिश अवसर पर अवसर आप को देगी। अगर आप निरूत्साहित, उदासी और परेशानी के भाव व्यक्त करते है तो लोग आपको कमजोर मानेंगे और कोई भी अच्छा काम कमजोर को सुपुर्द नहीं किया जाता है। आपको मन में साहस बनाना है। अपने को कम आंकना अपनी योग्यता पर सन्देह करना होगा और सन्देह में सफलता आपसे दूर होती जायेगी क्योंकि पूरी ताकत, मन के विश्वास से आप कदम नहीं बढ़ा पायेंगे। हर सुबह उठते ही सोचना है कि मैं काम को कर सकता हूँ, मैं काम करूंगा, बाधायें आने पर फिर नया रास्ता ढूंढ़ ही लूंगा, मुझे सफल होने से कोई नहीं रोक सकता। जब यह विश्वास आपके मन में जागृत हो जायेगा तो अवसर स्वयं मिलते जायेंगे। कोई भी मंजिल चल कर स्वयं राहगीर तक नहीं आती है। चलना तो राहगीर को ही पड़ता है।

मनोचिकित्सकों का कहना है कि किसी भी नौकरी में विविधता होना आवश्यक है। लेकिन किसी कार्य में विविधता होना या न होना व्यक्ति के काम करने के तरीके से होता है न कि कार्यस्थल की दशा से। ऐसे व्यक्ति नीरस कार्यों को भी रोचक तरीके से कर सकते है। कार्य में सतुंष्टि होने पर उस कार्य को ज्यादा आत्मविश्वास के साथ पूर्ण कर सकते है। जीवन में जो भी करें, स्वेच्छा से करें। स्वेच्छा यानि मनमर्जी नहीं उस काम को करने के लिए अपने आप में स्पष्ट होकर मन से स्वीकृति देना। इस हेतु लक्ष्य तक पहुँचने के लिए आने वाली बाधाओं की सूची बनायें। यह निर्धारण करें कि कौनसा कार्य कब करना है कौन से कार्य में कौन–कौन सी बाधाओं को कैसे पार करना है, सहायता या सलाह लेनी है क्या–क्या साधनों की जरूरत पड़ेगी, आवश्यक धन सामग्री कहाँ से आयेगी आदि–आदि बिन्दुओं की सूची में हर रोज सोचें, जिसे पूर्ण कर लें उस पर निशान लगायें व जिन्हें पूर्ण करना है उसके लिए रास्ता खोजें। आप को यकीनन रास्ता मिल जायेगा, अगर आपकी चाह सच्चे दिल से है। यही चाह आपको अपने लक्ष्य तक पहुँचायेगी।

जीवन में कुछ भी पाने में सबसे बड़ा सहयोगी और दीवार, दोनों अपने मन (चाह) और इरादे ही होते है। छोटे मन से किए गए बड़े कार्य भी तुच्छ और व्यर्थ साबित हो जाते है। हालात का रोना खुद को भुलावा देने के तर्क से ज्यादा और कुछ नहीं। हताश मत होइये, अपना विश्वास बढ़ाये, भले ही 9 द्वार बन्द मिले फिर भी प्रवेश कही न कही 1 द्वार से मिल ही जायेगा। जब अवसर नजर आए तो

सोचें " मैं ये कर सकता हूँ।" ये ना सोचें "मैं इसे नहीं कर सकता।" यह सब आपके दृढ निश्चय और कोशिश पर होगा। इसीलिए मुन्शी प्रेमचन्द ने भी कहा कि – "जीवन में कभी सरल, छोटा रास्ता नहीं होता है। संघर्ष भरे लम्बे रास्ते को पार करने से ही विजय की प्राप्ति होती है"। इस हेतु लेखक हिमांशु श्रीवास्तव ने अपनी पुस्तक 'आत्म बल से जो चाहो बनो' में कितना अच्छा चित्रण किया है कि –"चलते–चलते उस के पैरों में छाले पड़ गये थे, वह भूख प्यास के मारे भी व्याकुल था, पर चलता चला जा रहा था, सफलता उस पार थी और मार्ग में था दूर तक फैला हुआ विशाल पर्वत, उसने चट्टान का एक छोटा सा टुकड़ा उठाया और पहाड़ को तोड़ कर मार्ग बनाने का प्रयत्न करने लगा, न तो क्षण भर को रूकता और न आहें भरता, न और किसी के नाम गालियां ही निकालता, तभी पर्वत गूंज उठा, मूर्ख, यह मार्ग सरल नहीं है।"

"यात्री ने बिना एक क्षण रूके कहा, कर्महीन! मैं मार्ग नहीं, मैं तो मंजिल देखता हूँ, और दूसरे ही क्षण पर्वत दो हिस्सों में बंट कर बोला, 'ले सफलता तेरे जैसे ही लोगों का वरण करती है।"

इच्छा करो,
आगे बढ़ो,
राह अवश्य मिलेगी।

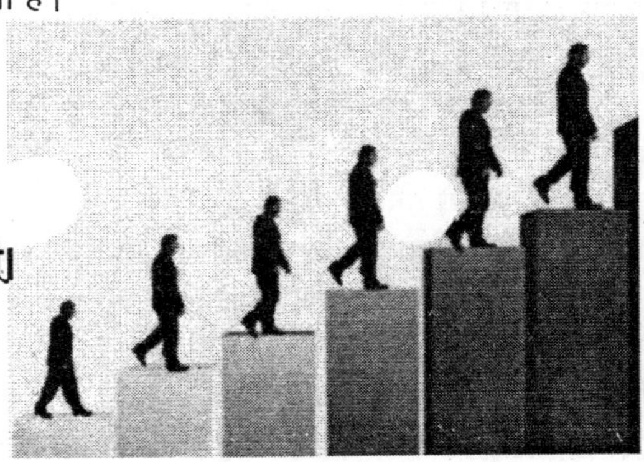

ठीक ऐसे ही विकट परिस्थितियों (Situations) के लिए कवि हरि मोहन शर्मा ने अपनी पुस्तक 'स्वप्न लोक' में लिखा कि "यदि आपको कोई कठिन काम करना है या कोई कठिन परिस्थिति सामने आ गई है तो यह मत सोचिए कि आप उस काम को नहीं कर पाएंगे, या कठिन परिस्थिति (Situation) का सामना करने में असमर्थ हूँ, सिर्फ यह भी मत सोचिए कि "मैं मुश्किलों से नहीं डरता, 'यह कल्पना कीजिए कि आप उस कठिन कार्य को खुशी खुशी और आसानी से कर रहे है या कठिन परिस्थिति का सामना करते समय, आप को कोई कठिनाई नहीं हुई है, और आपने हंसते हंसते उस का सामना कर लिया है, देखिए, फिर वही होता है या नहीं, जिस की चाह (कल्पना) आप ने की थी। विश्वासपूर्ण उत्कटता से कल्पनाएं करना और आत्मबोधन द्वारा उन्हें 'खुद को बेचना' सीखिए, आप

देखेंगे, जीवन का कठोर मार्ग अत्यंत सरल बन गया, और आप अतिउल्लास से उस पर सफलता की मंजिलें पार करते हुए चले जा रहे हैं।'' यही तो आपकी चाह है। कुछ लोगों के मन में चाह तो बहुत बनती है आशावादी भी होते है मगर कर्म, समर्पण नहीं होता है। वो सोचते है कि भाग्य होगा तो हमें बैठे – बैठे ही मिल जायेगा। मगर यह सच नहीं है मिलेगा तुम्हें विवेक से, कर्म से और निरन्तर संघर्षरत रहने से। ऊँची सोच होगी तो सफलता भी बड़ी होगी अतः मन में चाह बनायें और उसे कार्यरूप का जामा पहनायें।

''जीवन की गति है सक्रियता में,
इन्द्रियों का काम है अनुभव का,
निष्क्रिय रहना जीवन है मुर्दामय,
जागरूक रहना अवसर है कर्मपथ का,
बढ़े चलो, बढ़ते रहो, यही है जीवन।''

''हर कोशिश देती है राह, मन में ठानो इसकी चाह''

—इंजी.ओ.पी.माहेश्वरी

12 ऊर्जामय जीवन सफलता की ताकत

जीवन में सफलता पाने के लिए जोश यानि ऊर्जा की जरूरत होती है। काम में जुटे रहने के लिए आंतरिक उल्लास और उत्साह की आव यकता होती है अगर हम जीवन में सफलता के नित नए सोपान चढ़ना चाहते है तो खुद को पहचानना होगा और ऊर्जा (जोश) को बनाए रखना होगा। जीवन में जो व्यक्ति अपनी ऊर्जा को सही दिशा दे देते है यानि सोच स्वस्थ रखते हैं। वे न केवल सफलता को छूते अपितु ऊर्जावान व्यक्ति बनकर स्वस्थ, सरल एवं कीर्तिमय जीवन जीते है। ऊर्जा उन्हीं के दिलों में रह सकती है जो खुद को तपा कर इसे हासिल करते है। सिर्फ एक चीज असर करती है ''इसे हासिल करने की हिम्मत।'' बोझिल मन से किया गया काम और जिया गया जीवन उत्साहहीन रहता है।

सुखी जीवन का स्वामी तो वही रह सकता है जो अपने चित्त में बोझ की जगह उत्साह रखता है। जिसके मनोमस्तिष्क में नीरसता, मन की दुर्बलता हो वह जीवन में हारा हुआ व्यक्ति ही लगेगा क्योंकि जैसी हमारी सोच रहेगी वैसी ही परिस्थिति बनती जायेगी। **ऊर्जावान बने रहना ताकत का मापदण्ड नहीं है अपितु सक्रियतामय जीवन के सदुपयोग की क्रिया हैं।** अपने पर विश्वास, दृष्टि को उद्देश्य पर केन्द्रित करना सकारात्मक ऊर्जामय जीवन की पहली सीढ़ी है। ऊर्जा गति का नाम है और जीवन एक यात्रा है और इन सीढ़ियों पर सफलता से चढ़ना महत्वपूर्ण उपलब्धि होती है। यह कहना भूलो कि मुझसे यह काम नहीं होता, यह कार्य बहुत छोटा है, ऐसे नकारात्मक सोच को दिमाग में न बिठायें क्योंकि नकारात्मक सोच से आत्मबल में कमी आती है जो सफलता के लिए अवरोध का कार्य करती है। कई लोग जीवन में इसलिए विफल नहीं होते कि उनमें ऊर्जा नहीं थी बल्कि कमी सिर्फ इतनी रह जाती है कि उन लोगों ने अपनी ऊर्जा को अपने गोल तक पहुंचने के लिए परिस्थिति उत्पन्न नहीं होने दी,विवेक को जागृत नहीं होने दिया।

यह सच है कि मन के हारे – हार है, मन के जीते जीत, किसी काम की कामयाबी के साथ पूरा करने का विश्वास मन में होना जरूरी है। वे लोग ही कामयाब होते है जिनके मन में जीत का यकीन होता है। जीत के बारे में सोचने से दिमाग भी ऐसी योजना बना लेता है, उचित रास्ते ढूंढ लेता है

जिससे जीत मिलेगी। हार के बारे में ही सोचते रहने से उत्साह ही घटता जायेगा। विचार हमेशा उच्च होने चाहिए ताकि साहस व ऊर्जा के साथ जन कल्याण में उसे किया जा सके। जीवन को ऐसे जीओ, जिन्हें आदर्श और अनुकरणीय कहा जा सके। विश्व पटल पर अपने पद चिन्ह छोड़ जाओ जिन्हें देख कर आगामी संतति अपना मार्ग ढूंढ सके। जब हम जीवन के प्रति धन्यता का अनुभव करेंगे, तभी हमें जिन्दगी खुशनुमा लगेगी। जो मिला है उसमें अपने को सौभाग्यशाली महसूस करो।

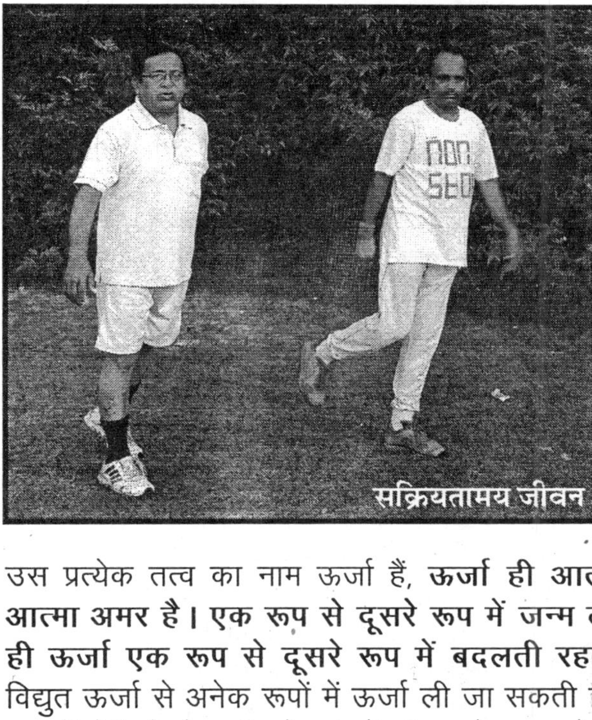

सक्रियतामय जीवन

ऊर्जा ही जीवन है, ऊर्जा ही गति है, ऊर्जा ही वह तत्व है जिस पर सम्पूर्ण जीवन जगत टिका हुआ है। जगत का अस्तित्व ही ऊर्जा पर कायम है। जिस तत्व से पानी बह रहा है, अग्नि जल रही है, बादल चल रहे हैं, वृक्ष लहलहा रहे है, उस प्रत्येक तत्व का नाम ऊर्जा हैं, **ऊर्जा ही आत्मा हैं। जिस तरह आत्मा अमर है। एक रूप से दूसरे रूप में जन्म लेती रहती हैं। वैसे ही ऊर्जा एक रूप से दूसरे रूप में बदलती रहती है।** तभी तो एक विद्युत ऊर्जा से अनेक रूपों में ऊर्जा ली जा सकती है, बल्ब से रोशनी के रूप में, रेडियो से ध्वनि के रूप में, हीटर से उष्मा के रूप में, आदि–आदि कार्य। ऊर्जा का स्त्रोत एक है और उपयोग अनेक। ज्ञान और कर्म की ज्योति को प्रज्वलित करना है तो आदित्य बनो। ऊर्जावान व्यक्ति के लिए लेखक भगवती चरण वर्मा ने अपनी पुस्तक 'सामर्थ्य और सीमा' में लिखा है कि– ''अगर हम सूर्य को जीवन और अंधकार को मृत्यु का प्रतीक मान लें तो उसमें कोई खास अंतर नहीं पड़ेगा। जहां तक सूर्य का प्रश्न है वह तो मौजूद है, केवल वह हम से दूर हो गया या यह कहना ठीक होगा कि हम

उस से दूर हो गए है। अंधकार में सूर्य नहीं डूब रहा है, अंधकार में तो हम डूब रहे है और हमारा यह अंधकार न शाश्वत है, न स्थायी। कल सुबह फिर अंधकार दूर हो जायेगा, फिर सूर्य आकाश पर उदय होगा।'' उजाला चैतन्य (Alert) है, उजाला जीवन है और अंधेरा मृत्यु। उजाला हर्ष और उल्लास है तो अंधेरा विषाद और अवसाद। उजाला निर्भयता को जन्म देता है तो ऊर्जा का स्त्रोत है और अंधेरा हमें भयभीत करता है। ऊर्जा को बनाये रखना सकारात्मकता का प्रतीक है।

हम अपने जीवन में क्या करते है इससे भी ज्यादा महत्वपूर्ण यह है की हम किस उत्साह, किस भाव, किस ऊर्जा के साथ कार्य कर रहे है। बिना मन से किया गया कार्य भारभूत हो जाता है वही उल्लासित मन से किया गया कार्य सुख का सेतु बन जाता है। इससे कोई फर्क नहीं पड़ता कि कार्य छोटा है या बड़ा, फर्क इससे पड़ता है की करने वाले का मन, छोटा न हो। शान शौकत और हजारों रूपये खर्च करके किये गये बड़े—बड़े कार्य भी व्यर्थ साबित हो जाते है जब करने वाले के मन में उत्साह, उल्लास, प्रसन्नता न झलक रही हो। ऊर्जा व जोश के साथ किये हुए छोटे—बड़े सभी कार्य जीवन आनन्द की किरण होते है।

'अप्पदीपो भव' – भगवान् बुद्ध की उक्ति है। दीपक आदित्य की परम्परा अपनाने से आदित्य जितना ही महत्वपूर्ण हो जाता है। इसलिए अपने को छोटा न समझो, स्फूर्ति और कर्मशीलता के साथ अपने को ऊर्जामय बनाये रखो। निराशा एवं अकर्मण्यता पर विजय पाकर ही जीवन निर्वाह करने वाला व्यक्ति ऊर्जावान व्यक्ति होता है। – प्रो. योगेश्वर देव ने अपनी पुस्तक 'जागरण' में लिखा है कि '' मनुष्य अपार शक्ति का स्त्रोत है, अपने को समझने का विश्वास रखें, तुम शक्ति के भंडार हो''। स्वामी विवेकानंद कहा करते थे– ''क्या तुम जानते हो, तुम्हारे अंदर अभी भी कितना तेज, कितनी शक्तियां छिपी हुई है– क्या वैज्ञानिक इन्हें जान सकता है?'' मनुष्य का जन्म हुए लाखों वर्ष हो गए, पर अभी तक उस की असीम शक्ति का केवल अत्यंत क्षुद्र भाग ही अभिव्यक्त हुआ है, इसलिए तुम्हें यह नहीं कहना चाहिए कि तुम शक्तिहीन हो।'' शक्तिहीन व्यक्ति मन से भी शांत नहीं रह सकता। शांत व सरल जीवन के लिए ऊर्जामय बने रहना आवश्यक है और इसके लिए प्रकृति के नियमों को समझना होगा। सबसे पहले भावनात्मक शक्ति, फिर मानसिक और अंत में शारीरिक शक्ति का विकास से ही ऊर्जामय जीवन बना रह सकता है।

ऊर्जामय जीवन

ऊर्जामय जीना एक कला, स्फूर्तिमय रखो तन–मन को।
ऊर्जा नाम है शक्ति का, हिम्मत होती है तन–मन में।
तन की शक्ति, मन शक्ति, ऊर्जामय जीवन जीने में।
वो जिन्दगी भी क्या है, जो गुजरे निष्क्रियतामय जीने में।
सक्रिय बनो, सत्यता को जानो, वरना सोच अधूरी है।
ऊर्जामय जीना सोच है, सफलतम जीवन जीने में।

"आप बुद्धिमान है, योग्य भी है और अवसर भी मिल रहे है मगर आप असफल हो रहे है क्योंकि आपने अपनी ऊर्जा को सफलता के लिए नहीं झोंका है, कर्म करने की ओर आपके कदम नहीं बढ़े है।"

–इंजी.ओ.पी.माहेश्वरी

13 सफलता के लिए तैयारी जरूरी

किसी काम के लिए योजना (Planning) बनाना, तैयारी (Preparations) करना, अपने आत्म विश्वास (Self Confidence) को बढ़ाना है। साधारण बने रहना तो आसान है मगर विशेष बनने के लिए अलग से कोशिश करनी होती है। यह तैयारी हर रोज, हर क्षेत्र में आवश्यक है। **हमारी हर सोच हमारे जीवन में बोया गया एक बीज ही है। यदि हम फलों के बीज बोयेगे तो एक बीज से हजारों फल पायेगे और अगर हम काटों के बीज बोयेगें तो काटों के वृक्ष ही पायेगे।** अगर हमारी सोच में अच्छे बीज पनपेंगे तो अच्छे फल ही मिलेगे। सत्य भी है कि जीवन में वही फलता है, जैसा अतीत में उसका बीजारोपण किया है। आज की तैयारी भविष्य का फल है। अतः इस हेतु आपका सतत् प्रयास बना रहना चाहिये ताकि हर जगह आपके कदम आगे रहें। इस कोशिश का कार्य रूप ही काम की तैयारी है।

आज की भाग दौड़ भरी दुनिया में अपने काम कभी भी पूरे नहीं हो पाते है। ऐसे में खुद अपनी टू–डू लिस्ट की सीमा तय करनी होगी। जब हम पूरे दिन में निश्चित काम करते है और उन्हें पूरा करते है तो हमें ऊर्जा का अनुभव होता है जबकि कई काम हाथ में लेकर उनमें से अधिकतर अधुरे रह जाने पर निराशा का अनुभव होता है। अपने कार्य को समय पर करने के लिए यह जरूरी है कि उस कार्य की तैयारियां समय से पूर्व कर दी जाये ताकि शीर्ष (Peak) समय में जब आपके ऊपर बहुत सारे कार्य साथ में आ जाये तब भी आप उन्हें करके समय के महत्व को बरकरार रख सकते है। जैसे बच्चे को सुबह स्कूल भेजना है तो स्नान का कार्य तो सुबह ही होगा मगर टिफिन में क्या ले जाना है इसकी तैयारी रात को की जा सकती है, स्नान के लिए कपड़े बाथरूम में रखे जा सकते है, कपड़ों की प्रेस रात को की जा सकती है। बैल्ट, खाली टिफिन, बैग वगैरह को रात में ही व्यवस्थित रखा जा सकता है ताकि सुबह कम समय में तैयारियां करके सभी बच्चों को समय पर स्कूल रवाना किया जा सके। हमें सफलता को पाने के लिए अपनी सोच के अच्छे बीज बोने होगे, वही अपने आप उग जाने वाली बुरी सोच की घास–फूस को काटने रहना होगा। अच्छी सोच अच्छी तैयारी करवायेगा,

अच्छी तैयारी अच्छे परिणाम देगी। **सफलता के लिए प्रगति को हर समय बनाये रखना होगा। इसके लिए प्रयोगशील भी बनना होगा।** नये तरीकों को भी समय–समय पर परखना होगा। वहाँ मत जाइए जहाँ रास्ता ले जाए, बल्कि हमारी परख से बने रास्ते पर अपनी ऊँर्जा को गति प्रदान करें। अव्यवस्थित चित से चलता हुआ व्यक्ति ही पराजय की ठोकरें खाता है। ठोकर खाने के बाद, उठजाना और तैयारी के साथ फिर प्रयत्न करना सफलता की सोच है।

"जीतने की इच्छा सभी में होती है, मगर जीतने के लिए तैयारी करने की इच्छा बहुत कम लोगों में होती है।"

– विंस लॉम्बार्डी

"Every one has a will to win but very few have the will to prepare to win."

- Vince Lombardi

" प्रयत्न और चेष्टा जीवन का स्वभाव और गुण है, जब तक जीवन है प्रयत्न और चेष्टा रखना स्वाभाविक है। जीवन में एक समय प्रयत्न की असफलता मनुष्य का संपूर्ण जीवन नहीं है, जीवन का हम अंत नहीं देख पाते, वह निस्सीम है, वैसे मनुष्य का प्रयत्न और चेष्टा भी सीमित क्यों हो? असामर्थ्य स्वीकार करने का अर्थ है, जीवन में प्रयत्नहीन हो जाना, जीवन से उपराम हो जाना।"

– यशपाल: दिव्या

"आपकी सफलता आपकी कार्य योजना,
सक्रियता व जागृति में निहित होती है।"

– इंजी. ओ.पी. माहेश्वरी

14 समय नहीं मिलता, रोना छोड़ो

हर रोज सूर्य उदय होता है, रात्रि होती है और फिर सूर्य उदय हो जाता है, प्रकृति ने हम सबको बराबर समय दिया है। हर दिन 24 घन्टे का ही होता है। किसी के लिए दिन 20 घन्टे का, किसी के लिए 28 घन्टे का नहीं। समय तो अपनी गति से ही चलता है अतः आदत बनाने या सुधारने के लिए समय के रूकने का इंतजार न करें, बल्कि समय के साथ चलें। **सफलता के लिए सबसे मूल्यवान कड़ी अगर है तो वह है 'समय'। अन्य वस्तुएँ खो करके भी पुनः प्राप्त कर सकते है पर गया हुआ समय वापस नहीं ला सकते।** कुछ लोग कार्य को आगे बढ़कर करना चाहते है तो कुछ लोग अपनी क्षमता होते हुए भी समय का रोना रोते रहते है। भले ही वे जिन्दगी में कोई रचनात्मक कार्य सम्पन्न न कर रहे हो।

समय का रोना रोने वाले लोगों को सुझाव है कि वे अपने विवेक व ज्ञान शक्ति को जागृत करें। विवेक जागृत करने का तरीका है अपने वर्तमान समय का भरपूर सदुपयोग। आप अपने ज्ञान को वर्तमान पलों के उपयोग में लगा दें। विवेक व आप के कार्य करने की शक्ति धीरे–धीरे स्वतः ही बढ़ते जायेंगे। आप पूरे तन मन से अपना काम करके देखिए, आपका हर पल फलीभूत होगा। दुनिया में सभी के पास 24 घंटे हैं, मगर उन्हीं 24 घंटों को लोग अलग–अलग तरीके से जीकर अलग–अलग ऊंचाई हासिल करते है कोई खास बन जाता तो कोई आम रह जाता है। **सफल होने वाला व्यक्ति हर मिनट को कीमती मानता है और उसे खर्च नहीं, बल्कि इसमें इन्वेस्ट (निवेश) करता है** यही वह पूंजी है जो सबके पास है। फर्क केवल उपयोग करने का है। हर दिन को इस तरह प्लान करे जैसे वह जीवन का आखिरी दिन हो क्योंकि इन्सान जब मृत्यु के बारे में सोचता है तो उम्मीदें खत्म हो जाती है और औरों के लिए कुछ कर जाने की हिम्मत आ जाती है ऐसे में समय का भरपूर उपयोग करेगा।

किसी कार्य को करने के लिए समय मिलता नहीं, निकालना होता है। हर व्यक्ति की अलग–अलग आदतें होती है और अपनी रूचि के अनुसार अपना समय उसमें व्यतीत करता है यानि उस व्यक्ति को 'उक्त' कार्य करने की रूचि नहीं है तो समय न होने का बहाना बना दिया जाता है। जबकि बाकी सभी फिजूल के कार्यों में समय व्यतीत कर देते है। घन्टों हम गपशप में, जगने के बाद भी बिस्तर पर आलस्य में, बिना कोई काम के बैठे रहने व सुस्ताते रहने आदि में अपना समय व्यतीत कर देते है और जीवन के

लिए आवश्यक मुख्य कार्यों से वंचित रह जाते है। सही कार्य करने के लिए समय हर वक्त ही ठीक होता है। तुम्हें आज नहीं मिला तो कल मिल सकता है क्योंकि समय परितर्वनशील है। आप एक साथ अलग–अलग तरह के काम अकेले नहीं कर सकते। आपको उनमें से प्रथम वरीयता के 1–2 काम छांटने होंगे और उन्हीं पर पहले फोकस करना होगा। हमारी ऊर्जा को हम जितना बिखरा देते है, 'वास्तविक लक्ष्यों' मुख्य वरीयता के कार्य में ऊर्जा यानि समय लगाने में हम उतने ही असमर्थ होते जाते है, इसलिए अनुशासन और समय प्रबन्धन अति आवश्यक कड़ी हो जाती है।

समय के अनुरूप चलने के लिए प्रतिदिन समय की विवेचना होनी चाहिये। ऐसा न हो कि हम रोज वही करते आ रहे है जो आज तक करते आये है ऐसे में आपको वही मिलेगा जो अब तक मिलता रहा है। ऐसे में आपकी गति स्थिर हो जायेगी और वर्तमान परिस्थितियों का सही उपयोग करने वाला आपसे आगे ही बढ़ता चला जायेगा। सोते हुए आलसी व्यक्ति का भाग्य भी सोता रहता है बैठे हुए का भाग्य भी बैठा रहता है, उठ खड़े होने वाले का भाग्य उठ खड़ा होता है, चलने वाले का भाग्य चल पड़ता है। समय हमेशा कड़ी मेहनत करने वालों का मित्र रहा है। हर रोज 24 घंटे में से सिर्फ 5 मिनट यह सोचने में लगायें कि आज की उपलब्धियाँ क्या रही, कल हम इसमें और बढ़ोतरी कैसे कैसे कर सकते है। यह बात पहले स्वयं से करनी है और आवश्यक हो तो अपने एवं विशिष्ट लोगों से की जा सकती है। आदत दरअसल इंद्रियों पर हमारे मन व मनोविज्ञान के नियन्त्रण को दर्शाती है।

यदि जीवनचर्या में समय की पाबंदी का अभ्यास कर लिया तो समझ लें आपने न केवल सफलता का रास्ता तलाश लिया अपितु अपनी मानसिक शांति भी ढूंढ़ ली। अमेरिकी लेखक ब्रेट हर्टे ने कहा था, 'भाग्य के बारे में केवल एक बात सुनिश्चित है कि वह बदलेगा'। यह बात सही है कि आपके प्रयास सही है तो परिणाम भी सही होंगे अन्यथा हार ही हाथ में मिलेगी। **प्रयास के लिए सबसे जरूरी है समय व अवसर का उपयोग। इंसान ऊर्जा का पुंज है यह ऊर्जा भी सीमित है। इसका इस्तेमाल अगर बेजा कार्यो में ही करते रहे तो भविष्य नहीं सुधर सकता।** हर समय बीते कल को याद करने से आज का वक्त बर्बाद होता है। जाहिर–सी बात है आज नष्ट, तो कल कैसे बचेगा। अगर आज समय का सदुपयोग करें तो कल उम्मीद की किरण जगेगी।

समय सबसे कम पाया जाने वाला संसाधन है। अगर ध्यान नहीं रखा तो व्यर्थ में बहते चला जाता है। जब तक कि इसका प्रबंधन नहीं किया

जाता। किसी कार्य के लिए समय निकालने का तरीका सिखाता है "समय प्रबन्धन"। हम देखते है कि कई बड़े लोग, छोटे–छोटे कार्यो में भी समय लगा देते है और समाज में उपलब्धियों पर उपलब्धियां हासिल करते ही जाते है। जबकि दूसरी ओर ऐसे भी **बहुत से लोग होते है जो समय की कमी का रोना ही रोते रहते हैं। ऐसे लोग समय की महत्वत्ता को नहीं समझ पाते है और अपना समय यूं ही बर्बाद करते रहते है। अपने वर्तमान का मोल समझे बिना, बीते कल की बातों में उलझें रहने से समय का नुकसान ही होगा।** कहने को ये लोग भी जीते है पर उपलब्धि बताने के नाम पर कुछ नहीं होती है। ऐसे लोग अपनी विशेषताओं से चर्चा में नहीं रहते अपितु जीने के नाम पर ही जीवन ढोते है। इन्होंने समय की कीमत नहीं जानी जबकि समय ही धन है। यह भी सत्य है कि कोई अमीर व्यक्ति भी अपना पुराना वक्त नहीं खरीद सकता और समय का सदपयोग करने वाला इतना गरीब भी नहीं रह सकता कि आने वाली परिस्थितियों को बदल न सके। कई लोगों का अधिकतर समय दूसरों को देखने और गपशप में बीत जाता है और वह समयाभाव की शिकायत करते नहीं थकते। यदि समय दूसरों को देखने और कीचड़ उछालने में बीतेगा तो समयाभाव तो होगा ही। हर समय निन्दा और बीते कल में समय बर्बाद नहीं करें। समय तब तक दुश्मन नहीं बनता जब तक आप उसे व्यर्थ गंवाने का प्रयास नहीं करते है। जिसने समय बचा लिया, समझो सफलता उसके कदमों में होगी। **समय प्रबन्धन की मुख्य कड़ियां निम्न है:**

1. आने वाले हर क्षण के उपयोग की सोच मन में बिठायें।
   (Use of every moment)
2. अगले दिन कौन–कौन से कार्य निपटाने है, उनकी रूपरेखा रात को ही सोने से पहले बना कर मुख्य बिन्दुओं को पेपर पर लिख दें फिर कार्यों को सूची अनुसार प्राथमिकता के आधार पर निष्पादन करें।
   (List out the works)
3. कार्य योजना बना कर, हर कड़ी में लगने वाले समय का अनुमान लगायें व समय का आवंटन करें।
   (Work Planning & Time Management)
4. कार्य योजना अनुसार कार्य तत्काल करें, उन्हें लटकाएँ नहीं।
   (Start Immediately)
5. समय के पाबन्दी बनें।
   (Be Punctual of time)
6. दैनिक कार्यो को समयबद्ध करें मगर कम समय लगाएँ।

(Efficient Working)

7. संचार माध्यमों का उपयोग बढ़ायें, व्यक्तिगत मिलने की बजाय टेलिफोन आदि में कम समय लगता है। (Use of Communication)
8. कार्य का रूट बनायें, सहायकों की सहायता लें, नवीन तकनीक का उपयोग बढ़ायें। इससे समय बचेगा। (Take assistance in new Technology)
9. अपनी कार्यों की सूची (लिस्ट) को हर रोज अपडेट करें और मौका हाथ से न जाने दें। पहले सूची के अनुसार समय का उपयोग करें। (Update the List)
10. अपने दिमाग को मुख्य काम में ही रखें, एक मुख्य काम पूरा होने के बाद ही दूसरे काम में हाथ डालें। (Focus on main activity)
11. भविष्य में आने वाली समस्याओं को वर्तमान में ही सोच कर उनके प्रति तैयारी रखें। (Advance Planning & Preparation)
12. जीवन की प्राथमिकताएँ तय कर, छोटे–मोटे कार्यों के लिए भी समय निकालें। (Work According to Priorities)
13. कार्यों को बाँटना सीखें, कम समय में काम निपट जायेगा। (Distribute the work)
14. काम को काम समझें, बोझ नहीं। इमोशनल होकर भी भावना में न बहें। 'ना' बोलना भी सीखें जिन कार्यों में समय की बर्बादी की सम्भावना है। (Work is Worship)

क्योंकि आज के काम के लिए आज का दिन ही निश्चित है और कल के काम के लिए कल का दिन। आज के काम को कल पर टाल देने से भार दो गुना हो जायेगा और फिर कल का काम परसों पर छोड़ देने से वह कभी पूरा नहीं होगा क्योंकि स्थगनशीलता की प्रवृत्ति कार्यों की दक्षता नष्ट कर देती है।

समय पर नहीं चलने वाले लोग होते है–

- आलसी (Lethargic)
- लक्ष्यहीन (Goal)
- नकारात्मक (Negative) नजरिये / छोटी सोच रखने वाले
- बातें ज्यादा, काम कम करने वाले
- कामचोर / कर्महीन व्यक्ति
- अनुभवहीन (Unskilled) / अनुमानहीन
- बेपरवाह लोग (Careless)

जब बात समय की चल रही है तो मैं बता देना चाहता हूँ कि सूर्योदय से पूर्व उठने वाले लोग हर कार्य में साधारणतया आगे ही रहते है क्योंकि ऐसे लोगों में आलस्य कम और समय की पाबंदी अधिक होती है। सूर्योदय से पूर्व उठने वाले लोगों को वातावरण की शुद्ध ऑक्सीजन मिलती है। जिससे इनका शरीर भी तन्दुरूस्त रहता है। सुबह के ठण्डे वातावरण में आपकी सोच सकारात्मक रहती है जबकि बाद में उठने वालों के सिर सूर्य की तपन से गर्म हो जाते है और हर कार्य में पीछे से पहुँचने के कारण गुस्सा भी मन–मस्तिष्क में बढ़ जाता है। आपकी सफलता आपके हर क्षण के उपयोग में है। इस सम्बन्ध में एक घटना बताना चाह रहा हूँ – एक दिन ऑफिस जाने के लिए समय से पूर्व तैयार हो गया, घर में सफाई का काम चल रहा था अतः वापस अन्दर प्रवेश बन्द करने दिया गया, मेरे हाथ में स्कैच पेन था और उससे मैंने फ्लश (सपाट) दरवाजे पर बड़ी सी आकृति बना डाली जब आकृति अच्छी दिखने लगी तो उसमें मैंने ऐसे ही रोज थोड़ा–थोड़ा रंग भरता रहा और बन गई बाहर दिखने वाली सुन्दर आकृति। अब कॉलोनी में एक–एक कर लोग उसे देखने आने लगे। जब वहाँ से मेरी ट्रान्सफर हुई तो उस क्वार्टर को लेने के लिए कई लोगों मे होड़ लग गई क्योंकि गेट पर अच्छी आकृति जो थी।

यह आकृति हर रोज समय से पूर्व तैयार हो जाने व उन बचे हुए क्षणों के उपयोग से सम्भव हो पाई। जिन्दगी में ऐसे क्षण कई जगह, कई बार मिलते है और अगर उन क्षणों को हर बार उपयोग करें तो सफलता आपके कदमों में होगी और समय की कमी का रोना स्वतः ही बन्द हो जायेगा।

समय जीवन की गति हैं
समय नहीं रूकने वाली घड़ी हैं
समय भाग्य का निर्माता हैं
समय सम्बन्धों का स्त्रोत है
समय आज का धन हैं
समय जीवन का सहचर है
समय सफलता की सीढ़ी है।

समय जीवन का सहचर है। **सृष्टि के संचालन में जितनी भूमिका प्रकृति और ईश्वर की मानी जाती है, समय की भूमिका उससे अधिक है। ईश्वर तो अज्ञात है, किन्तु समय का ज्ञान, परिचय**

तो हर रोज हो जाता है। समय का उपयोग करने वाला सफलता की चोटी छूता है, तो समय का दुरूपयोग करने वाला जीवन में हाथ मलते ही रह जाता है। जो अपने समय का सर्वाधिक दुरूपयोग करते हैं, वे ही समय की कमी की सबसे अधिक शिकायत करते हैं।

''समय कभी रुकता नहीं, समय कभी लौटता नहीं,
शुभ समय होता नहीं, समय को शुभ बनाना होता है।
समय पर किया कार्य ही, सफलता का मन्त्र होता है।''

''जो व्यक्ति अपना समय व्यर्थ करने की क्षमता रखते है वे ही समय नहीं मिलता का राग अलापते है।

अगर आपने एक एक क्षण का सदुपयोग करना सीख लिया तो जीत का मुकुट आपके सिर पर ही सुशोभित होगा।''

– इन्जी. ओ.पी. माहेश्वरी

15 सही निर्णय यानी पूर्व अनुमान (Estimations) भी सफलता

आप कितने दूरदर्शी हैं तथा समस्याओं और संभावनाओं की तरफ आपका नजरिया क्या है उसी के अनुसार सफलता का निर्माण होता है। एस्टीमेशन शब्द कार्य की मात्रा, लागत, समय का पूर्वानुमान है। यह कार्य की रूप–रेखा का ही एक अंग है जिससे भविष्य में होने वाले काम को वर्तमान में कल्पना द्वारा अनुमान लगा दिया जाता है। जिसे वर्तमान में इंट्यूशन यानी भीतरी ज्ञान भी कहते हैं। जिसका अनुमान जितना सही होगा उसके परिणाम भी उतने ही अच्छे हासिल होंगे। विवेक और ज्ञान तभी ताकतवर बनेंगे, जब हम निर्णय लेने में उसका समुचित उपयोग करेंगे। हम किस क्षेत्र में जा रहे हैं उसमें सफलता की संभावना क्या है, यह सब हमारे मजबूत इरादे और उसके साथ उत्साह बनाए रखने की आदत तय करती है। कोई भी निर्णय स्वयं महान नहीं होता है। कर्म करके उसे महान बनाया जाता है। स्मार्ट लोग अपने प्रारंभिक जीवन में ही इतनी गलतियाँ और संघर्ष कर चुके होते है कि उन्हें बाद में उस चीज का आसानी से अनुमान हो जाता हैं कि क्या करने से क्या होगा।

दो व्यक्ति एक साथ में मेहनत करते हैं। एक सफल हो जाता है और दूसरा अपने भाग्य को कोसता रहता है। सफल होने वाले व्यक्ति ने भी उस समय कोई ज्यादा मेहनत नहीं की मगर वह सफल हो गया, उसके पीछे उसके मन–मस्तिष्क की सोच का हाथ रहा और उनका सही समय पर निर्णय लेना, उसे सफलता की ओर ले गया। सही निर्णय लेने के लिए अनुभव, विवेक, सक्रियता व ज्ञान ने बहुत कुछ साथ दिया। जबकि फैल होने वाले व्यक्ति ने अनुमान की आदत ही नहीं बनाई। जब अनुमान की आदत नहीं होगी तो ऐसे व्यक्ति अपने परिणामों का पूर्व बोध न होने की वजह से न सिर्फ एक बार गलत करते हैं वरन उसी गलती को दोहराते रहते है। वे यह नहीं सोच पाते हैं कि कौन सा कदम कितना सही है, क्या तैयारी रखें, खुद क्या करें, का अनुमान नहीं लगा पाते हैं और ऐसे लोग जिन्दगी के अधिकतर क्षेत्र में लेट–लतीफ ही रहते हैं। उन्हें यह भी नहीं पता पड़ता कि कौनसा काम कब, कितना किया जाये, भले ही उन्हें काम करना आता हो।

सही अनुमान के लिए अनुभव व ज्ञान का होना आवश्यक है फिर दिमाग में उस काम के प्रति स्थिरता भी होनी चाहिये। मन ऐसे विचलित नहीं होना चाहिये कि यह काम भी कर लूँ, वो काम भी कर लूँ। ऐसे लोग यह तय नहीं कर पाते हैं कि मुख्य कार्य कौनसा है और किस कार्य को आराम से कर सकते हैं। कई कार्यों में खुद को उलझाने की बजाय एक समय पर मुख्य काम पर ही अपना ध्यान लगाना चाहिये। मन को केन्द्रित करने के लिए योग साधना, अभ्यास का सहारा ले सकते हैं। कार्यं को करने से पहले उसकी रूप–रेखा व तैयारी करके एक के बाद एक कार्य को सोच समझकर कर सकते हैं।

जीवन में हम सब लोग सुख पाने के लिए ही दौड़ते हैं। कोई सुख को धन में देखता है तो कोई ऐशो आराम में, कोई क्रीड़ा में, तो कोई वस्तु को पाने में,पर सुख हर कोई चाहता है। कोई भी व्यक्ति दुःख की चाह नहीं रखता है। फिर भी दुःख आते हैं और दुःख का कारण होता है मनःस्थिति और दृष्टिकोण इसी से बनता है पूर्व अनुमान और पूर्व आभास (Intuition) की योग्यता। अगर आपका अनुमान सही है तो आपको वही मिलेगा जिसका प्रयत्न कर रहे हो और जितना आपने सोचा था। अन्यथा फिर संघर्ष बढ़ाना होगा। संघर्ष से मिलेगा विवेक, विवेक से सही अनुमान की दिशा और इसी दिशा से मिलेगी सफलता। बिस्मार्क ने गलतियों से सीखने वाले लोगों के लिए कहा था कि मूर्ख लोग गलतियां करके सीखते हैं, जबकि बुद्धिमान लोग दूसरे की गलतियों से ही सीख ले लेते है। स्मार्ट लोगों की तुलना सदैव एक ऐसे बुद्धिमान के रूप में होती है जो दूसरों की गलतियों से सफलता की राह निकाल लेता है।

सही अनुमान के लिए निम्न कारकों (Factors) का प्रभाव पड़ता है।

1. भयमुक्त (Fearless) या भययुक्त (Tumid) माहौल का होना।
2. अनुभव (Experience) होना या अनाड़ी (Unskilled)बने रहना।
3. ज्ञानी (Knowledge) होना या अज्ञानी (Illiterate)।
4. सोचने (Thought) की शक्ति या विवेकहीन (Mind less) होना।
5. काम को स्वतः करने की आदत (Self Ability) या किताबी अनुभव (Theoretical ability)।
6. काम का रूचिकर (Interesting) होना या अरूचिकर (Uninteresting) वाला।

7. काम को काम (Work is Work) समझना या बोझ (Burden) मानने की आदत।
8. तकनीकी ज्ञान (Technical Knowledge)होना या अनभिज्ञ (Unknown) होना।
9. काम करने की आदत (Willingly)या काम टरकाने की आदत (Un Willingly)
10. मन की एकाग्रता (Concentrations) या विचलित (Fecal Mind) मन
11. नियंत्रित (Controlled) या अनियंत्रित (Haphazard) तरीके से काम की आदत।
12. विलासितामय जीवन (luxurious Life) या अभावग्रस्त जीवन (Life in Scarcity)

आप तय कर सकते है कि कौन–कौन से कारकों (Factors) को अपनायें व किन–किन से दूरी बनायें ताकि सही समय पर विवेक पूर्वक निर्णय लेकर अपने लक्ष्य को साध सकें।

''सत्य की दिशा में हजारों–हजार शास्त्रों का इतना मूल्य नहीं है, जितना अपने द्वारा उठाए गए एक–एक कदम का है, और इसकी फिक्र मत करना कि रास्ता लंबा बहुत है, क्योंकि लंबे से लंबे रास्ते भी एक–एक कदम उठाकर पूरे हो जाते है।''

– रजनीशः सत्य की खोज

''कर्म, काल का सही उपयोग और कर्त्तव्यनिष्ठा
रखने वाले लक्ष्य को हासिल करते है।''

– इंजी. ओ.पी. माहेश्वरी

16 प्रतिस्पर्धा व व्यंग्य भी सफलता के प्रेरक

किसी के द्वारा बोले गऐ व्यंग्य भरे शब्द भले ही हमें बुरे लगें नगर इन शब्दों में छुपा अपनत्व मन में प्रतिस्पर्धा की भावना जागृत कर जाता है। यह भावना सर्वश्रेष्ठ बनने हेतु प्रयास के लिए प्रेरित करती है। सफलता के लिए आपके अपने द्वारा कसा गया व्यंग्य कुछ करके दिखाने के लिये प्रेरित करता है। आप द्वारा की गई गलतियों पर कसा गया व्यंग्य आपके कार्य में फिर से सुधार करने को बाध्य करता है। कहा भी गया है की **निंदक नियरे राखिए, आंगन कुटि छवाए। मतलब यह की अगर कोई आलोचक आपके आस पास रहता है तो आप उसे दिखाने के लिए काम में दिन प्रतिदिन सुधार कर प्रस्तुत करोगे और अच्छा करना ही सफलता की सीढ़ी है।** ये प्रयास कभी बेकार नहीं जाते, अगर संघर्ष को आपने अपना लिया है। यह संघर्ष आपकी योग्यता में निरन्तर निखार लाता रहेगा। आप भले ही बड़ी सफलता तक अभी नहीं पहुँच पाये हें मगर नई योग्यताएं आपके व्यक्तित्व में समा चुकी होती हैं। यह प्रतिस्पर्धा की भावना हर समय आपको जागरूक रहने के लिए प्रेरित करेगा। आप अपने प्रतिदंद्वी पर नजर गाड़े रहेंगे। आप उससे बेहतर व ज्यादा करने में लगे रहेंगे। आपके ये प्रयास कभी बेकार नहीं जायेंगे। हर बार नई योग्यताओं का समावेश होता जायेगा जो आपको अपनी मंजिल के नज़दीक लाता रहेगा।

दुनिया का सारा विकास आवश्यकता और प्रतिस्पर्धा पर ही आधारित रहता है। प्रतिस्पर्धा एक मापदंड देती है एक लक्ष्य देती है जिसे पार करना है। प्रतिस्पर्धा न करने वाला व्यक्ति पहली ही सीमा में ध्वस्त हो जाता है। प्रतिस्पर्धा से दूर भागने वाले लोग अपनी कार्य क्षमता को कम करते जाते है और कार्य क्षमता कम होना न केवल आर्थिक अपितु शारीरिक व मानसिक तौर पर पिछड़ते जाना है। जो समय के साथ नहीं रह पायेंगे उन लोगों को समय पीछे छोड़ आगे निकल जाता है। अतः जीवन में सफलता पाने के लिए मन में प्रतिस्पर्धा को पाले रखना, औरों से बेहतर करने का तरीका होगा। इतिहास गवाह है कि सफलता उन्हीं लोगों को नसीब हुई है जो धारा से विपरीत बहे हैं। सफलता तभी मिलती है जब आप लक्ष्य के प्रति कदम पर कदम बढ़ाये चलते रहें।

व्यंग्य के स्मरण मात्र से आपकी आतुरता उत्तेजना में बदल

जायेगी। नियंत्रित उत्तेजना में भी आँखे लाल होना, आवाज बदल जाना और शरीर में जोश आ जाता है। अध्ययनों से पता चला है कि व्यक्ति सामान्यतया दैनिक कार्यों में अपनी क्षमता का सिर्फ 20 प्रतिशत ही उपयोग करता है जबकि **व्यक्ति क्रोध व आवेश के समय अपनी पूरी क्षमता झोंक देता है और परिणाम भी उम्मीद से ज्यादा अच्छे हासिल कर लेता है।** आपके मन में उत्पन्न प्रतिस्पर्धा की भावना लक्ष्य तक पहुँचने की रामबाण दवा है। लेखक स्वेट मार्डेन ने अपनी पुस्तक 'अपने आप को पहचानिए' में लिखा की ''अंधकार की घनी तमिस्त्रा, निराशा की ऊबड़ खाबड़ घाटियां और कम अक्ल साथियों के ताने, जाने कितनी बार विश्वविजेताओं को कांटों की तरह चुभें होगें, किन्तु बैठ कर देखने से कोई रास्ता पूरा नहीं होता, वे तमाम लोग, जिन्हें अपने आदर्शा को यथार्थ में बदलना था, अबाध गति से चलते रहे, आखिर एक दिन उन्हें अपने लक्ष्य की प्राप्ति हुई।''

''व्यंग की ज्वाला मन मस्तिष्क में उबाल मारती है, इसी उबाल में सफलता की खीर पक जाती है।

प्रतिस्पर्धा हमारे मन मस्तिष्क में एक प्रकार की लड़ाई की कल्पना होती है इसमें अपने आलस्य को दबाकर सफलता पाने की ललक जग जाती है।''

— इन्जी.ओ.पी.माहेश्वरी

17 सफलता के सहायक, प्रतीकात्मक चिन्ह

भूलने की आदत सबमें होती है। हमारा दिमाग वही बात याद रखता है जो उसे वर्तमान में नजर आ रही हो, क्योंकि **मन का गुण है कि जो सामने होता है या दिख रहा है उसी के साथ जुड़ जाता है।** दिमाग में घूम रहे प्रश्नों से कई बार आपकी नींद तक उड़ जाती हैं। भूलने की आदत है तो मुख्य सामान तक भूल कर चले जाते हैं। जीवन में ऐसी अनेक घटनाऐं होती हैं जिन्हें हम चाह कर भी तुरन्त याद नहीं कर पाते हैं । सामने आने वाले व्यक्ति, वस्तु को देखकर ही उसके सम्बन्धित कार्य याद आते हैं। मन नये विषय के साथ जुड़ने की कोशिश करता है और जो सामने नहीं होता है उसे भूल भी जाता है। मगर हमारी तैयारी उस विषय की नहीं होती है। इसी याद को बनाये रखने हेतु आप कुछ ऐसा कर सकते हैं कि आप उसे देखते ही जो आप करना चाह रहे हो याद आ जाये, जैसे गाडी के रिजर्व के निशान को देखते ही उसमें ईंधन भराना याद आ जाता है।

ऐसे ही आप कर सकते हैं कुछ प्रतीकात्मक चिन्ह बनाकर ताकि उन्हें देखकर हमारे चेतन मन की इन्द्रियाँ जागृत हो जाये और मस्तिष्क में आवश्यक संदेश पहुँच जाये। जैसे मोबाईल चार्ज में लगा ही रह जाता है और साथ ले जाना भूल जाते हैं तो अपनी सुविधा अनुसार कुछ निशान बना सकते हो जैसे मैंने बना रखा है कि कमर का बैल्ट जिसमें मोबाईल लगा रहता है उस बैल्ट को पूरा लगाने के बाद भी अन्तिम सिरे को खुला छोड़ देता हूँ जिससे मुझे याद आ जाता है कि बेल्ट में लगे कवर में अभी मोबाईल नहीं आया है। परीक्षा में प्रश्न पत्र हल करते समय तो हम लोग यह करते हैं कि जो प्रश्न कर दिया उस पर सही (✓) का निशान लगा देते है, जो प्रश्न कठिन है उस पर प्रश्न वाचक (?) चिन्ह और जो सन्देहास्पद याद हो उस पर चिन्ह (○) लगा देते हैं ताकि मुख्य प्रश्नों को पहले व सन्देहास्पद प्रश्नों के उत्तर बाद में दे सकें। ये सब चिन्ह आपको समय के उपयोग व याद के लिए होते हैं।

व्यक्ति को देखते ही हम उससे वार्ता चाह रहे हैं और उस समय मुख्य बिन्दुओं को हमने लिख रखा है तो हमारी वार्ता और अधिक सार्थक हो जाती है। हमें कल जो कार्य करना है उससे जुड़ी वस्तु को आज ही अपनी मेज पर रख देने मात्र से कल हमें यह याद आ जायेगा कि यह कार्य करना

है। आपको यदि कुछ करना है तो करना है और यदि नहीं करना है तो नहीं करना है। आप असमंजस की स्थिति में कार्य नहीं करें। कार्य पूरी तैयारी के साथ ही करें। ज्यादा काम हो जाने पर जब चिन्ता में नींद उड़ जाती हो तो आप उन कार्यों की सूची बनाकर ऐसी जगह रखें कि सुबह उसे देखते ही वो कार्य याद आ जाये इसमे **यह सूची आप को याद दिलाने का प्रतीकात्मक चिन्ह है।**

प्रतीकात्मक चिन्ह आप भी बना सकते हैं जैसे–

☺ कोई तारीख याद रखने के लिए कलेण्डर में चौकड़ी लगा कर

☺ कार्यों को याद रखने के लिए कार्य सूची को अपना कर

☺ लिखी पंक्तियों को याद रखने के लिए हाईलाईटर/ अण्डर लाईन/ रंगीन लाईन लगा कर

☺ पूजा को याद रखने के लिए चित्र अथवा मूर्ति लगा कर

☺ दिन में समय पर याद दिलाने के लिए मोबाईल में अलार्म लगा कर

☺ सामान लाना याद रखने हेतु गाड़ी में खाली थैला लटकाने से

☺ साथ ले जाने वाली वस्तुओं को मुख्य द्वार के पास लाकर रखने मात्र से।

☺ दिखावे वाली चीजों व बाधाओं से।

☺ पोस्टर/बैनर/फोटो/स्लोगन आदि को प्रदर्शित कर।

☺ वार्ता के मुख्य बिन्दुओं को लिख कर

☺ पारदर्शी कवर में बिल आदि याद रखने वाले पेपर को रख कर।

☺ दुबारा लाने वाली वस्तु की थोड़ी मात्रा, पैकिंग, वेपर आदि जेब में अथवा पास रख कर।

"प्रतीकात्मक चिन्ह को देख व्यक्ति यादों को स्मृति पटल पर पुनः ले आता है फिर जिसमें जैसी उमंग है वो उसे कार्यरूप दे देगा।"

– इन्जी. ओ.पी. माहेश्वरी

18 पुरुषार्थ ही सफलता की कुंजी

कहते हैं मनुष्य में कार्य करने की अनंत संभावनाएं छिपी होती हैं। अनंत शक्तियों का वह स्त्रोत होता है। हमारी सफलता इस बात पर निर्भर करती है कि हम अपनी ऊर्जा का उपयोग कितना करते है एवं अनंत शक्तियों में से कितनों को आकार दे पाते हैं। इन शक्तियों को आकार देने का आधार है अपना **पुरुषार्थ (Manliness) यानि सही दिशा में की गई मेहनत**। सफल और असफल व्यक्ति अलग–अलग किस्म के नही होते है। अपने कार्य के प्रति रहने वाला नजरिया कार्य के प्रति उत्साह उत्पन्न करता है। पुरुषार्थ से किये गये कार्य में अपनत्व का भाव छुपा होता है वह कार्य में अपने जीने की राह देखता है और राह पर कदम पर कदम बढ़ रहे हो तो यह यात्रा सफलता की ओर ले जाती है। दरिद्रता के पात्र में अपने हाथों की उंगलियों को मित्र बना कर जीवन का अमृत भरा जा सकता है। मुश्किल की घड़ी में समस्या को सुलझाने के लिए कौनसा दरवाजा खटखटाना है यह पुरूषार्थ का ही काम होगा। चीखने, चिल्लाने और गुस्सा करने मात्र से समस्या का समाधान नहीं होगा। समाधान के लिए तो पुरूशार्थ करना होगा। जिन्होंने जीवन में पुरुषार्थ का उपयोग किया वे इतिहास के स्वर्णिम पृष्ठों में अंकित हो गए और जिन्होंने जीवन पर्यन्त पुरुषार्थ नहीं किया वे काल के गाल में समा गए। उन्हें याद करने वाले भी गुणों का बखान नहीं कर पाते हैं और जल्दी भुला दिये जाते हैं, जबकि पुरुषार्थ करने वाले अपने परिश्रम से अपनी तकदीर लिखते हैं यानी सफलता की कसौटी पर श्रेष्ठ हो जाते हैं।

लक्ष्य प्राप्ति में 100 प्रतिशत रोल विवेक के साथ सही समय पर की गई मेहनत का होता है। **सफलता का भवन कर्म की नींव पर ही आधारित होता है। भाग्य भी उसी का साथ देता है जो समय पर कड़ी मेहनत करते हैं। भूल जाओ अपने भाग्य को कोसना, मत टटोलो अपने हाथ की रेखाओं को, अपने हाथों को संघर्ष व मेहनत की ओर बढ़ाओ, अपने मस्तिष्क को सही निर्णय लेने में लगाओ।** आपकी लगन व सही निर्णय से किया गया पुरुषार्थ ही सफलता की चोटी पर ले जायेगा। भाग्य कुछ नहीं है जो कुछ है प्रयत्न और पुरुषार्थ है। हम पुरुषार्थ से नई परिस्थितियों को जन्म दे सकते हैं। हमें भाग्य के आगे घुटने नहीं टेकने हैं, संघर्ष से विजय हासिल करनी है। लेखक रामधारी सिंह दिनकर ने ठीक ही कहा है कि "संसार के रथ का पहिया किसी के लिए नहीं रुकता है। इस लिए दुःख, भय, कायरता और शोक का त्याग कर कर्म में

लीन हो जाओ अन्यथा यह संसार तुम्हें क्रिया शून्य समझ कर मृतक घोषित कर देगा।" ऐसे ही हम अपनी जीत और हार से अपने को सफल और असफल मान बैठते हैं, जबकि हार और जीत का पूरा संबंध ही हमारे पुरुषार्थ से है। इसीलिए लेखक हजारी प्रसाद द्विवेदी ने लिखा – "हार और जीत, है क्या वस्तु? जब हम इन शब्दों का व्यवहार करते हैं तो हमारे मन में किसी न किसी प्रकार की लड़ाई की कल्पना होती है, हम किसी पक्ष को दबा कर अपने मनोनुकुल लक्ष्य तक पहुंच जाते हैं तो उसे जीत कहते हैं,

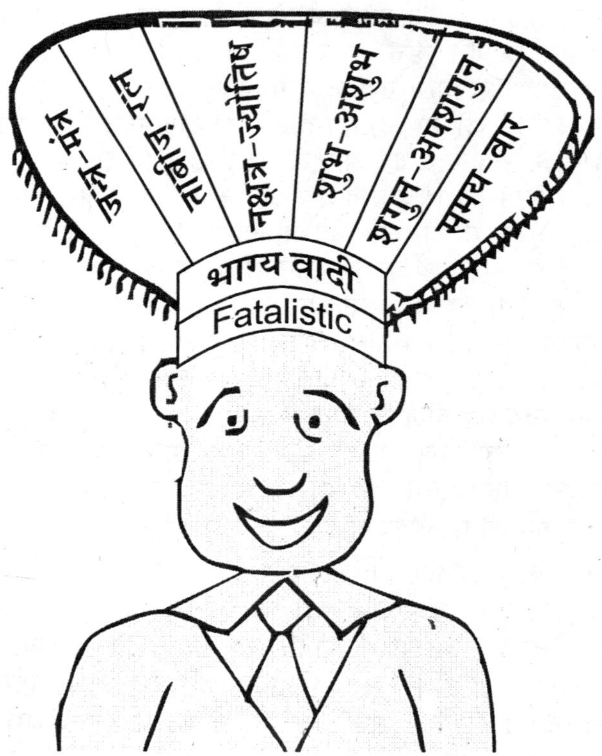

भाग्यवादी नजरिया

और जब प्रतिपक्ष ही प्रबल हो जाता है और हमें अपने लक्ष्य तक नहीं पहुँचने देता, तब निराश हो कर हार मान लेते हैं।"

पुरुषार्थ लम्बे समय तक, निरन्तर किया जाये तो सिद्धि अवश्य मिलती है। हर व्यक्ति की अभिलाषा होती है कि मन चाहने वाला कार्य हो, अपनी लक्षित मंजिल मिले। हर व्यक्ति अपने जीवन में सफलता की

उच्चतम ऊँचाइयों का छूना चाहता है उसकी यह नैसर्गिक आकांक्षा होती है जबकि पुरुषार्थ न करने वालों को मंजिल भी दूर नजर आती है। अतः पुरुषार्थ से हर असंभव को संभव किया जा सकता है। पुरूषार्थ ही संसार में एकमात्र प्रमाणपत्र है जिसे दिखा कर हम सफलता प्राप्त कर सकते हैं। **भाग्य कुछ नहीं है जो कुछ है वह प्रयत्न और पुरुषार्थ है। भाग्य तो केवल अवसर का अनुचर है पुरुषार्थ से नई परिस्थितियों को जन्म दिया जा सकता है सफलता उन्हीं के हाथ लगेगी जो वीरता से संघर्षरत रहेंगे।** भाग्य और पुरुषार्थ के इस द्वंद्व को डॉ. सर्वपल्ली राधाकृष्णन ने अपनी पुस्तक भगवद्गीता के परिचय में समझाया है, 'जीवन' ताश का एक खेल है। न तो हमने इसका आविष्कार किया, न ही इसके नियम बनाए। पत्तों के बंटवारे पर भी हमारा कोई नियंत्रण नहीं, चाहे वे अच्छे हैं, या बुरे। भाग्य का शासन बस यहीं तक है। आगे हम पर है कि हम कैसे खेलें। हो सकता है एक कुशल खिलाड़ी खराब पत्तों के बावजूद जीत जाएं और एक अनाड़ी अच्छे पत्तों के साथ भी खेल का नाश कर दे। यही है पुरुषार्थ ।

चाय बेचने वाला व्यक्ति नरेन्द्र मोदी का प्रधानमंत्री और विश्व नायक बनने में सबसे बड़ा कारण पुरुषार्थ ही रहा है। इनका प्रतिदिन 16–16 घंटों की मेहनत से विश्व स्तर पर भारत का सम्मान बढ़ा है। मोदी जी का पुरुषार्थ हमारे देश के लिए गर्व की बात रही है। पुरुषार्थ में निरन्तरता का अभाव लक्ष्य से दूर ले जाता है पुरुषार्थ प्रदर्शन नहीं, अंतर्मन से लगातार हो तो सफलता हमारे कदमों में होगी।

" भाग्य और कुछ नहीं पुरूषार्थ की छाया मात्र है। कर्मशील व्यक्ति का भाग्य अनुचर की तरह उसके पीछे–पीछे फिरता है।"

–आचार्य श्रीराम शर्मा

19 प्रशंसा करना भी सफलता का मार्ग

जीवन में प्रशंसा किसी को सच्ची खुशी देने और खुशी प्राप्त करने का सफल तरीका है। यदि हम लोगों के कार्य की प्रशंसा करते है तो हम उन्हें ज्यादा काम करने के लिए प्रेरित करते है लेकिन यदि हम लोगों की हर कोशिश पर उनकी आलोचना करते हैं तो वे कोशिश करना छोड़ देंगे। प्रशंसा में अपनत्व झलकना चाहिये न की चापलूसी। गलती सभी से होती है मगर गलतियों को न देख उसकी अच्छाईयों पर नज़र डालनी होगी। जो गलती नहीं करता उसे तो भगवान कहते हैं और जो गलती करके सुधर जाता है उसे इन्सान कहते हैं लेकिन जो गलती पर गलती करे उसे शैतान कहते हैं। हम औरों की अच्छाईयों को ढूढ कर ही प्रशंसा कर सकते हैं। हम जैसा करेंगे वैसा ही वापस लौट कर हमारे पास आयेगा। हम औरों से अपनत्व उसके बन कर ही प्राप्त कर सकते हैं। अधिकतर लोगों को दूसरों में खामियां निकालना, दोषारोपण करना और सामने वाले को नीचा दिखाने में मजा आता है। जब हम किसी से श्रेष्ठ सिद्ध होते हैं तो हमें बहुत अच्छा लगता है। जो हमारी प्रशंसा करते हैं, जो हमसे सहमत होते हैं, हमें तोहफे देते हैं, हमारे काम करते हैं हमारे अच्छे गुणों, आदतों व कार्यो को बताते हैं तो हम उन्हें अच्छा कहते हैं। जो ऐसा नहीं करते उन्हें हम अच्छा नहीं मानते।

इस संसार में हर व्यक्ति प्रेम और प्रंशसा का भूखा होता हैं। हर व्यक्ति चाहता है कि उसे ज्यादा से ज्यादा लोग महत्व दें, उसे पहचानें, समझें क्योंकि हर व्यक्ति को कल्पनाओं और सपनों में अपनी महानता की तस्वीरें दिखती हैं। अगर हमारी श्रेष्ठता को सिद्ध करने में कोई कुछ शब्द बोल देता है तो हम उसकी सारी कमियों को नजर अन्दाज कर उसमें से अपनी श्रेष्ठता के शब्दों को अपने मन में बैठा देते हैं और उसका व्यवहार हमें प्रिय लगने लग जाता हैं। यानी उसके द्वारा हमारे लिए बोले गये प्रशंसा के शब्दों के कारण हम उसे अच्छा मानने लग जाते है। वस्तुतः किसी की प्रशंसा करके जितना उसे अपना बना सकते हैं, उतना और किसी तरह से नहीं क्योंकि प्रशंसा सुन कर हर व्यक्ति अपनी वास्तविकता को भूल जाते हैं।

सचमुच मानव जाति के सभी महान कार्यो के पीछे प्रशंसा की भूख ही काम करती रही है। प्रशंसा से आत्मविश्वास बढ़ता है जो उसे और कार्य करने के लिए प्रोत्साहित करता है। वह प्रशंसा के शब्द सुनने के लिए इतना

आतुर होता है कि मरने के बाद भी चर्चा में रहना चाहता है जो उसके जीवन की अभिलाषा होती है। सच्ची प्रशंसा सम्बंधों में घनिष्ठता पैदा करती है। लेखक रघुवीरशरण अपनी पुस्तक 'मित्र' में लिखते है कि' ''वस्तुतः किसी की प्रशंसा कर के जितना उसे ठगा जा सकता है, उतना और किसी तरह नहीं। अपनी प्रशंसा सुन कर जो अपनी वास्तविकता को भूल जाते हैं, वे मूर्ख हैं, अपनी निंदा सुनकर मनुष्य अपने को संभालता है और प्रशंसा सुन कर स्वयं को खो देता हैं। प्रशंसा सुन कर प्रसन्न होना एक बड़ा अवगुण है।'' अतः प्रशंसा करने वाला अपने मार्ग को पाता है जबकि केवल प्रशंसा सुनना व कुछ न करना विफलता का मार्ग है। हमारा मन सबसे अधिक गतिमान होता है। मन प्रशंसा सुनना चाहता है और आलोचना से विचलित भी जल्दी हो जाता है। हम दूसरों से संचालित होने में गर्व करते हैं। हम भूल जाते हैं कि दूसरे हमारे मन का हथियार बना कर हमको ही आहत करते हैं।

अतः जरूरी है कि झूठी एवं स्वार्थपूर्ण प्रशंसा सुनने से बचें और हर आलोचना की विवेचना करें, क्योंकि लोग हमारे ही मन से ईर्ष्या की तलवार रगड़कर धार तेज करते हैं। अतः हमें ही तय करना है सफलता के लिए हमारे प्रयत्न क्या–क्या रहेंगे। समाज में औरों के द्वारा दी गई यह इज्जत जो मानवता के हित साधती है तभी वह प्रशंसा सफलता का मार्ग होगा।

''सच्ची प्रशंसा के शब्द मन–मस्तिष्क में खुशी के भाव उत्पन्न करेंगे।''

–इंजी. ओ. पी. माहेश्वरी

20 अच्छे दोस्त, सफलता के सहयोगी

जीवन को सफल बनाने, दिल को खुश रखने का एक अच्छा तरीका है दोस्ती। आपके पास भरपूर भौतिक साधन है, आपके सुख दुख में, बात करने वाला काम आने वाला दोस्त नहीं है, तो ये साधन भी म्यूज़ियम में रखी सामग्री से ज्यादा कुछ न रहेगी। हम देखते है कि आजकल मनुष्य–मनुष्य के बीच वैचारिक वैमनस्य, मैत्री–भाव का अभाव होता जा रहा है। हर समय विवादों के बीच तनावग्रस्त खड़ा रहता है। न वह विवेक की आंख से देखता है न मन से बात सुनता है। यही वजह है कि सहयोगिता, सहभागिता की भावनाएं टूट रही हैं जबकि **दोस्ती का सम्बन्ध केवल खून के रिश्ते, परिवारिक सदस्य से नहीं है इसका सबंधं अपनत्व, विश्वास की डोर से है। दोस्ती, मित्रता अनजान–अपरिचितों को अपने निकट लाने वाला अचूक मानवीय संवेदनाओं भरा वशीकरण मंत्र है।** यह सम्पूर्ण मानवीय संबंधों का धर्म सूत्र है। यह बंजर जीवन भूमि में खुशहाली की वर्षा है। हम अगर मित्रता का बीज बोयेंगे, तो खुशियों का बागान पायेंगे। दोस्ती की खेती खुशियों की फसल लेकर आती है, लेकिन इसके लिए विश्वास की जमीन और अपनत्व की ऊष्णता के बीज भी पास होना जरूरी है तभी सफलता की फसल मिल पायेगी। दोस्ती की यह फसल आपसी रिश्तों में ऊर्जा का संचार करेगी।

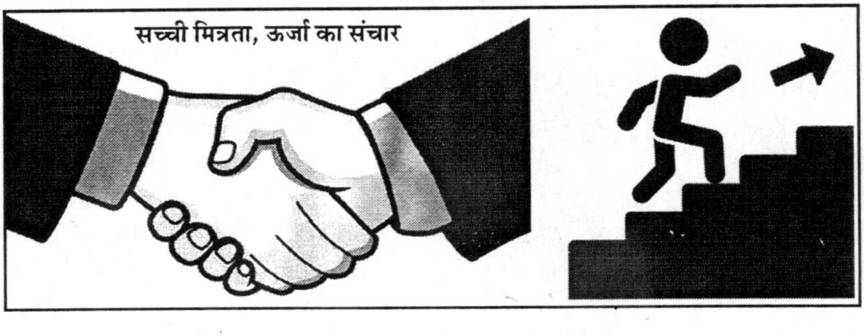

सच्ची मित्रता के लिए लेखक रामचन्द्र शुक्ल ने अपनी पुस्तक संसारिक जीवन में लिखा कि – "सच्ची मित्रता में उत्तम से उत्तम वैद्य की सी निपुर्णता और परख होती है, अच्छी से अच्छी माता का सा धैर्य और कोमलता होती है। "मित्र, दोस्त चाहे जिस नाम से पुकारो, काम उसका आपको सहयोग देने का है। वह आपकी तन्हाई, मन की बात सुनने वाला

एक साथी, आपको डाटने–फटकारने वाला, अच्छी राह दिखाने वाला सहयोगी होता है। अगर ये बाते अपनत्व लिए हो तो वह आपका सच्चा मित्र ही होगा, जिसके मन में कोई स्वार्थ या छल कपट नहीं बल्कि आपके सफलता, खुशियों के लिए एक तड़फ और आत्मीयता होगी। **मित्र उसे ही कह सकते हैं जिसके मन में स्नेह की रसधार हो, परमार्थ की भावना हो और गलत राह पर जाने पर दीवार की तरह सामने आकर रोकने का सामर्थ्य हो, तो सफलता की ओर आपके बढ़ते कदम पर मन से, तन से, धन से, विवेक से जोश भरने वाला सहयोगी ही सच्चा मित्र होगा।** लेखक गुरुदत्त ने अपनी पुस्तक प्रतिशोध में लिखा कि–"सत्य तो यह है कि मित्र होने के लिए समानता आवश्यक है, इन लक्षणों के अभाव में कोई शत्रु का मित्र हो अथवा शत्रु का शत्रु, कुछ भी अतंर नहीं पड़ता"।

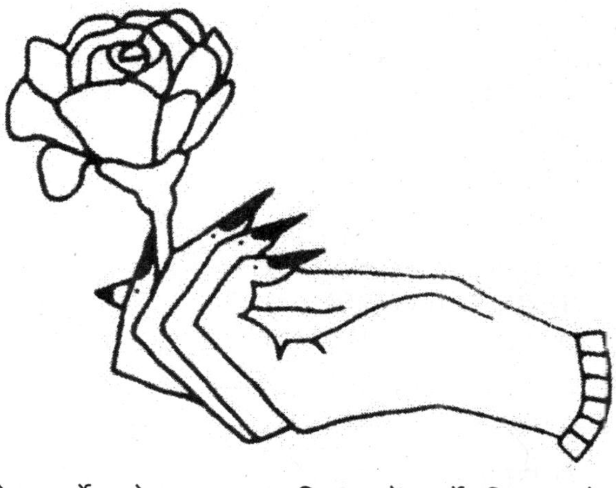

स्वेट मार्डेन के अनुसार –"मित्रता में सर्वोपरि वस्तु प्रेम है और प्रेम का सब से उत्तम रुप वही है, जिस में स्वार्थ की गंध भी न हो।" लुइस एल. काफमैन ने कहा है कि– "आप मित्रता के बीज बोएं, खुशियों का गुलदस्ता पाएं।" यानी दोस्ती बढ़ायें, सफलता की राह पायें।

" सच्ची दोस्ती में व्यापार नहीं, अपनत्व का सम्बन्ध होता है।"

– इंजी.ओ.पी.माहेश्वरी

21 दुश्मनी से सफलता की दिशा में बदलाव

खुशी कुछ क्षणों की हो सकती है मगर सफलता के पल यादगार बन जाते हैं। अगर हम एकाग्र होकर लक्ष्य के लिए कार्यरत रहेगें तो सफलता हमारे कदमो को चूमेगी। मगर होता यह है कि हम अपने कार्य पर फोकस करने की बजाय एक दूसरे के प्रति द्वेष के भाव मन मस्तिष्क में जागृत कर देते हैं। सोचते हैं कि उसने मुझे यह कह दिया अतः मै उसे यह करके बताऊंगा। इसमें **ऊर्जा जो लक्ष्य साधने में लगनी चाहिये वह ऊर्जा लक्ष्य की ओर न लग कर छोटी–छोटी लड़ाईयों, द्वेष में खपत होती जायेगी। यानी हम मुख्य मार्ग से भटककर गलत दिशा में हमारी ऊर्जा लगाते रहेंगे, ऐसे में ऊर्जा के साथ समय की बर्बादी होना निश्चित है।** मन में जब कार्य के प्रति उत्साह बनता है तब कार्य के परिणाम उच्च श्रेणी के मिलते हैं जबकि बिना उत्साह के किये गये कार्य में नीरसता ही हाथ लगती है। स्वामी शिवानंद जी अपनी पुस्तक 'मन, रहस्य और निग्रह' में लिखते हैं किः– ''मन के साथ संघर्ष मत करना इससे शक्ति का अपव्यय होता है। इससे मनोबल पर अधिक जोर पड़ता है तथा क्षीण होता है। मन के साथ संग्राम न करें। सत्य में रहें। स्वंय में रहें।'' उत्साह का सीधा संबंध व्यक्ति की स्वयं सोच से हैं और सोच बनती है व्यक्ति के कार्य कलापों से। अगर हम लक्ष्य से सम्बन्धित कार्य न करके केवल लड़ाईयों में अपनी ऊर्जा व्यक्त करते रहेंगे तो परिणाम में लड़ाइयां ही मिलेंगी। अगर लड़ाइयों की सफलता में आवश्यकता नहीं है तो आपकी ऊर्जा वास्तविक लक्ष्य से भटकती जायेगी।

कई बार हम परिवारिक पहचान वालों से इतने बेचैन हो जाते हैं कि हमारे रातों की नींद तक गायब हो जाती है। हम उन्हें सबक सिखाने के लिए अपना दिमाग योजनाएं बनाने में लगा देते हैं और आवश्यक लक्ष्य से भटक जाते हैं। मन में पल रहे इस बैर से हम अपना नुकसान करते हैं। हम आज मेहनत करेंगे तो कल संवरने की उम्मीद बनेगी। जब ईश्वर कोई महत्त्वपूर्ण अवसर के लिए किसी को ढूंढ रहा होता है, तो वह देखता है कि किस दिल में वैमनस्य के अंधेरों से आजाद है और कौन मुक्त दिल से अवसर का इन्तजार कर रहा है और हर तरह से बोझ से मुक्त है। अतः सुझाव यह है कि दिल में बैर न रखें। छोटी– छोटी बातों में अपने कार्य से न भटकें, सामने वाले की गलतियों को माफ करके, दिल में उजालों को भर लें। ऊर्जा को सही दिशा में लगाने वाला व्यक्ति कभी अपने रास्तों से नहीं

भटक सकता। अपने दिमाग की ऊर्जा को लड़ाईयों, गलत बातें जो आपके सफलता के लिए आवश्यक न हों, में न लगायें। तभी सफलता अपने हाथों में होगी।

"जैसे मन के भाव होंगे, वैसे ही कर्म होंगे, कर्म से परिस्थिति का निर्माण और सफलता की राह बनती है।"

—इंजी.ओ.पी.माहेश्वरी

22 असफलता भी सफलता की सीढ़ी

अपनी उम्मीदों के अनुरुप परिणाम को न प्राप्त करना असफलता होती है। यह सफलता का विलोम शब्द है। सफलता या असफलता स्थाई नहीं होती है। सफलता जो हम आज प्राप्त करते हैं, वह किसी विशेष कार्यक्षेत्र की होती है न कि पूरे जीवन की। एक व्यक्ति जब एक क्षेत्र में असफल हो जाता है, तो वही व्यक्ति दूसरे क्षेत्र में गौरवपूर्ण उपलब्धियां हांसिल करके वाही–वाही लूट सकता है। **असफल वे लोग होते हैं जो हारने के बाद फिर नहीं उठ पाते हैं। सच्चा पुरुषार्थी वास्तव में वे होते हैं जो बार–बार असफलता को देख कर भी अपने प्रयत्न में शिथिलता नहीं आने देते और हर असफलता के बाद नए उत्साह से सफलता के लिए प्रयत्न करते हैं, ऐसे व्यक्ति ही सफल होते हैं।** जो पत्थर हथोंड़े के एक आघात में नहीं टूटता उसे बार–बार के आघात से तोडा जा सकता है।

हर विपरीत हालात अक्सर हमको आजमाते हैं। जो जज्बे, साहस और मानसिक दृढ़ता के साथ मुकाबला कर लेते हैं वे अपने लक्ष्य में सफल हो जाते हैं। सफलता के लिए आवश्यक है कि सफल होने का जोश, विफल होने के भय से बढ़कर हो। यानी रास्ते हमेशा होते हैं, सिर्फ उन्हें खोजना पड़ता है। मशहूर लेखक वाल्टर ब्रूनेल कहते हैं कि सफलता से पहले असफलता बहुत महत्त्वपूर्ण है। असफलता उस ट्यूशन की तरह है, जिसकी मदद हम सफल होने के लिए लेते हैं। मैक्सवेल माल्टूज कहते हैं कि "अक्सर सफलता और असफलता के बीच का अंतर किसी की बेहतर काबिलियत या विचार नहीं होते बल्कि वह साहस होता है, जिसके द्वारा कोई व्यक्ति अपने विचारों पर दांव लगाता है, सुनियोजित जोखिम लेता है और काम करता है।"

बल्ब का आविष्कार करने वाला वैज्ञानिक एडिसन न जाने कितनी बार असफलताओं का सामना किया मगर हर बार उन्हें नई जानकारियाँ मिलीं। इन नई जानकारियों के आधार पर अन्त में बल्ब का आविष्कार किया और विश्व पटल पर सफल व्यक्ति बन गये। हमारी जिंदगी में बहुत बार ऐसे क्षण आते हैं कि हम घोर निराशा को अनुभव करने लग जाते है। इन विचारों से मन पर निराशा का अंधेरा छा जाता है। किसी नये कार्य को करने की हिम्मत ही नहीं हो पाती है और हर कार्य में मानसिक थकान का अनुभव करने लग जाते हैं। मनोवैज्ञानिक भाषा में इस प्रकार के विकार को

'अवसाद' (डिप्रेशन) कहा जाता है।

यह डिप्रेशन साधारणतया तीन प्रकार के हो सकते हैं– 1. तत्कालिक 2. प्रतिक्रियात्मक 3. स्वभावमय। तत्कालिक डिप्रेशन में वस्तु स्थिति और परिस्थिति के अनुरूप कुछ समय के लिए निराशा का अनुभव करते हैं। जैसे किसी से मिलने जायें और वह न मिले, यात्रा में टिकट न मिलना, बाजार मे समान का न मिलना आदि। मगर कुछ समय निकल जाने पर यह निराशा स्वतः ही खत्म हो जाती है।

दूसरा निराशा के कारण प्रतिक्रियात्मक स्थिति से उत्पन्न होते हैं जैसे – परीक्षा परिणाम ठीक न आना, नौकरी से निकाल देना, अपने स्वजन से बिछड़ जाना, आपसी सम्बंधों में दरार आना, प्रतियोगिता में बार–बार हार जाना आदि। इस प्रकार के डिप्रेशन में माहौल का बहुत अधिक योगदान होता है और जब तक माहौल में, सहकार्मियों में बदलाव नहीं होता है इस डिप्रेशन से बाहर नहीं आ पाता है। वह निराशा में अपने को सबसे कमजोर मान बैठता है और कई बार तो आत्महत्या करने के भाव मन में पैदा हो जाते हैं। ऐसे व्यक्ति लम्बे समय तक चुपचाप रहना, नपुंसकता का आ जाना, मैं रोगी हूँ, मैं कुछ नहीं कर सकता की कल्पनाओं में डूब जाते हैं। अगर माहौल को नहीं बदला गया तो यह स्थिति गंभीर हो जाती है। इस स्थिति से निपटने के लिए सहयोगियों का मुख्य रोल होता है। इस डिप्रेशन में हिम्मत दिलाने वाले सहयोगी प्रतिक्रिया को कम करवा सकते हैं। जैसे परिस्थिति बदलने के लिए उसे खेलकूद, मनोरंजन में साथ रखें। निराशा के विशय से हट कर नये विषय में लगायें। इससे धीरे–धीरे कुछ समय बाद वस्तुस्थिति समझ आ आयेगी और अपना पुनः मूल्यांकन कर असफलता से लड़ने का साहस बना देगा। तीसरा निराशा के कारण स्वभावमय होते हैं। कुछ लोग स्वभाव से ही नकारात्मक होते हैं। इनके स्वभाव में ही कुछ न कर पाने के भाव रहते हैं। छोटी–सी परेशानी को पहाड़ से बड़ा बना देते हैं। हर बात पर अपने को असहाय, कमजोर, अज्ञानी मान बैठते हैं और कोशिश भी आधी क्षमता से ही करते हैं। ऐसे व्यक्ति सफलताओं की और बढ़ कर भी बार–बार इसलिए असफल हो जाते हैं, क्योंकि उनके भीतर घर कर चुकी निराशा उसे सफलता के अंतिम चरण में लाकर वापस लौटने को मजबूर कर देती है।

असफलता सही रास्ता न पकड़ पाने के कारण आती है। महान व्यक्तियों ने जिन्होंने सफलता हासिल की, लेकिन कई बार असफलता अनुभव की, जिसके अनुभव का प्रयोग उन्होने प्रगति व सफलता के लिए किया यानी असफलता सीखने की प्रक्रिया का हिस्सा है, असफलता ने

सफलता तक पहुंचने का मार्ग बनाया। जब असफलता का सामना करना पड़ता है तो मन में गुस्सा, कुंठा, डर की भावना जागृत हो जाती है। इसमें बने रहने वाला व्यक्ति डिप्रेशन में चला जाता है। ऐसे व्यक्ति खुद को कमजोर, निरीह व हारा हुआ मान बैठते हैं और तनाव ग्रसित हो जाते हैं।

जीवन में आयी हुई असफलता निराशा को जन्म देती है और ऐसे समय में अगर हम निराश होकर बैठ गए तो जीवन में कुछ नया नहीं कर पायेंगे। सफल लोग अपने काम और इच्छाओं के प्रति जुनूनी होते हैं। अपने काम के प्रति प्यार ही अच्छा काम करने की शक्ति देता है। अगर हम असफलता को अपनी ताकत बना लें, तो चुनौतियों का डटकर सामना कर सकते हैं और सफल हो सकते हैं। **असफलता को सफलता में बदलने के लिए उत्साह के साथ नये जोश से कार्य योजना बनानी होगी।** परिश्रम, ज्ञान, और उत्साह का उपयोग असफलता को सफलता में बदल देगा। हर असफलता हमें यह सीख दे जाती है कि खामियों के कारण मैं सफल नहीं हो सका। **अगर कमियों को हम दुरुस्त कर नये जोश से आगे बढ़ें तो असफलता में मिला ज्ञान, सफलता की राह बना देगा।**

एक बार एक वक्ता ने स्टेज से 500 रुपये के नोट को लहराते हुए बैठे सभी लोगों से पूछा कि यह पाँच सौ रुपये का नोट कौन लेना चाहता है? सबने अपने हाथ खड़े कर दिये। उसने नोट को मुट्ठी में मरोड़कर बंद कर दिया, फिर पूछा अब यह नोट कौन लेना चाह रहा है? फिर सभी ने हाथ खड़े कर दिये। वक्ता ने इस पर बताया कि नोट को इतना मरोड़कर खराब कर दिया फिर भी आप इसे लेना चाहते हो, क्योंकि नोट को मरोड़ने से इसकी कीमत नहीं घटी है। अतः हर कोई लेना चाहता है ठीक ऐसे ही हम अपने जीवन में गिरते हैं, हारते हैं। मगर असफलता से डरें नहीं, क्योंकि असफलता आपकी कीमत कम नहीं कर सकती। असफलता से सीख कर फिर खड़े होना ही सफलता की राह है। एक जगह असफलता का यह मायने कतई नहीं होता कि उस व्यक्ति के लिए हर जगह असफलता इंतजार कर रही है। जीवन में आवश्यक यह है कि हम अपनी गलतियों से सीख ले कर अपने कार्यक्षेत्र में आगे बढ़ें और सफलता प्राप्त करें। जिस तरह आग में तपकर सोना निखर उठता है, उसी तरह व्यक्ति असफलता के कारणों से प्रेरणा लेकर पहले से भी अधिक परिष्कृत और निपुण हो सकता है।

भारत के पूर्व राष्ट्रपति डॉक्टर एपीजे अब्दुल कलाम का जीवन हमें असफलता का सामना करने के लिए प्रेरित करता है। एस.एल.वी–3 के लांच होने के ठीक 317 सैकण्ड बाद यह उड़ान असफल हो गई। देश का

सपना हिन्द महा सागर में बिखर गया। पूरा राष्ट्र इस घटना को देख रहा था। इस घटना से डॉक्टर कलाम साहब भी इन क्षणो में मानसिक तौर पर टूट चुके थे। मगर नाकामी का उन्होंने किस तरह से सामना किया? राष्ट्रीय स्तर पर उन्होने अपनी जिम्मेदारी स्वीकार की, पूरी टीम को फिर जागृत किया और 18 जुलाई 1980 को एस.एल.वी–3 ने कामयाबी के साथ रोहिणी सेटेलाईट को आर्बिट में लान्च किया। बार–बार की गई गलतियों से ही वैज्ञानिक यह सीख पाये कि अब कौन–कौन से सुधार कर नई तकनीक बनायें। अगर किसी वैज्ञानिक ने पहले प्रयास में असफलता पर वह प्रयोग छोड़ दिया होता तो हमारे पास वह एक भी चीज नहीं होती, जिसके बिना हम जीवन जीने की कल्पना भी नहीं कर सकते। लिहाजा गलती होने पर घबराएं नहीं और न ही काम को बीच में अधूरा छोड़ें। उस गलती से सीखें और काम में सुधार कर पूर्णता तक पहुँचायें। यह राश्ट्रीय सपना पूर्ण होने का पल था और भारत के इतिहास में नया अध्याय आरम्भ हुआ। इसी का परिणाम था कि मंगल यात्रा भी सफल रही। सबसे बड़ा अपराध ठोकर लगने में नहीं, अपितु उसके बाद न उठने में है। सफल होने वाला व्यक्ति कोई देव लोक का हीरो नहीं होता है और असफल होने वाला व्यक्ति किसी पहाड़ की चट्टान नहीं कि फिर हिल न सके।

असफलता का मतलब है कि कैसे हम कुछ करना सीखते हैं। अगर एक बार में किसी कार्य में सफल होते हैं तो इसका मतलब है कि उस काम को हम पहले से जानते थे। ऐसी सफलता से ज्यादा विकास नहीं होगा क्योंकि वह तो हम पहले से ही जानते थे और करते आये हैं। गलतियां हमारी सबसे बड़ी शिक्षक होती हैं। हर इंसान अपनी जिंदगी में कई सारी गलतियां करता है और विफल होता है। हमें अपनी गलतियों के साथ दूसरों की गलतियों से सीख लेनी चाहिये क्योंकि हम इतना लंबा भी नहीं जी सकते कि सारी गलतियां हम खुद करें और उनसे सीखें। गलतियों से सीखना सफलता का ध्वज लेकर आगे बढ़ने का कदम है। असफलता संसार की वह अद्भुत चीज है, जो सिखाने के साथ–साथ सुधार का रास्ता बताती है। सफल और असफल व्यक्ति अलग–अलग किस्म के नहीं होते अपितु उनकी सोच, काम करने का तरीका अलग–अलग होता है। अपने कार्य के प्रति रहने वाला नजरिया ही उनकी सफलता और असफलता का बुनियादी फर्क होता है। **व्यक्ति की वास्तविक सफलता इसी से है कि वह असफल होने पर किन–किन बातों में सुधार करता है। अपनी खामियों को सुधारना सफलता पथ है गलतियों को दोहराना अन्धेरे में भटकना है।** सफलता उसे ही मिलती है जो सही तरीके से संघर्श करते

हैं। अमेरिका के मशहूर उद्योगपति हेनरी फ़ोर्ड का मानना था कि असफलता हमें सिखाती है कि हमें एक बार फिर शुरू करने का मौका मिला है। जब तक असफलता के कारणों पर मंथन नहीं होगा, सफलता दूर ही रहेगी। जीवन की उन्नति किसी एक प्रयत्न की सफलता पर आधारित नहीं होती। वह तो लगातार मेहनत और विवेक पर टिकी होती है।

" असफलता मंजिल पर पहुँचने का उबड़–खाबड़ रास्ता है जिसे पार कर सफलता की चोटी छू सकते है।"

इन्जी. ओ.पी. माहेश्वरी

सफल बनाम असफल

सफल व्यक्ति के पास समाधान होता है
असफल के पास समस्या के भण्डार।
सफल व्यक्ति समस्या में समाधान देखता है,
असफल देखता है समाधान में समस्या का वास।
सफल व्यक्ति आगे बढ़कर कहता है यह काम मैं करुंगा,
असफल व्यक्ति काम से बचने का रास्ता देखता है।
सफल व्यक्ति सफलता का मार्ग खुद ढूंढता है।
असफल व्यक्ति मार्ग में बाधाएं और अवरोध देखता है।
सफल व्यक्ति खुद रास्ता तय करने में विश्वास रखता है
असफल व्यक्ति सहारे का इंतजार करने में ही समय गवां देता है।

23 भाग्यवाद नहीं, कर्मवाद में है सफलता

एक ही वृक्ष के फल के गुच्छे में अलग–अलग फलों का स्वाद भी अलग–अलग होना आम बात है, गुच्छे के ऊपर व नीचे लगे फलों के स्वाद में भी भिन्नता आ जाती है। ठीक ऐसे ही इस पृथ्वी पर जन्म लेने वाले इन्सानों में भी भिन्नता होती है। कुछ उच्च कुल में पैदा हो कर ही अपने को भाग्यशाली मान बैठते हैं तो कुछ गरीब परिवार में जन्म ले कर भी अपना नाम रोशन कर जाते हैं। यदि भाग्य के सहारे जीवन का मिलना होता तो बुद्धि की क्या आवश्यकता थी। केवल आपके पास दो हाथ और उन पर अंकित भाग्य रेखा ही होती। बस! ब्रह्माण्ड में रहने वाले ग्रह–नक्षत्र कैसे मनुष्य के भाग्य का निर्धारण कर देते हैं, एक ही घर में रहने वाले दो जुड़वां भाइयों पर कैसे अलग–अलग प्रभाव डाल देते हैं सोचा कभी आपने। किसी ग्रह–नक्षत्र की कोई किरणे पृथ्वी पर आवें और उसका प्रभाव पृथ्वी के किसी भाग पर पड़े मगर साथ–साथ रहने वाले दो भाइयों पर अलग–अलग प्रभाव डाले जिससे एक को लाभ व दूसरे को नुकसान हो जाये, सोचा कभी? भारत का अन्तराष्ट्रीय यान मंगल तक जा चुका है जिससे सिद्ध हो चुका है कि ये ग्रह निर्जीव पिण्डमात्र है। इन्हें देवी–देवता मान कर कुछ व्यक्तियों ने अपना उल्लू सिद्ध करने के लिए संस्कृत भाषा में कुछ मंत्र–तंत्र श्लोकों में गढ़े गये ताकि उन मंत्रों से भयभीत कर अपना कार्य सिद्ध किया जा सके। इतने बड़े गृह, पृथ्वी से इतनी अधिक दूरी पर फिर इनकी प्रतिकूलता को कैसे मंत्रों–तंत्रों से अनुकूलता में बदला जा सकता है।

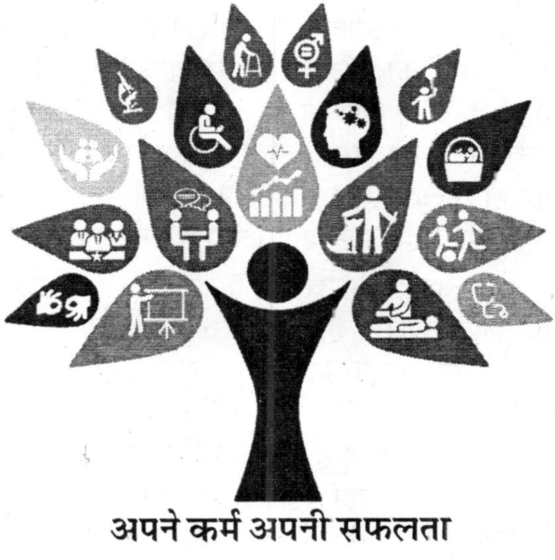
अपने कर्म अपनी सफलता

अपने दूसरे तर्क में ईश्वर द्वारा सब कुछ आपके भाग्य का निर्धारण पहले से ही कर

रखा है फिर प्रश्न यह उठता है जब सब कुछ पहले से ही निर्धारित है तब कैसे तंत्र–मंत्र। जीवन में कुछ परिस्थितियों ऐसी होती हैं, जिन पर हमारा नियंत्रण होता है और कुछ के बारे में हमारा नियंत्रण नहीं होता है। जहां नियंत्रण रह सकता है वहां परिस्थिति अपने अनुकूल बना कर परिणाम बदल सकते हैं लेकिन जिन पर हमारा नियंत्रण नहीं रहता वहां सफलता की सम्भावनाएं भी नहीं रहती है। **भाग्य हमारी अपनी ही प्रति ध्वनि होती है। भाग्य संयोग नहीं हमारे निर्णय का दर्पण है।** हाथ पर हाथ रख कर बैठे रहने वालों के भाग्य उन से दूर भाग जाता हैं। भाग्य का निर्माण तो कर्म करने से ही होता हैं। जब तक हमारी इच्छाए और स्वार्थ की पूर्ति होती है तब तक समय अच्छा मान लिया जाता है और अच्छा भाग्य मानते हैं और इच्छाओं की पूर्ति न होने पर, खराब भाग्य की संज्ञा दे दी जाती है। यह मनुष्य का स्वभाव है, इसका समय और भाग्य का अच्छा या बुरा होने से कोई लेना देना नहीं है।

बिना इलाज कराए स्वस्थ हो जाना आपके शरीर की ताकत यानी रोग प्रतिरोधकता पर निर्भर करता है। ईश्वर को जपने मात्र से बीमारी को ठीक होते नहीं देखा है। यह अलग बात है जहाँ इन्सान का बस नहीं चलता है और जो भाग्य को ही महत्व देते हैं ईश्वर के भरोसे बैठ जाते हैं। फिर दुर्घटना हो जाती है तब भी ईश्वर की मर्जी मान बैठते हैं क्योंकि उनके पास कोई इलाज नहीं था। अगर इस समय इलाज के लिए और प्रयत्न किये जायें तो हो सकता है दूसरे चिकित्सक के पास इलाज लग जाये। 'भाग्यवाद' की मान्यता पर विश्वास करने से हमारी क्रिया शक्ति कुंठित होती है, जोश शिथिल हो जाता हैं, हम कुछ करने की बजाय कुछ होने का इन्तजार करने लग जाते है जबकि जीवन में सफलता विवेक से कर्म करने पर ही मिलती हैं। भाग्यशाली वे नहीं होते हैं जिन्हें सब कुछ अच्छा मिलता है बल्कि वे हैं जिन्हें जो मिलता है उसे अच्छा बना लेते हैं।

अल्बर्ट आइंस्टीन की यह सोच थी कि उसके इस दुनिया के होने का कोई मकसद है, तो हमारे इस दुनिया में होने का भी कोई मकसद है, इस मकसद को पाना ही जिंदगी है। जीवन को बोझ मानकर ढोना बुद्धिमानी नहीं वरन् बुजदिली है। कवि मैथिलीशरण गुप्त के अनुसार – 'जान लो कि मृत्यु है, न मृत्यु से डरो कभी, मरो परन्तु यों मरो कि याद जो करे सभी, मरा नहीं वही कि जो जिया न अपने लिए, मनुष्य है वही कि जो मनुष्य के लिए मरे।' ऐसे ही स्वामी विवेकानंद के अनुसार जीवन की अवधि

बहुत कम है और मृत्यु अनिवार्य है। इसलिए आओ, हम अपने आगे एक महान् आदर्श खड़ा करें और उसके लिए अपना जीवन उत्सर्ग कर दें। जॉन डी पॉल के अनुसार "जीवन की सफलता इसी में है कि पराधीन न हों। जिसका जीवन दूसरों के अधीन रह कर बीतता है यदि उन्हें भी जीवन माना जाए तो मृतक कौन है? अर्थात पराधीनता से मृत्यु अच्छी है"।

"भाग्य कुछ नहीं है, जो कुछ है वह प्रयत्न, उद्योग और पुरूषार्थ है, भाग्य अवसर का अनुचर है, लेकिन हम संयोग की प्रतीक्षा में कब तक बैठे रह सकते हैं? हम उस का निर्माण करेंगे और ऐसी परिस्थितियों को जन्म देंगे, जो अवसर को स्वयं हमारे पास खींच लाएगी। हम भाग्य के आगे घुटने नहीं टेकेंगे, सघर्ष करेंगे और विजय प्राप्त करेंगे। सफलता उन्हें नहीं मिलती जो अकर्मण्य है, कायर है।"

—भगवतीप्रसाद वाजपेयी : दुखन लागे नैन

"भाग्यवाद पर विश्वास करने से हमारी क्रिया शक्ति कुंठित होती है, निराशा घेरती है, उत्साह शिथिल पड़ता है और हीनता की वृति उदय होती है।"

—आचार्य श्रीराम शर्मा

24 स्वाध्याय है सफलता का मार्ग

स्वाध्याय का सीधा सा अर्थ होता है, स्वयं का अध्ययन। (Self Study) उसे आत्म चितंन और मनन भी कह सकते हैं। प्रतिदिन हम 24 घंटे मे से अधिकतर समय अर्थहीन बातों में व्यय कर देते हैं जैसे किसने क्या किया, किसके घर में क्या–क्या घट गया, बिना काम के व्हाट्सएप पढ़ने आदि ऐसे कई सारे कार्यो में अपना समय व्यतीत कर देते हैं जबकि स्वंय की सफलता के लिए हम यह तय ही नहीं कर पाते हैं कि हमें करना क्या है? मेरे किन–किन कार्यों से खुशी मिली, हम किन–किन कार्यों से मानवता का हित कर पाये, सोचने पर अधिकतर व्यक्ति यही जवाब देते हैं कि स्वयं के लिए तो समय ही नहीं मिलता है। जैसे लोग करते हैं हम भी करते जाते हैं ऐसे में सफलता आपके साथ नही रह सकती। जब आप लोगों से हट कर मानवता के हित के कार्य करेंगे तो परिणाम भी हट कर आयेगा। इसके लिए आवश्यक है स्वः अध्ययन, यानी खुद पर फोकस करना।

सफलता हासिल करने के लिए हमें स्पष्ट कदम उठाने होते हैं। इसके लिए सारी शक्ति हमारे अंदर ही छिपी होती है। हमारे भीतर छिपी निष्क्रिय शक्तियों को जगाना होता है। **स्वाध्याय छिपी हुई सक्रिय शक्तियों को राह दिखाती है। इसमें चिंतन, मनन और अध्ययन का कार्य आता है।** अतः प्रतिदिन अपने लिए कुछ समय निकाल कर सोचें कि मेरे लिए क्या उपयुक्त रहेगा? क्या मैं निष्क्रिय रहूंगा या पैसे कमाने का काम करता रहूंगा, या खुद के स्वास्थ्य, परिवार की शांति, समाज का हित, राष्ट्र प्रगति में अपना सहयोग रख कर सफल हो पाऊंगा । क्या मैं कोई ऐसा कार्य कर पाऊंगा जो मेरे साथ मानवता के हित में होगा। ऐसे सोच के साथ अपना अध्ययन करें और तय किये गये लक्ष्य में लग जाने पर परिणाम स्वतः मिलेगा।

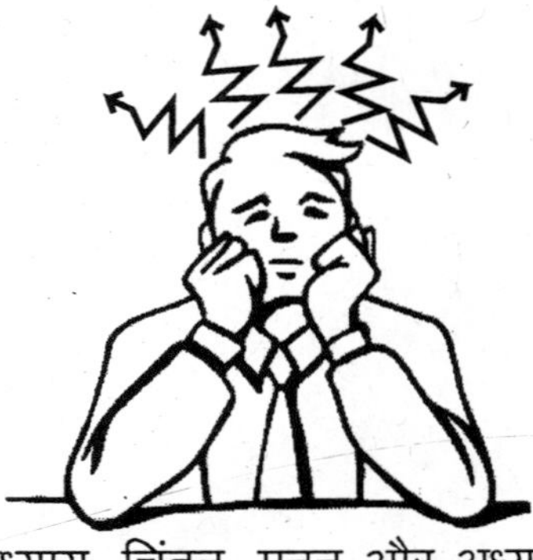

स्वाध्याय–चिंतन, मनन और अध्ययन

हमारी जिंदगी ऐसी बन गई है जिसे हम अपने स्वार्थ अनुसार परिभाषित करते हैं। कभी हम पैसों से, तो कभी पद से, कभी भौतिक साधनों से, तो कभी चापलूसों की संख्या से। मगर हकीकत यह है कि हमारे मानवता के हित में किये गये कार्यों के परिणाम ही सफलता मापने का पैमाने हैं। जिंदगी हर कोई जीता है पर वो जीना अगर मानवता के हित में नहीं है तो अपना पेट भरना ही है। ऐसे जीवन से क्या फायदा जो हर जगह व्यापार करने बैठ जाये यानी मैं उसे इतना दूँगा तो वो मुझे और अधिक देगा। अगर यह व्यापार मानवता के हित में है तो सफलता का मार्ग है। अपने द्वारा किये जाने वाले हर कार्य पर स्वयं के विवेक द्वारा चिंतन हो, चिंतन से सार निकाले, सार से कार्य योजना बनाये। कार्य योजना से परिणाम प्राप्त करने का मार्ग है सफलता का मार्ग। इस सफलता का पैमाना भी आपके कार्य ही हैं। आपका चिंतन आपके कार्य करने में साफ नजर आयेगा। सही और गलत का बोध भी होगा।

आत्मचिंतन के लिए जमनालाल बजाज ने महात्मा गांधी को पत्र लिखा कि "मनुष्य को अपने दोषों का चिंतन न करके अपने गुणों का करना चाहिए, क्योंकि मनुष्य जैसा चिंतन करता है वैसा ही बनता है। इसका अर्थ यह नहीं कि दोष देखे ही नहीं, देखे तो जरूर, पर उसका विचार करके पागल न बने।" जीवन की इस भागदौड़ के बीच हर रोज स्वयं के गुण दोष के बारे में सोचने के लिए कुछ समय अवश्य निकाले। आप सफल होना चाह रहे तो स्वाध्याय के लिए आज से ही समय निकालना शुरू कर दें।

"चिंतन, मनन और विवेक पूर्ण सोच, कार्य प्रणाली की रूपरेखा दर्शाती है।"

–इंजो. ओ.पी. माहेश्वरी

25 मनोबल से मिलती है सफलता

मनोबल का अर्थ स्वयं का बल यानी मन की ताकत से है इसे आत्म विश्वास भी कह सकते हैं। जो अपने अस्तित्व पर विश्वास रखता है ऐसे लोगों के चेहरे से ही साहस झलकता है। सावधानी रखते हैं मगर हतोत्साहित नहीं होते। स्वयं पर आस्था, होठों पर मुस्कान, आँखों में चमक और कार्य करने का विश्वास रखते हैं। मनोबल के साथ किये जाने वाले कार्यों में मन की शांति और सामर्थ्य कई गुना बढ़ जाती है जो लक्ष्य साधने में आवश्यक होती है। निराशा और भय के साथ किये जाने वाले कार्यों में भाक्ति क्षीण हो जाती है और हाथ में आये हुए अवसर हम से निकल जाते हैं। ऐसे व्यक्ति न तो स्वयं का विकास कर सकते हैं और ना ही दूसरों से सहयोग ले पाते हैं।

जीतने वाले के साथ दुनिया चलती है और हारने वाले से किनारा किया जाता है। **हारता वही है जो निष्क्रिय होकर अपने हथियार डाल देता है।** जबकि ऊँचे मनोबल वाले व्यक्ति के अंतर्मन में विश्वास की मशाल जलती है। उसके अंदर कर गुजरने की अग्नि धधकती है जिसकी लपटों में निराशा, असफलता वाष्प बन कर उड़ जाती है। मार्टिन लूथर किंग ने बताया कि "अगर तुम उड़ नहीं सकते तो, दौड़ो! अगर तुम दौड़ नही सकते तो, चलो! अगर तुम चल नहीं सकते तो, रेंगो! पर आगे बढ़ते रहो।"

यही, आगे बढ़ने के विश्वास का नाम मनोबल है। वह जानता है कि उसके पास प्रकृति द्वारा प्रदत अनमोल, अनुपम ताकत है जिसकी मदद से हर असफलता को सफलता में बदल देगा। ऐसे व्यक्तियों के प्रयत्न कम नहीं होते चाहे उन्हें उपलब्धियों का उपहार इस बार मिले या न मिले। आत्मविश्वासी व्यक्ति परिस्थितियों से हतोत्साहित नहीं होते अपितु अपने मनोबल से परिस्थितियों को ही ऐसे बदल देते हैं ताकि जीत उनके पाले में आ जाये।

लेखक भगवती प्रसाद वाजपेयी, ''कर्म पथ'' में लिखते हैं ''जिसके पास मनोबल नहीं, उसके पास कुछ नहीं, यहाँ तक कि मनुष्यता भी नहीं। मनुष्य तो सामान्य रूप से बड़ा क्षुद्र जीव होता है, एक मनुष्यता ही उसे महान बनाती है।''

''**मंन नाम का कोई भी अंग मानव शरीर में नहीं होता है।** मस्तिश्क के न्यूरोन्स द्वारा भेजी जाने वाली सूचना का काल्पनिक नाम भारतीय संस्कृति में मन रखा है। आपका मानसिक उत्साह ही मनोबल होता है।''

—इंजी. ओ. पी. माहेश्वरी

26 आज के काम कल यानी पीछे रहने की प्रवृत्ति

हमारी उन्नति और सफलता के मार्ग में सबसे बड़ी बाधा है—काम को कल पर टालना । अपने काम को बेवजह कल पर टालने वाले व्यक्ति कभी सफलता के अगले पायदान पर नजर नहीं आते हैं। अगर समय है अवसर है फिर भी कार्य को कल पर टालने की आदत है तो ऐसे व्यक्ति आलसी की श्रेणी में आते हैं और कार्य के प्रति आत्मविश्वास की कमी होती है। ऐसे में जो वास्तव में समस्या है ही नहीं उस समस्या के लिए भी भययुक्त काल्पनिक चित्र मन मस्तिष्क में बनने शुरू हो जायेंगे। या यूं कह दें कि उनका अनुमान ही भयग्रस्त हैं। ऐसे लोग कार्य शुरू करने की बजाय मुहूर्त, शगुन, अपशकुन और शुभ चौघड़िये के जाल में उलझ जाते हैं। ऐसे लोगों में सफलता की संभावना लेट लतीफ ही रहती है।

आलसी और निकम्मा व्यक्ति भविष्य को हजार संकटों से घिरा हुआ देखता है। छोटी सी घटना को ऐसा बना दिया जाता है मानों आज अगर कार्य शुरू कर दिया तो कल तक बहुत अनिष्ट हो जाएगा। आपका समय पर उचित निर्णय का अभाव हाथ में आने वाले अवसरों को पकड़ के नहीं रख सकता हैं। आत्मविश्वास की कमी से ही असफलता का भय पैदा होता है।

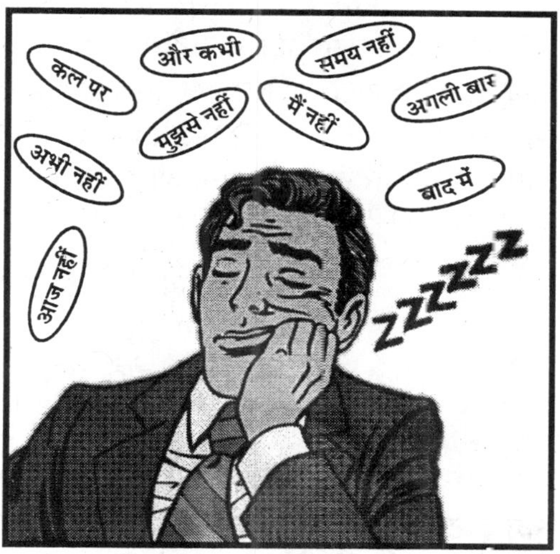

टालमटोल रवैया

अगर आप प्रसन्न होने से पहले ही यह मान कर चलते हैं कि आप में कार्य को सफलता पूर्वक करने की क्षमता नहीं है और कल शुभ मुहूर्त में वह क्षमता प्रवेश कर जायेगी तो यह आपकी भूल है। यह सही है कि कोई भी फैसला शत—प्रतिशत पूर्ण नहीं होता, किसी निर्णय से 60 प्रतिशत फायदे हैं तो 40 प्रतिशत नुकसान भी हो

सकता है। हर क्रिया की एक प्रतिक्रिया, हर दवाई से फायदे के साथ साईड इफेक्ट भी होते हैं। यह हमें सोचना है कि कौन सा अवसर उचित है और क्यों उचित है।

परिस्थितियों को अपने साथ बनाने के लिए अगर समय की आवश्यकता है तो उस समय तक रुकना ही समझदारी है मगर अनुकूल परिस्थितियों में भयभीत होना, हाथ आने वाले अवसरों को खोना मात्र है। सही वक्त पर पीए जाने वाले 'कड़वे घूँट'' जिन्दगी को 'मीठी' कर देते हैं। अगर आप को लगता है कि आप के अलावा सभी लोग ज्यादा उपलब्धियाँ पा रहे हैं, आप के काम कभी पूर्ण नहीं हो पाते हैं तो अपना आत्म विश्लेषण कीजिए। एक ही कारण पता चलेगा, आज के काम को कल पर टालने की आदत। **जब आप किसी काम को शुरू कर देते हैं तो आधी जंग तो उसी समय जीत जाते हैं। शुरूआत ही सफलता का गूढ़ मंत्र होता है,** जबकि लोग तो केवल सपना ही देख कर रह जाते हैं। हो सकता है शुरूआत में आप हार जायें, मगर हिम्मत से मंजिल की ओर बढ़ने वाले को ही मंजिल मिल पायेगी क्योंकि जो समय निकल जाता है वह दुबारा लौट कर नहीं आता। आवश्यक है खुद का खुद पर विश्वास और जबर्दस्त शुरुआत की। अंधेरा चाहे कितना भी घना क्यों नहीं हो, रौशनी की एक किरण उसे चीर कर रख देती है। दुनिया का सबसे बड़ा डर आत्म विश्वास की कमी है। अगर आप ने सोच लिया है कि अब तो मुझे भी सफल होना है तो आज के अवसर को न गवाँये, क्योंकि कल तक परिस्थिति फिर बदल सकती है। हजारों व्यक्तियों में योग्यता होती है। शिखर पर चढ़ भी सकते हैं मगर जिंदगी भर नीचे ही पड़े रह जाते हैं क्योंकि ठीक समय पर कार्य में तत्परता नहीं दिखाई। हाथ में आये अवसर को कल पर ना टालें।

सपने पूरे तब होते हैं जब उत्साह हो,
सपने पूरे तब होते हैं जब दृढ संकल्प हो,
सपने पूरे तब होते हैं जब शुरूआत हो।

"ग्रह–नक्षत्र की कोई किरण, कोई ताकत एक व्यक्ति के काम टालने हेतु संकेत नहीं देती है अगर कोई प्रकोप की घटना होगी तो पूरे भूखण्ड में सबके लिए होगी।"

–इंजी. ओ.पी. माहेश्वरी

27 बोलने में पूरक (फिलर्स) शब्द आत्म विश्वास की कमी

हम देखते हैं कि कई व्यक्ति इतनी जल्दी बोलते हैं कि वो अपनी श्वसन क्रिया भी पूरी नहीं कर पाते हैं। जब कोई कहने को उतावला होता है तो सोचने का पूरा समय नहीं मिल पाता है। सोच और शरीर के अंगों को सूचना देने का काम न्यूरोन्स करते हैं। हमारा मस्तिष्क शरीर में फैली असंख्य तंत्रिकाओं (नर्वज) का केन्द्र है और शरीर की चेतन और अचेतन सभी क्रियाओं का उदगम् है। हमारे मस्तिष्क में सोचे गये विचार हमारी तंत्रिकाओं और मांसपेशियों को संवेग भेज कर ही उन्हें हरकत में लाते हैं। अगर सूचना में समय लग जाता है तो उसकी पूर्त्ति के लिए मुँह से कुछ ऐसे शब्द निकल जाते हैं जो हर व्यक्ति की आदत में होते हैं। **बोलने और सोचने के बीच बोले गये शब्द को पूरक, निरर्थक या फिलर्स शब्द कहते हैं।** इन शब्दों के इस्तेमाल से सोचने के कुछ क्षण मिल जाते हैं। ये शब्द साधारणतया अपनी बोलचाल की भाषा में ही होते हैं जैसे– वास्तव में, हकीकत में, देखते हैं और कुछ लोग मुँह पर आई गाली तक उस समय बोल जाते हैं। फिर सोचते हैं कि मेरा ऐसा कुछ कहने के भाव नहीं थे तो मुँह से, जबान से कब निकले मुझे पता ही नहीं चला।

जब कोई गर्म वार्त्ता, भाषण में अपना आपा खो देते हैं तो सोचते हैं कि सांस न लें और जितनी तेजी से हो सके बोल डालें। ऐसी हालत में **शब्द हमारी सोच से आगे निकल जाते हैं।** कुछ वक्ता ऐसे भी होते हैं जिनके शब्द नपे–तुले रहते हैं जैसे भारत के पूर्व प्रधानमंत्री श्री अटल बिहारी वाजपेयी जी बोलने के बाद अपनी लय में विराम देकर बोलते थे। इससे इनको पूरक शब्दों का उपयोग नहीं करना पड़ता था क्योंकि बोलने व सोचने के मध्य कुछ क्षणों का विराम ले लेते थे। जबकि वर्तमान प्रधानमंत्री जी यह विराम जनता को, सामने वाले को प्रश्न पूछ कर उनसे जवाब लेने तक में और बार–बार पानी का घूट लेकर अपने सोचने का विराम ले लेते हैं। **अतः वार्ता हो या भाषण में एक लाईन पूर्ण होने पर अगर विराम ले लिया जाये तो ये पूरक शब्द जिन्हें आप नहीं बोलना चाहते हैं मुँह से नहीं निकलेंगे।** यहाँ यह कह सकते हैं कि जिन्हें आत्म विश्वास हो वे लोग अपनी बातचीत शान्ति, विराम के साथ पूर्ण करते हैं। लेखक

उपेंद्रनाथ 'अश्क' लिखते हैं कि–"जीवन में ऐसे क्षण आ जाते हैं, जब समझ सोच की शक्तियाँ शिथिल पड़ जाती हैं, जब मन के आगे मस्तिष्क का कोई बस नहीं चलता और मनुष्य सब कुछ सोचने पर भी वही करता है, जिसे मानने को साधारणतया बुद्धि तैयार नहीं होती।" हमारी भाषा परिष्कृत रहनी चाहिए यानी वाणी में संयम और मिठास बाले शब्दों का प्रयोग होना चाहिए। सुनने वाले को अच्छा लगना चाहिए कि बोलने वाला दिल से सत्य बोल रहा है। जब आपकी बात सुनी जायेगी तो परिणाम भी आपकी चाहत के अनुरूप ही प्राप्त होंगे। माननीय नरेन्द्र मोदीजी के भाषणों का ही परिणाम है कि जो उन्होंने निस्वार्थ किया उसे जनता ठीक से समझ पाई और फिर से भारी मतों से उन्हें विजय दिलाई। यही सफलता है, जो शब्दों द्वारा परिष्कृत हो पाई।

''शब्द बोलने में हकलाना और अटकना, मन और मस्तिष्क में तालमेल की कमी को दर्शाता है। पूरक शब्दों को बोलना आदत और माहौल का प्रभाव होता है।''

–इंजी. ओ.पी. माहेश्वरी

28 प्रसन्न रहना सफलता का शुभ कार्य

प्रसन्नता अच्छे जीवन के लिए अनूठा वरदान है। प्रसन्नता को हम जितना बांटते हैं, वह उतनी ही अधिक मात्रा में लौट कर हमारे पास आती हैं। प्रसन्नता के कई कारण हो सकते हैं, विद्यार्थी को अच्छे परिणाम पर तो, चोर को चोरी का माल मिलने पर, डॉक्टर का सफल ऑपरेशन पर तो, माँ का बच्चों पर स्नेह, ममता दे कर, छोटे बच्चे खिलौनों से, तो व्यापारी मुनाफा कमा कर प्रसन्न होते हैं। प्रसन्नता का कोई मापदण्ड नहीं हैं। रूखी– सूखी रोटी खाने वाला इतना प्रसन्न रह सकता है कि घी–मक्खन से चुपड़ी रोटी खाने वाला देखता ही रह जाता हैं। **प्रसन्नता पैसे से नहीं खरीदी जा सकती। प्रसन्नता अंतःकरण के सुखद् भावों की सहज अभिव्यक्ति है। अगर आपकी अपेक्षा पूर्ण हो रही होती है तो प्रसन्नता मुख मण्डल पर प्रतिबम्बित हो जाती हैं।** यह हमें प्रकृति के अद्भुत नजारों से भी प्राप्त हो सकती है। शीतल समीर, बहती नदी, खिलते पुष्प, चहकते पक्षी, गुंजन करते भंवरे, लहलहराते खेत हमें सुकुन प्रदान करते हैं। कई बार मन

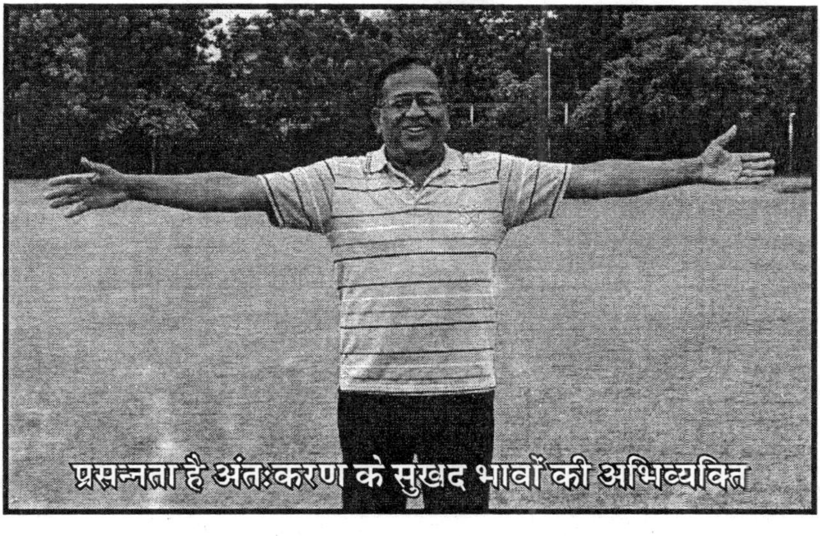

पसंद का संगीत सुन कर ही शरीर नाचने झूमने लग जाता है।

प्रसन्नता हमें जन्म से ही मिली होती है इसलिए यह कहने में कोई

बुराई नहीं है कि खुश रहना हमारा जन्म सिद्ध अधिकार है। **जितना खुश रहेंगे उतना ही उत्साह बना रहेगा। उत्साह से किया गया हर कार्य सफलता पूर्वक पूर्ण होता है।** कैसी भी स्थिति हो, प्रसन्न रहें, क्योंकि प्रसन्नता शुभ कार्य है और शुभ का सदैव विस्तार करते रहना चाहिए। हमारे पास क्या-क्या है, जन्म से मानव शरीर मिला है जिसकी इन्द्रियों द्वारा प्रसन्नता को अनुभव किया जा सकता है। महापुरूषों का मानना है कि संसार में मुख्य रूप से पांच प्रकार के सुख होते हैं- निरोगी काया, धन की भरमार, सुसंस्कारित भार्या, आज्ञाकारी संतान और विद्या की प्राप्ति। जिसके पास ये सभी वस्तुएं हों उसे सौभाग्यशाली कहते हैं। मगर ये कथन भी आंशिक सत्य है, अगर ऐसा होता तो रावण, कंस इस जगत के सर्वाधिक प्रसन्न व्यक्ति होते। एक त्यागी के पास भौतिक पदार्थों का सर्वथा अभाव होता है फिर भी वे प्रसन्नचित और आनंदित रहते हैं।

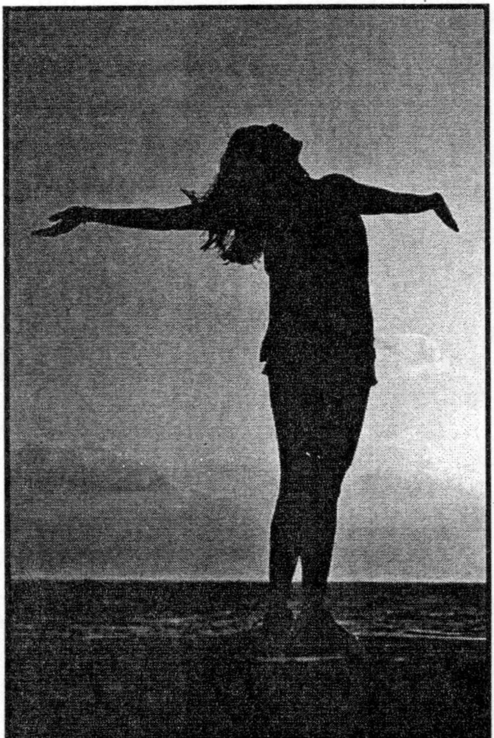

प्रसन्नता सफलता का शुभ कार्य

प्रसन्नता को हम जितना बांटेंगे वह उतनी ही लौट कर हमारे पास आती हैं यानी प्रसन्नचित व्यक्ति अपने कार्य में भी सफल होते है। प्रसन्नचित रहने से अच्छे विचारों की उत्पति होती है जिससे व्यक्ति शुभ कार्यों की ओर प्रवृत होता हैं। प्रसन्नता की अभिव्यक्ति सारे जीव-जन्तु भी करते हैं। प्रसन्नचित होकर मोर नाचने लग जाते हैं, कुत्ता, बकरी, बिल्ली पूंछ हिलाने लग जाते है, पक्षी पंखों को फड़फड़ाने लग जाते हैं। प्रसन्नता जीव जगत की खुशी का इजहार हैं। जहाँ प्रसन्नता होगी वहाँ खुशी का माहौल बनेगा। हाल ही एक शोध में पाया गया कि चौदह सप्ताह

की गर्भावस्था में एक बच्चा बहुत प्रसन्न हो कर पेट में तालियां बजा रहा था, क्योंकि उसके माता–पिता अत्यंत प्रसन्न भाव से गाना गा रहे थे और झूम रहे थे। सुविख्यात लेखक स्वेट मार्डेन का कहना है– "जो व्यक्ति प्रसन्न स्वभाव का होता है वह निश्चय ही किसी भी कठिन कार्य को सफलतापूर्वक सम्पन्न करके संतोषप्रद परिणाम प्राप्त कर सकता है यहाँ तक कि एक प्रसन्नचित व्यक्ति जीवन के अभिशाप को वरदान में बदलने की क्षमता रखता है।"

हँसना और प्रसन्नचित रहना आज के तनावग्रस्त जीवन की अनिवार्यता बन गई है।हंसने से रक्त संचार की गति तीव्र होती है, जिससे खून में ऑक्सीजन की मात्रा बढ़ जाती है, अधिक मात्रा में ऑक्सीजन के अवशोषण से ऊर्जा उत्पन्न होती है और जितनी अधिक ऊर्जा उत्पन्न होगी हम उतने ही अधिक स्वस्थ तथा रोगमुक्त होंगे। ब्रिटेन के जाने–माने दार्शनिक जॉर्ज बर्नाडशा ने तो एक स्थान पर लिखा है कि हंसी की सुकोमल और मधुर धरा पर जवानी के सुरभित पुष्प खिलते हैं और जीवन को अपनी महक से सम्मोहित कर देते हैं। हंसने से फेफड़े मजबूत होते हैं और मन के विकार दूर होते हैं। हंसने से मन हल्का–फुल्का हो जाता हैं।

प्रसन्नता का संबंध उपभोग तंत्र से कम और संवेदन तंत्र से अधिक होता है। प्रसन्नता से शरीर की सभी नाड़ियां खुलती हैं यानी रोम–रोम खिल उठता है। इससे शरीर में ताजगी उत्पन्न होती है। प्रसन्नता और संवेदना का परस्पर गहरा और सीधा संबंध होता है। यदि मनुष्य प्रसन्न रहता है तो विचारधारा भी सकारात्मक रहती है और सकारात्मक व्यक्ति के हर कार्य में शुभता का ही अनुभव होता है, ऐसे व्यक्ति हर परिस्थिति को अपने ढंग से शुभता की और मोड़ देते हैं।

"प्रसन्नता रामबाण औषधि है, इसमें स्नान करने से प्रत्येक व्यक्ति निरोग और पवित्र हो जाता है, गंभीर चिंता और उदासी को प्रसन्नता के पावन जल से धो डालिए।"

– स्वेट मार्डेन : धन कुबेर कैसे बनें

"हर कार्य जो मन को प्रसन्न करता है शुभ ही माना जायेगा, शुभता में मन की ताकत बढ़ जाती है।"

–इंजी. ओ.पी. माहेश्वरी

29 अवसरों का उपयोग सफलता

जीवन में कभी जीत मिलती है तो कभी हार। जीवन चक्र में घटनाओं का दौर चलता ही रहता है कभी सम्मानित तो कभी अपमानित। जब अपमान मिलता है तो बदले की भावना जाग जाती है। फिर अपमान का बदला लेने के लिए अपनी विशिष्टता सिद्ध करने की कोशिश की जाती है। अगर आपकी सोच में कुछ कर गुजरने की चाह है और आप अवसर का उपयोग भी ले रहे हैं तो परिणाम भी प्राप्त होगें। इसके विपरीत मन में कुंठा, हीनता को बना लिया तो बदले की भावना जाग्रत होगी जो हाथ में आये हुए अवसरों को असफलता में बदल देगी।

अपमानित चित्त से चलते हुए व्यक्ति को कुछ भी आकर्षक नजर नहीं आता और ऐसे पथिक पराजय की ठोकरें खाता है। अपराध, ठोकर खाने में ही नहीं, अपितु उस के बाद न उठने में है। अगर आप पुनः उठ खड़े होते हैं तो फिर नये अवसर मिलने लग जायेंगे। माना कि जमीन प्रकृति की व्यवस्था है, किन्तु खेतों में फसलों का लहलहाना मनुष्य के श्रम की सफलता है। मिट्टी प्रकृति की देन है, परन्तु उससे बनने वाली ईटों से किसी खूबसूरत इमारत का निर्माण करना अवसरों का उपयोग ही है।

शेर अगर शिकार पर नहीं निकले और गुफा में बैठे–बैठे ही ताकता रहे तो भूखा ही रहना होगा। अगर शिकार के लिए लपकता है तो अवसर भी प्राप्त कर लेगा। लेखक रामधारी सिंह दिनकर लिखते हैं कि "अवसर कोई ऐसी चीज नहीं है जो रोटी–दाल की तरह सब के सामने परोसी जा सके। उसे पाने के लिए अपने गुणों का विकास करना होता है, तत्परता, मुस्तैदी और धीरता भी सीखनी होती है और साथ ही उम्र तथा अनुभवों का भी ध्यान रखना पड़ता है।"

ठीक काम ठीक समय पर करने की दक्षता उन्नति का मूलमन्त्र है। काम टालना, काम न करने की इच्छा का ही कार्य है। हर समय बीते हुए कल को ही याद करना, आज का वक्त बर्बाद करना है। जाहिर सी बात है कि आज नष्ट तो कल कैसे बचेगा। जबकि हर दिन काम करना जीने का लुत्फ पूर्ण बना देता है। कहने का मतलब यह कि आप काम से थकते नहीं हैं, ऊबते नहीं हैं; असमर्थ नहीं होते बल्कि तरोताजा होते हैं और सामर्थ्यवान भी बनते हैं। हर व्यक्ति की ऊर्जा की सीमाएँ होती हैं। अगर उस ऊर्जा का उपयोग बेजा कार्यों में होगा तो जहाँ ऊर्जा लगनी चाहिये, जो समय मूल कार्य में लगना चाहिये वहाँ न लग कर व्यर्थ होगा। ऐसे में परिणाम श्रेष्ठ

नहीं रह सकते। सोचें अगर परीक्षा में प्रश्नों का उत्तर न देकर, बाद में सबको बताया जायेगा तो परिणाम कैसा होगा यह किसी से छिपा नहीं हैं। यह सत्य है कि समय से पहले कुछ नहीं मिलता। **सफलता को संभालने के लिए हमको पकना होता है। पकने से पहले अगर हम टपक गए तो अवसर हाथ से फिसल जायेंगे। कड़ी से कड़ी जुड़ कर जंजीर बनती है। बस मेहनत और हाथ में आने वाले अवसर का सही समय, सही तरीके से इस्तेमाल से पीछे मत हटिए।** काम को आगे बढ़कर करना हाथ में आये हुए अवसर को अपनी झोली में डालना हैं।

भयभीत और भीरू व्यक्ति ऐसे अवसरों को खो देता है क्योंकि वह शुभ मूहूर्त, ग्रह दशा और चमत्कार के फिराक में हाथ में आये हुए अवसर का उपयोग नहीं कर पाता है। समय गुजरने के बाद न तो उसे पूरा करने की तत्परता रहती है न आवश्यकता। किसी काम को हाथ में लेने का उचित समय तभी है जब परीक्षा की घड़ी होती है, आवश्यकता पूर्ण हो जाने के बाद किया गया कार्य का महत्व नहीं रह पाता है। जो काम हमें पसंद हो उसे मजबूरी के तौर पर न करें बल्कि जुनून के तौर पर करें। अपने उद्देश्य की साफ तस्वीर मस्तिष्क में रखें और योजनाबद्ध तरीके से अवसर की ताक में रहें। हाथ में आये हुए अवसर को मील का पत्थर समझियें जो आप को आगे बढ़ने का मार्ग दिखलायेगा। अगर अवसर को खो रहे हैं तो गलत दिशा की ओर कदम होंगे। सही अवसर का सही उपयोग ही सफलता है। वर्तमान को सही तरह से समझ कर ही भविष्य सुन्दर बना सकते हैं अतः हाथ में आये अवसर को व्यर्थ न जाने दें।

"अवसर परिस्थिति का उत्पाद है, उत्पाद को हासिल करना सफलता होगी।"

—इंजी. ओ.पी. माहेश्वरी

30 सफलता, नई जानकारी के लिए विश्वास अवरोध

विचार शक्ति, ज्ञान का कत्ल कर देती है। अगर व्यक्ति को पत्ता ही नहीं कि क्या करना है तो उसे जैसे समझाया जायेगा उसी पर विश्वास कर बैठता है। मगर ऐसा करने में नई जानकारी नहीं मिल सकती। यह बहुत सरल तरीका है कि जो उसे समझाया जाये उसे ही सत्य मान लेना, अपनी तरफ से कोई भी प्रश्न, विचार प्रकट नहीं करना। ऐसे लाखों व्यक्ति हैं जिन्हें यह बताया गया कि तुम तो केवल "उक्त नाम" का स्मरण करते रहो, मत पूछो कि इससे क्या होगा। यह भी समझाया जाता है कि ऐसा करने से तुम्हारा अगला जीवन सुधर जायेगा। ऐसा विश्वास करने वाले व्यक्ति इस जीवन के कर्मों से बाहर निकल कर अगले जन्म को सुधारने में लग जाते है। यह मनुष्य जीवन जो मिला है उसका उपयोग इस जीवन में करना होता है। इस हेतु लेखक अनूपलाल मंडल ने अपने लेख 'उत्तर पुरूष' में दर्शाया है कि – "मनुष्य सब कुछ जाने बिना निश्चित हो भी नहीं सकता। यही कारण है कि आदिम युग से अनवरत कहता आया है –जानना होगा, जानना होगा, जानना होगा। विश्व प्रकृति के अनंत रहस्य को, जानना होगा, आदि काल की पृथ्वी को जानना होगा, सूर्य चंद्र, ग्रह नक्षत्रों से प्रसारित, सज्जित असीम आकाश को जानना होगा। अतीत, वर्तमान, भविष्य सर्वकाल को जानना होगा। काला काल नियंता सृष्टिकर्त्ता को और जानना होगा अपने को, अपने मन को, आत्मा को।"

किसी चीज के बारे में आप नहीं जानते, उस पर सिर्फ विश्वास कर लेने पर आप उसे कभी नहीं जान पाएंगे। **जिज्ञासा तलाश करना है**– आप किसी पहलू के बारे में नहीं जानते तो तलाश करना होगा। अपने आत्म विश्वास को बनाना होगा। जो उपलब्ध है, उसे स्वीकार करने के बजाए जो उत्तम है उसके लिए प्रयत्न करना होगा। मगर अधिकतर लोग कोशिश करने की बजाय विश्वास कर बैठते हैं जो आसान तरीका भी है मगर जब तक गहराई में नहीं उतरेंगे तब तक नई जानकारी हासिल नहीं कर पाएंगे। माननीय प्रधानमंत्री नरेन्द्र मोदीजी ने **4 मई 2019 को अपने एक इन्ट्रव्यू में जनता को ''जीज्ञासु होना अच्छी आदत को माना है हर बात पर विश्वास कर बैठने से आप जिज्ञासु नहीं रह सकते।''** लेखक संतराम ने अपने लेख ''सफलता के सूत्र'' में दर्शाया कि "विश्वास की शक्ति आप के लिए तभी काम करेगी जब आपका विश्वास किसी वास्तविक बात में होगा । किसी उच्चाकांक्षा के अभाव में कई लोग जीवन में इधर से उधर घूमते रहते

हैं। उनके दिवास्वप्न होते हैं। स्वयं उन के मस्तिष्क में यह निश्चित नहीं होता कि वे क्या बनना चाहते हैं या किस चीज को प्राप्त करना उनका लक्ष्य हैं। जब तक उन का लक्ष्य स्पष्ट नहीं होगा, तक तक उनकी मानसिक शक्तियों को केन्द्रित होने का आधार ही नहीं मिलेगा तथा वे विशृंखलित ही रहेगी।"

विश्वास का पूरा सम्बन्ध स्वयं के विवेक पर भी है और अब तक किये गये कार्यों की रूपरेखा भी है। सूर्य इस की चिंता नहीं करता कि कौन उसकी स्तुति करता है। नई जानकारी हासिल करने वाला भी प्रकाश की किरण को देखता है अन्धकार को नहीं।" जीवन की सार्थकता कुछ नया करने एवं जानने में है। **इतिहास गवाह है कि सफलता उन्हीं लोगों को नसीब हुई है जो धारा के विपरीत बहे हैं जिनके मन में डर नहीं बसा, नई करने की जिज्ञासा बनी रही उसने अपना रास्ता खुद ने तय किया।** ज्ञान की कोई सीमा नहीं है। जितनी गहराई में उतरेंगे उतनी ही नई जानकारियाँ मिलेगी। मत बैठो पाँव पर पाँव रखकर, मनुष्य जीवन मिला है कुछ अपने लिए, परिवार, समाज और मानवता के लिए नई रौशनी की किरण आलोकित करने के लिए।

"जानना उत्तम है, मगर अति विश्वास करना नये शोध में अवरोध है।"

—इंजी.ओ.पी.माहेश्वरी

31 तनावमय मुखड़ा- असफलता

तनाव यानी चिन्ता, चिन्ता मय मुखड़ा मुरझाये हुए फूल सा लगता है तो मुस्कराता हुआ चेहरा खिला हुआ फूल की तरह अपने प्रभाव देता है। **चिन्ता हमें कर्महीन तो करती ही है,** साथ ही हमारे भीतर हानिकारक आवेश भी उत्पन्न कर देती है। जिससे ना केवल चेहरा बल्कि पूरे शरीर में शिथिलता आ जाती है। हमारे मस्तिष्क में, जागृत अवस्था में विचारों की श्रृंखला चलती रहती है। प्रसन्नता, प्रेम, संवाद, संतोष, हंसी से हमारे भीतर अच्छे भाव पैदा होते हैं जो हमारे स्वास्थ्य के लिए लाभदायक होते हैं। **घृणा, निराशा, ईष्या, लड़ाई–झगड़े स्वास्थ्य के लिए हानिकारक होते हैं और इनसे चेहरा मुरझा जाता है।**

तनाव ग्रस्त माहौल में कुछ लोगों के प्रवेश मात्र से खुशी की लहर आ जाती है तो कुछ लोगों को देखते ही प्रफुल्लित चेहरे मुरझा जाते है। मुस्कराने से दिमाग के न्यूरॉन्स सिंक्रोनाइज होते है यानी हँसता हुआ चेहरा देख हँसने को और रोता हुआ चेहरा देख रोने के भाव मन में बनते हैं और उसी अनुरूप न्यूरॉन्स कार्य करना शुरू कर देते हैं। जब हमारे सामने कोई समस्या उत्पन्न हो गई और उसका समाधान दूर तक नजर नहीं आ रहा हो तो कुछ समय के लिए तनाव में आना मानव प्रवृति है। समाधान न मिलने के कारण हम चिन्तित, भयग्रस्त हो उठते हैं जो आने वाले खतरे की सूचना और आपके गलत आंकलन से होती है। किसी विशेष परिस्थिति से पैदा हुआ तनाव तो अस्थाई होता है जो परिस्थिति ठीक होते ही हम सामान्य हो जाते हैं मगर स्थाई तनाव का सीधा सा अर्थ है– परेशानी हालात के कारण नहीं, बल्कि मन के परेशान रहने के कारण है। एक प्रसन्न चेहरा खिले हुऐ पुष्प की भांति भीनी–भीनी सुंगध बिखेरता है। खुशी जीवन के रचनात्मक, सृजनात्मक और सकारात्मक दृष्टिकोण की वाहक होती है। खुशी अंतः करण के सुखद भावों की सहज अभिव्यक्ति है।

छोटी–छोटी असफलताओं से भयभीत होना अपने आत्म विश्वास, आत्म शक्ति के अभाव में होता है। जीवन तो छोटे–छोटे कार्यो को ठीक से करने का नाम है। हम कैसे सोते हैं, उठते, बैठते, बोलते और सहयोग करते हैं इन्हीं छोटी–छोटी गतिविधियों से हमारे जीवन का ताना बाना है। अगर हम इन छोटी–छोटी गतिविधियों के लिए भी तनावग्रस्त रहेंगे तो उसका असर हमारे चेहरे पर साफ नजर आयेगा। रोते हुऐ मुखड़े का कोई भी साथ देने नहीं आयेगा जबकि मुस्कराते चेहरे को देख हर कोई उस खुशी में

सम्मिलित होना चाहता हैं। **आपका चेहरा वो दर्पण है जिसे देख कर ही आपको सहयोग और असहयोग मिलेगा। प्रसन्नता का सम्बन्ध चेहरे पर प्रतिपादित भावों का लेखा–जोखा है।** हम तभी खुश रह सकते है, जब हम खुद को जान लेंगे। भेड़ चाल में चलते–चलते हम अपने अंतर्मन की आवाज दबा देते हैं और खुद को भूल जाते हैं, नतीजन सब कुछ हमारे पास होते हुऐ भी दुखी रहते हैं। हम खुद को जितना ज्यादा पसंद करेंगे, प्रसन्नता उतनी ही ज्यादा चेहरे पर प्रदर्शित होगी। लॉ ऑफ रिवरर्सिबिलीटी की मानें तो हम जितना बेहतर प्रदर्शन करेंगे, खुद को ज्यादा पसंद करेंगे। जीना एक कला का नाम है अगर हमने यह सीख लिया तो हर बाधा में शगुन ही ढूढ़ेंगे। हर कार्य में सुख, आनंद का अनुभव करेंगे। सुख की आकांक्षा सभी को होती है हर कोई चेहरा खिलता हुआ देखना चाहता है। अगर चेहरा प्रफुल्लित रहेगा तो जीवन में खुशियां का अम्बार भी उठेगा।

''सौ गुना बढ़ जाती है खूबसूरती, महज मुस्कराते रहने से''
'फिर भी बाज नहीं आते लोग, अपना मुँह फुलाते रहने से,
'जिन्दगी एक हसीन ख्वाब है, जिसमें जीने की चाह चाहिए,
'गम खुद ही खुशी में बदल जायेंगे, सिर्फ मुस्कराते चेहरे से।

मुस्कराते चेहरे के प्रभाव :– मुस्कुराहट रोकड़े की नहीं, थोबड़े (चेहरे) पर होनी चाहिये।

- अगर आप घर के मुखिया हैं और मुस्कराते हुऐ घर में प्रवेश करेंगे तो परिवार में खुशियों का माहौल बन जायेगा।
- अगर आप दुकानदार हैं और मुस्कराकर ग्राहक से बात करते हैं तो ग्राहक खुश होकर आपकी बात मान लेगा और अगली बार फिर समान खरीदने को आयेगा।
- कभी सड़क पर चलते हुऐ अनजान आदमी को देखकर मुस्कराएं, देखिये उसके चेहरे पर भी मुस्कान आ जाएगी।
- अगर आप शिक्षक हैं और कक्षा में मुस्करा कर बच्चों को समझाते हैं तो बच्चे बेझिझक होकर आप की बात को ग्रहण करेंगे।
- अगर आप डॉक्टर है और मुस्काराते हुऐ मरीज से बात करते हैं तो मरीज का आत्मविश्वास दो गुना हो जाता है।
- मुस्कराहट के साथ कहे गये बुरे शब्द भी सुनने को मजबूर करते हैं

और मुस्कराहट के साथ बहुत कुछ कह सकते हैं।

- मुस्कराहट आपके अच्छे होने की पहचान बनाती है जिसे हर कोई देखना चाहता है।
- मुस्कराहट आपकी खुशी व सम्पन्नता की पहचान है।
- ऑफिस का मुखिया हंसते, मुस्कराते बात करेगा तो कर्मचारी प्रेसर में नहीं रहेंगें और खुशी–खुशी काम करेंगें। खुशनुमा माहौल के लिए चेहरे की मुस्कराहट एक अच्छी खुशबू (सुगन्ध) का काम करती है।
- क्रोध में दिया गया आशीर्वाद भी अभिशाप लगता है और मुस्करा कर कहे गए बुरे शब्द भी सलाह लगती है।

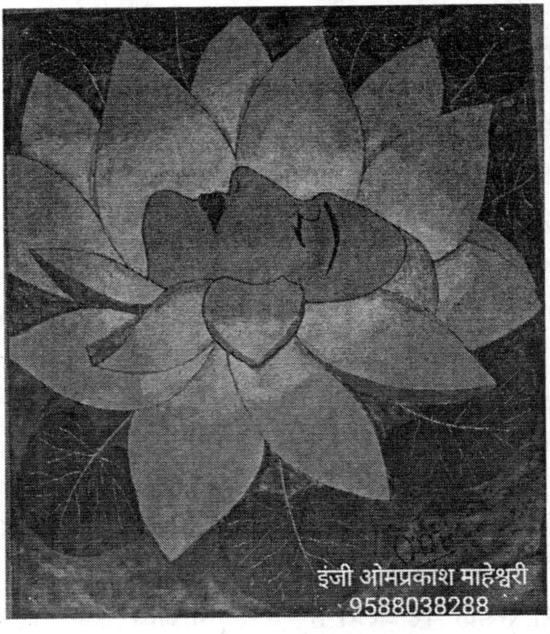

"मुस्कान खिले हुए फूल की तरह होती है, जिसे देख कर मन में खुशी की लहर संचारित होती है।"

–इंजी.ओ.पी.माहेश्वरी

32 प्रकृति के सान्निद्य (Nearness) में आनन्द ही आनन्द

प्रकृति और जीवन का गहरा संबंध है। प्रकृति को अपने जीवन में रचा–बसा कर ही जीवन का आनन्द लिया जा सकता हैं। प्रकृति का नियम है परिवर्तन। प्रकृति अपने इसी गुण के कारण नित नूतन और इस प्रकृति का कण–कण, क्षण–क्षण बदल रहा है। इस बदलाव से ही इसकी शोभा है अगर कलियां खिल कर पुष्प न बने और पुष्प मुरझा कर विलीन न हो जाए, तो बहारों के आने का सुख कैसे मिल सकता है? प्रकृति के परिवर्तन, जीवन में नित नये उल्लास भरते हैं, अन्यथा जीवन स्थिर और कृत्रिम हो कर रह जायेगा।

जीवन में जितना अधिक सान्निद्य प्रकृति के साथ होगा उतनी ही जिन्दगी सहज, सरल और खुशहाल बनेगी। प्रकृति के साथ समन्वय स्थापित करना ही ज्ञान है। जो व्यक्ति प्रकृति के साहचर्य में अपना जीवन व्यतीत करता है तथा आहार–विहार में हमेशा सात्विक व नियमित होता है वह दीर्घ जीवन को प्राप्त करता है। स्वास्थ्य के अनुकूल एवं उपयोगी पदार्थ ही ग्रहण करता है ऐसा व्यक्ति स्वाद के लिए नहीं, बल्कि स्वास्थ्य के लिए खाता है। प्रकृति के साथ खुशी अनुभव करने वाले लोगों में सहनशीलता होती है। इसी से उनमें सकारात्मक सोच उत्पन्न होती है क्योंकि ऐसे व्यक्ति आनन्द लेना जानते हैं। जब हम प्रकृति के प्रति प्रेम–पूर्ण रहेंगे, तब हम सभी जीवों के

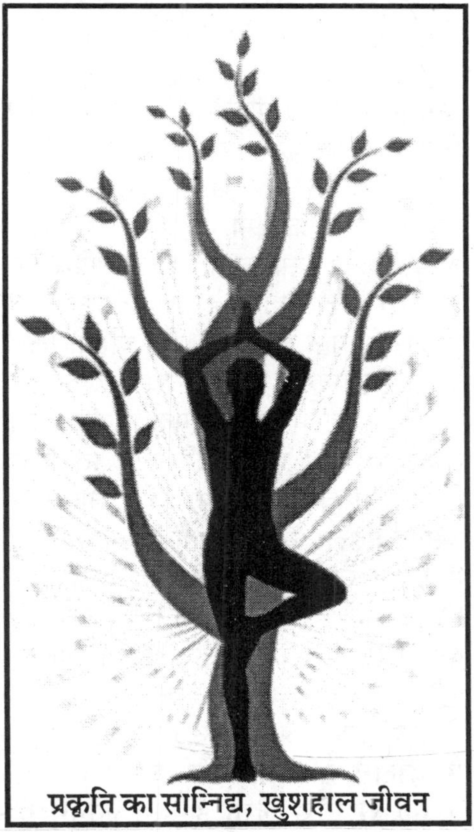

प्रकृति का सान्निद्य, खुशहाल जीवन

प्रति भी प्रेम–पूर्ण रह सकेंगे। प्रकृति अपने से जुड़ाव को व्यर्थ नहीं जाने देती। प्रकृति के नियमों को समझ कर व्यक्ति अपने मन की हर पेचीदगी से बच सकता है। अनुभव करें कि उगते हुए सूर्य की लालिमा से मस्तिष्क में ऊर्जा का संचार हो रहा है और बहती हुई हवा से शरीर में ताजगी की अनुभूति (Experience)।

कभी सुबह की हवा में बैठ कर अनुभव (Perception) करें कि वातावरण की हवा, घर में चल रहे पंखे की तुलना में कितनी मनमोहक होती है। खिले हुए फूलों को देख मन में खिलखिलाहट का अनुभव, समुद्र की लहरों में परिवर्तनशीलता का आत्मबोध, चन्द्रमा की रौशनी में शीतलता, पक्षियों के कलरव में माधुर्य, जीव जन्तुओं में ईश्वर के स्वरूप को निहारें जिससे आपके मन में सुकून मिलेगा और शान्ति का भाव जागृत होगा। अधिक आनन्द लेने के लिए अवकाश के समय परिवार के साथ रमणीय स्थल जो कि पहाड़ी के उतार चढ़ाव, जंगल, खेत, तालाब व नदी के किनारे, मिट्टी के टीले, खुले मैदान, बाग बगीचे, सैन्चुरी आदि हो सकते हैं। इन स्थानों पर अपने परिचितों के साथ कुछ समय व्यतीत करें। यह समय कैसे निकल जाता है यह आप सोच सकते हैं।

जीवन में खुशी की अनमोल दवा, प्रकृति प्रेम। प्रकृति में प्राकृतिक स्थानों के अलावा भी बहुत कुछ हासिल कर सकते हैं। जिन घरों में बहुत अधिक कृत्रिम साधन नहीं होते हैं फिर भी अपनी जिन्दगी एक दूसरे के साथ खुशी में व्यतीत होती है, क्योंकि उनके शरीर में रोग प्रतिरोधकता बढ़ जाती है और जिनके शरीर की रोग प्रतिरोधकता बढ़ती है उनकी आयु भी अधिक रहती है। प्रकृति के सान्निद्य में जीने से व्यक्ति अपने सान्निद्य में आता है उसकी सोच में सकारात्मकता का विकास होगा। हर जीव–जन्तु प्रकृति नजर आएगी। प्रकृति की हर वस्तु में उसे ईश्वर का रूप नजर आएगा। दिमाग से तनाव मिटेगा और जीवन प्रकृति का उपहार नजर आएगा। इसका मतलब यह भी नहीं कि आधुनिक युग में पाषाण युग की जीवन शैली में जिया जाये। आपको इको फ्रेन्डली जीवन व्यतीत करना है। आपको मिलने वाले हर पल का आनन्द लूटना है। जो संसाधन उपलब्ध हैं उन्हीं को प्रकृति से जोड़ कर आनन्द उठाया जाये। बाहर कड़ी धूप है और उसमें खड़े हो जायेंगे तो त्वचा सनबर्न ही होगी अतः उस परिस्थिति को ढूंढ़ना है जिसमें रहकर आनन्द उठाया जा सके। **परिस्थितियां जीवन को अपने में ढ़ालने की कोशिश करती हैं मगर जो परिस्थितियों को अपने तरीके से मोड़ लेता है वही जीवन में आनन्द का अनुभव करता है।**

इस हेतु लेखक हरिकिशनदास अग्रवाल ने अपनी पुस्तक 'मनन' में लिखा है कि "आनन्द परिस्थितियों के अधीन नहीं है, इस भ्रांति का निवारण स्वयं में ही उस आनन्दस्वरूप ज्योति को खोजें, इसी में जीवन का गूढ़ रहस्य भरा है।"

"प्रकृति मनुष्य के लिए क्या कुछ नहीं करती? वह उसे श्रम और अनुशासन की कठोर पाठशाला में पाठ पढ़ाती है, फिर उसे अनुभव के महान् विश्वविद्यालय में प्रशिक्षित करती है, ट्रेनिंग देती है तब जा कर उस का काम पूरा होता है। धन संपति मनुष्य के लिए नहीं, प्रकृति मनुष्य का ही अधिक ध्यान रखती है, वह धन की परवाह नहीं करती, परन्तु वह मानव की रक्षा के लिए हर प्रकार का मूल्य चुकाने को तैयार रहती है।"

– स्वेट मार्डनः उठो जागो

" प्रकृति का सान्निध्य मानसिक दुखों से छुटकारा पाने का उपाय है, प्रकृति के नियमों की अनुपालना जीवन जीने की रामबाण दवा है।"

इंजी.ओ.पी.माहेश्वरी

33 प्राथमिक शिक्षा हो बोलचाल की भाषा में

पूरे विश्व के बौद्धिक चिंतन से यह निष्कर्ष निकल चुका है कि बच्चे अपनी मातृभाषा में ही जल्दी सीखते हैं। बच्चा अपनी माँ की भाषा पहले सीखता है। कई बातें खेल–खेल में ही सीख जाता हैं। घर पर बोलचाल की भाषा अलग और लिखने–पढ़ने की अलग? यह कहाँ तक सही है? वह कैसे अपने भावों को अपनी शिक्षा द्वारा दर्शा सकता है जबकि जो उसके दिमाग में है उसे ढंग से लिख भी नहीं पाता है। रोता है या गुस्सा करता है तो वह अंग्रेजी में नहीं बोलता है। उसके बोलने व समझने की भाषा मातृभाषा ही होती है। चाहे बच्चा पाँचवी क्लास में आ गया मगर रात को आये सपने को वह अंग्रेजी में नहीं सोचता, **जब सपना ही अपनी भाषा में आता है तो अन्य भाषा में कैसे व्यक्त किया जा सकता है। जो मानसिक विकास**

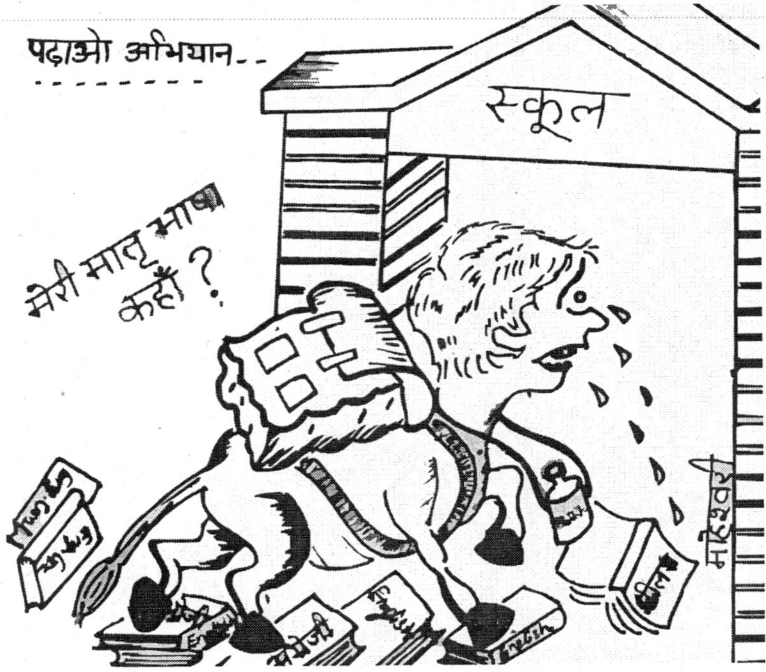

मातृभाषा में हो सकता है वह विदेशी भाषा सीख कर नहीं हो सकता। छोटे बच्चों के लिए मातृभाषा में सीखना, अपने पांवों से चलना, लिखने के समान ही सहज, नैसर्गिक होती है। जब बच्चों के कंठों में

मातृभाषा में शिक्षा की शुरूआत होती है तो वह सर्वथा श्रेयस्कर व चिरस्थाई होती है। मातृभाषा केवल स्मृति में ही नहीं रहती, वह लहू के समान समस्त शरीर में परिव्याप्त होती है और जीवनपर्यन्त मनुष्य का साथ नहीं छोड़ती। आज भी पचास साल के बाद भी पाठशाला में सीखे गये पहाड़े यूं के यूं ही याद है जबकि आजकल बच्चे जब अंग्रेजी में पहाड़े 'वन जा वन जा' बोलते है वो शीघ्र ही भूलते जाते हैं। दुनिया के किसी भी शक्तिशाली और सम्पन्न देश में विदेशी भाषा को प्राथमिक पढ़ाई का माध्यम नहीं रखा गया है क्योंकि इससे बच्चों की मौलिकता नष्ट होती है। उनकी विचार शक्ति घटती है तो रट्टू तोते बन जाते हैं। ऐसे रटने से पढ़ाई के प्रति लगाव घटता जाता हैं, ऐसी शिक्षा गुलाम मानसिकता पैदा करती है। छोटे बच्चों के लिखने–सीखने की भाषा, मातृभाषा ही उपयुक्त है। सम्पूर्ण विश्व के शिक्षाविद्, चिंतक, भाषा–वैज्ञानिक, मनोविज्ञानी, समाजशास्त्री आदि सभी ने एक स्वर में प्राथमिक शिक्षा की भाषा के लिए बोलचाल की भाषा को ही सही माना है। राष्ट्रपिता महात्मा गांधी का इस बाबत स्पष्ट मत था कि "मैं अपनी मातृभाषा से इस तरह चिपका रहना चाहता हूँ जैसे एक बच्चा अपनी मां की छाती से चिपका रहता है।"

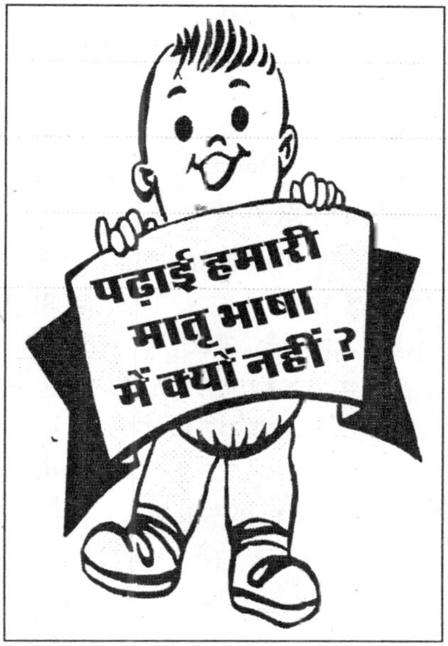

शिक्षा के ढांचे में प्राथमिक शिक्षा का बहुत अधिक महत्व है। जिस तरह एक ऊंची इमारत मजबूत नींव पर खड़ी होती है। उसी तरह शिक्षा रूपी इमारत के लिए प्राथमिक शिक्षा किसी नींव से कम नहीं होती। शिक्षा मनुष्य के विकास और शिक्षित करने की एक सतत् प्रक्रिया है। यह बच्चे को दो कविताएं रटाने तक ही सीमित नहीं है, शिक्षा ही ज्ञान को अर्जित करने का साधन है जिस का उपयोग कर रचनात्मक कार्य, नव सृजन, राष्ट्रीय धारा में स्वयं को बनाये रखने का कार्य होगा। यह तो अनुभव सिद्ध है कि बच्चा मां के दूध के साथ जो भाषा सीखता है, जिस भाषा में पहली बार मुंह खोलता है वह अत्यंत प्रिय लगती है। कई लोग तो बच्चे को लाड़ का नाम भी वही रख देते हैं क्योंकि ये शब्द होते हैं आत्मा की भाषा के शब्द। अपनी मातृभाषा के प्रति इस नैसर्गिक अनुराग का उपयोग बालकों के शिक्षण में

किया जाए तो निश्चित ही वे लाभान्वित होंगे।

प्रारम्भिक शिक्षा ही वह ज्ञान है जो बच्चा जिन्दगी भर नहीं भूलता। बचपन की सारी बातें बड़ी प्यारी लगती हैं और ये स्मृतियां स्थायी हो जाती हैं। ये शब्द बूंद–बूंद बनकर, अग्नि परीक्षा का सृजन करते हैं और जन्म से मृत्यु तक जीवन की प्राण वायु बनकर मुँह से निकलते हैं। आपके शब्द जीवन की एक ऐसी मशाल है जो जीवन में सद्भाव और मानवीय सोच की खिड़किया खोलते हैं। क्योंकि शब्द कभी मरते नहीं है और नूतन तथा पुरातन की कथा वार्ता लेकर साहित्य का सृजन इन्हीं शब्दों से होता है। ज्ञान और विज्ञान के बारे में नव चिंतन आपकी अपनी भाषा में ही आगे बढ़ पाता है। दूसरी भाषा में बच्चे का बोलना, समझना ऐसा हो जाता हैं जैसे वर्षा ऋतु में कोयल मौन हो जाए और मेंढक जैसे मुखर वाचाल हो जाए वैसे ही बच्चे महसूस करते हैं।

प्राथमिक शिक्षा बच्चों का अच्छा भविष्य बनाने में काफी हद तक सहायक होती है। बच्चों का शिक्षा के प्रति रुचि प्राथमिक शिक्षा के समय ही जागृत होती है। बच्चों का सुधरना या बिगड़ना, सोचना और ढंग से सुनना का काम अगर प्राथमिक शिक्षा सही ढंग से नहीं होगी तो बच्चों का समुचित मानसिक व शारीरिक विकास भी नहीं हो पाएगा। बच्चा 6 से 8 साल की उम्र तक सबसे ज्यादा सीखता और समझता है। अगर उम्र के उस पड़ाव पर शिक्षा के प्रति अरूचि उत्पन्न हो गई तो पढ़ाया गया ज्ञान कहाँ ग्रहण कर पायेगा। बच्चे बोलने लिखने के साथ दैनिक जीवन में करने वाले कार्यों की समझ प्राथमिक शिक्षा में ही ग्रहण करता है। प्रधान मंत्री श्री नरेन्द्र मोदी जी ने बच्चों की शिक्षा के बारे में कहा कि ''बच्चों को शिक्षा का ऐसा माहौल देना होगा जिसमें वे आज की जरूरत के हिसाब से खुद को तैयार कर सकें, अपने हुनर का विकास कर सके।'' प्रधानमंत्रीजी ने कहा कि बच्चों में शिक्षा का स्तर सुधारने का सर्वश्रेष्ठ मार्ग यह है कि उन्हें शिक्षा के उद्देश्य के प्रति जागरूक बनाया जाए। उन्होंने कहा'' सिर्फ स्कूल जाना ही पढ़ाई नहीं है, पढ़ाई ऐसी होनी चाहिए जो **बच्चों को सवाल पूछना सिखाए, उन्हें ज्ञान हासिल करना और ज्ञान बढ़ाना सिखाए, जो जीवन के हर मोड़ पर उन्हें कुछ न कुछ सीखते रहने के लिए प्रेरित करे।''** यह सब सहज अपनी भाषा में ही हो सकता है।

लेखक महावीर प्रसाद त्रिवेदी ने अपनी पुस्तक ''साहित्य की महत्ता'' में लिखा कि '' मेरा यह मतलब कदापि नहीं की विदेशी भाषाएं सीखनी ही न चाहिए। नहीं, आवश्यकता, अनुकूलता, अवसर और अवकाश होने पर हमें एक नहीं अनेक भाषाएं सीख कर ज्ञानार्जन करना चाहिये, द्वेष

किसी भाषा से न करना चाहिए। ज्ञान जहाँ भी मिलता हो, ग्रहण कर लेना चाहिए, परन्तु अपनी भाषा और उसी साहित्य को प्रधानता देनी चाहिए, क्योंकि अपना , अपने देश का, अपनी जाति का उपकार और कल्याण अपनी ही भाषा के साहित्य की उन्नति से हो सकता है। ग्लोबलाईजेशन के इस युग में अंग्रेजी को नकारा नहीं जा सकता मगर उसे प्राथमिक शिक्षा के बाद भी सीखा जा सकता है। यही कारण है कि आज भी देहात से आने वाले बच्चे जिन्हें सुविधाएं नहीं मिली, फिर भी हर प्रतियोगिता परीक्षा में अव्वल रहते हैं। हर समस्या का समाधान ऐसे लोग बेहतर निकालते हैं। प्राथमिक शिक्षा को मातृभाषा में लागू कर हम अपने बच्चों पर पड़ने वाले अतिरिक्त बोझ से मुक्त कर सकते हैं और अच्छे परिणाम प्राप्त कर सकते हैं।

अगर हम दूनिया के महाशक्तिशाली देशों पर गौर करते हैं तो कुछ समानता दिखाई देगी और वह है उनकी शिक्षा की भाषा राष्ट्रभाषा। जैसे रूस की रसियन, चीन की चायनीज, जापान की जापानीज, ब्रिटेन की इंग्लिश, फ्रांस की फ्रेंच, अमेरिका की यू.एस इंग्लिश, जर्मनी की जर्मन। इन देशों में शिक्षा अपनी राष्ट्रभाषा में ही पढ़ाई जाती है, चाहे विज्ञान का विषय हो या तकनीकी विषय, चिकित्सकीय या साहित्यिक। मगर हमारी शिक्षा में गुलामी की बू आज भी झलकती है जबकि शिक्षण में भाषा का बड़ा महत्व होता है इसे रुचीकर बनाकर ही देश को शक्तिशाली बना सकते हैं।

"मातृभाषा माता के दूध के समान पवित्र और स्वास्थ्यवर्द्धक है, माता के समान ही हमारा गुरू है और उसी के समान स्नेहमयी है।"

— गुलाबरायः प्रबंध प्रभाकर

पढ़ो ऐसे कि जैसे तुम्हें सदा जीना है
जिओ ऐसे कि जैसे तुम्हें कल ही दुनिया से चले जाना है।

—महात्मा गांधी

Study as if you were to live forever
live as if you were to die tomorrow.

- Mahatma Gandhi

34 शोकमय माहौल और नव वृक्षारोपण

समय के साथ परिस्थितियों का बदलना स्वाभाविक है, लेकिन कुछ लोग बदली हुई परिस्थितियों से तादात्मय स्थापित नहीं कर पाते और निराशा के गहरे भंवर में फंसकर डूबने लगते हैं। ऐसी निराशाजनक विषम परिस्थितियों में किसी आत्मीय की मृत्यु सबसे भयावह होती है। ऐसे में घनिष्ठ व्यक्तियों द्वारा शोकाकुल को निराशा से बाहर लाने के लिए इकट्ठे होकर पुनः संभलने की सहानुभूति जताई जाती है। साथ ही हमारी संस्कृति **(Culture)** में, देवलोक हुए व्यक्ति को श्रद्धा अर्पण **(Homage)** के लिए सब जान–पहचान वाले अपनी उपस्थिति दर्ज करवाते हैं। मृत जन के लिए शोक व्यक्त करना अच्छे संस्कार की बात है। आदमी अपने जीवन काल में कई वृक्षों की लकड़ी विभिन्न क्षेत्रों में उपयोग करता है। फर्नीचर, दरवाजे खिड़कियां, ईंधन, यज्ञ, कागज व अन्त में दाह–संस्कार में लकड़ी का उपयोग करता है। घरों में जलने वाली बिजली भी अधिकतर कोयले रूपी ईंधन से ही बनती है। अतः अपने द्वारा खर्च की गई इस लकड़ी के पुनर्भरण हेतु एवं मृत व्यक्ति को सच्ची व लम्बे समय तक सच्ची श्रद्धा अर्पण के लिए उपस्थित जन, वृक्षारोपण **(Plantations)** कर चिरस्थाई श्रद्धाजंलि व्यक्त कर सकते हैं। जिसे परिवार के सदस्यों की देख–रेख में संरक्षण **(Conservation)** कर सकते हैं।

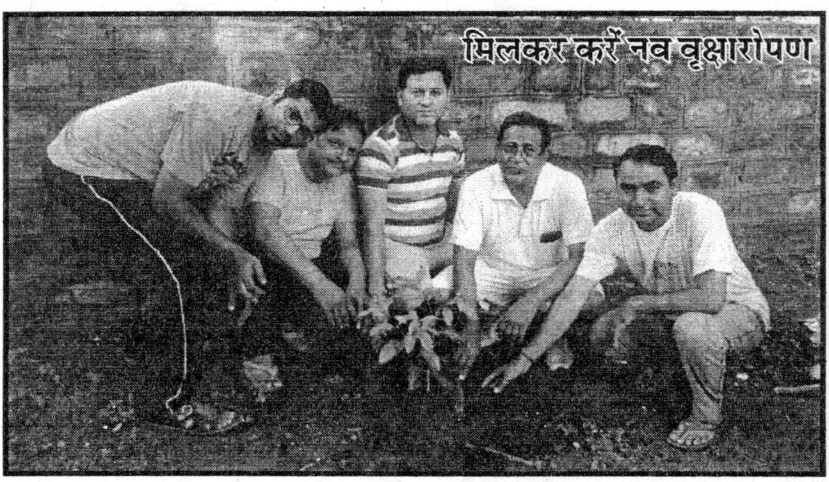

एक कहावत भी है कि एक छटांक खून किलोभर दोस्ती से ज्यादा

क़ीमती होता है। ऐसा इसलिए कहते है कि दोस्ती जहाँ दो व्यक्तियों और उनके परिवारों को जोड़ती है, वहीं खून का रिश्ता पूरे समुदाय को पीढ़ियों तक बांधे रखता है। जब खून पुकारता है तो होती है रिश्तों की कड़ियां जोड़ने की शुरूआत। अगर ये रिश्तेदार वृक्षों के संरक्षण में अपना सहयोग देंगे तो पुरखों की याद भी वृक्षों की उम्र तक ताजा बनी रखी जा सकती है। पेड़–पौधे प्रकृति की सुकुमार सुंदर सुखदायक संतानें ही हैं। इसके माध्यम से प्रकृति अपने अन्य पुत्रों, मनुष्यों और जीवों पर अपनी ममता के खजाने न्यौछावर कर अनन्त उपहार दिया करती है। पेड़–पौधे भी अपनी प्रकृति माँ की तरफ ही सभी जीव–जन्तुओं को उपहार दिया करते हैं। प्रकृति है तो जीवन है अतः ऐसी प्रथा अपना कर देखें।

इंसान अपनी मुसीबत को नहीं भूलता है। वृक्ष इन लम्हों को खुशी में बदल देते हैं।

चले जाते हैं जलाने, अक्सर हम किसी शव को
फूंक कर दो–चार पेड़, लौट आते हैं हम सभी
मरकर भी मरता नहीं क्या ये विचित्र आदमी?
बिना मरे ही जल जाते हैं, पेड़ बेचारे यहाँ सभी।

—विनोद माहेश्वरी, व्यवसायी जयपुर

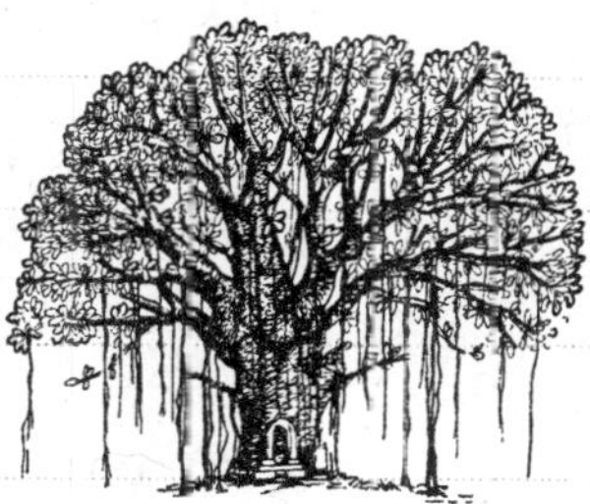

वृक्षारोपण व वृक्षों से शरीर और मन पर मुख्य निम्न चमत्कार होते हैं –

(I) जीवन रक्षकः–पेड़ों से मिलने वाली प्राण वायु एवं शोषित कार्बनडाई ऑक्साईड से मनुष्य एवं जीवों की गति है। प्राण वायु (ऑक्सीजन) के अभाव में एक पल के लिए जीवित रहना मुश्किल हो जाता हैं अतः स्वास्थ्य मय जीवन वृक्षों के सान्निद्य में ही हैं।

(ii) अवसाद और चिंताः– भौतिक सुख सुविधा में रहने वाले लोगों की तुलना में गाँवों और जंगलों में रहने वाले लोग ज्यादा स्वस्थ और प्रसन्न रहते हैं। एक जानकारी में पाया गया की जंगल या पार्क में एक घंटा पैदल चलने वाले लोगों में सड़कों पर चलने वाले लोगों के मुकाबले अवसाद, बैचेनी के लक्षण कम रहते हैं।

(iii) रोग प्रतिरोधकताः– प्राकृतिक वातावरण में रहने वालों की शारीरिक क्षमता कृत्रिम माहौल में रहने वालों के मुकाबले अच्छी

बनी रहती है। यहाँ तक की ब्लड प्रेशर तक को नियंत्रित करने में वृक्षों के मध्य रहना हितकर रहता है। पेड़ पौधे और वनस्पतियाँ हमें फल, फूल, औषधियाँ, छाया व अनन्त विश्राम प्रदान करते हैं।

(iv) एनर्जी स्तरः– वृक्षों से मिलने वाली प्राण वायु (ऑक्सीजन) शरीर में ऊर्जा का संचार करती है तो विषैली, स्वास्थ्य विरोधी और घातक कही जाने वाली कार्बन डाई आक्साईड का शोषण करने का काम भी वृक्ष करते हैं। एक शोध में पाया गया कि एक आदमी एक दिन में दो गैस सिलेंडर के बराबर ऑक्सीजन उपयोग कर लेता है अगर एक सिलेंडर की कीमत 700/– है तो अपनी अनुमानित 70 वर्ष की उम्र में 3.5 करोड़ रूपये से अधिक की ऑक्सीजन प्रकृति से ले लेता है। अतः पेड़ पौधो को पनपाएँ और खुशियों को अपने जीवन में बटोरे। साथ ही जिन शहरी क्षेत्रों में अधिक पार्क हैं, खुला क्षेत्र है वहाँ लोगों के आपस में सम्बन्ध मधुर रहते हैं और एनर्जी लेवल भी बढ़ा रहता है। सड़कों के काले रंग को निहारने की बजाय हरे रंगों की हरियाली को निहारना मस्तिष्क में ठंडक की अनुभूति प्रदान करता है।

"मूर्ख से प्रशंसा के राग सुनने की अपेक्षा
बुद्धिमान व्यक्ति की फटकार सुनना अधिक श्रेयस्कर है।"

–अज्ञात

"जीवन में ज्यादा रिश्तेदार होना जरूरी नहीं है,
मगर रिश्ते में जीवन होना आवश्यक हैं।"

–स्वामी विवेकानन्द

शोकमय माहौल में पेड़ लगाएँ।
गम भुलाने का माहौल बनाएँ।।
हम सब मिलकर पेड़ लगाएँ।
धरती को स्वर्ग सा सुन्दर बनाएँ।।

–इंजी. ओ.पी. माहेश्वरी

35 फल मीठा, भाग्य या परिश्रम का ?

चाहने पर जो ना मिले और न चाहने पर मिल जाये, उसे हम लोगों ने भाग्य का नाम दिया है। जिन्दगी में किसी को सफलता थोड़ी सी मेहनत से और बैठे–बैठे ही मिल जाती है तो कईयों को बहुत अधिक परिश्रम करने के बाद भी सफलता नहीं मिलती है। वैज्ञानिकों ने इस हेतु एक नियम दिया है " law of Probability" जिसे सम्भावना का नियम कहते है। जिसके तहत किसी न किसी को तो मिलना होता ही है और जिसको सफलता मिल जाती है उसे भाग्यशाली कह सकते हैं। **भाग्य अपना परिणाम उसी व्यक्ति को देता है जो हर अवसर को उपयोग करने के लिए तैयार रहता है। जो अवसर का स्वागत नहीं करते उसके द्वार से भाग्य उलटे पांव लौट जाया करता है।** मगर यह सत्य है कि जो खुशी मेहनत के बाद मिलती है वह दिल की गहराईयों को छू जाती है। जो चीज बिना संघर्ष किए सहजता से मिल जाती है उसकी कोई कदर भी नहीं होती। मूल्य तो उस वस्तु का होता है जो लगातार संघर्ष के पश्चात् प्राप्त होती है। जितना संघर्ष अधिक करना पड़े, उतना ही उस वस्तु का मोल बढ़ जाता है। संघर्ष ही सफलता की सीढ़ी है उस पर चढ़े बगैर हम सफलता नहीं पा सकते। संघर्ष वह चाबी है जिससे सफलता का ताला खुल सकता है।

महत्वपूर्ण यह नहीं है कि हमने अपने बच्चों को तेज कड़कड़ाती धूप में, भरी ठण्ड में और विकट परिस्थितियों में भी शिक्षा लेने के लिए स्कूल भेजा ताकि वे हमें बुढ़ापे में कुछ कमा कर दे सकें। महत्वपूर्ण यह है कि इन विकट परिस्थितियों में जीने के और धन कमाने की उचित शिक्षा प्राप्त की। यही मेहनत कुछ करने को आतुर करेगी, तभी फल मीठा लगेगा। अपने फर्ज और कर्त्तव्य का बोध रखने वाला जीवन में हमेशा सफलता प्राप्त करता है। उसके भीतर गुणों का विकास होता है। कृतज्ञता के भाव के साथ वह मानसिक रूप से सफलता की दिशा में बढ़ता है।

जिस तरह एक बड़ी इमारत के लिए मजबूत नींव की जरूरत होती है उसी तरह भाग्य बनाने के लिए मज़बूत नींव की जरूरत होती है और वो नींव होती है, आपकी मेहनत। भाग्य मेहनत का ही अनुसरण करता है। वर्तमान की किसी परिस्थिति को तुरन्त तो नहीं बदला जा सकता मगर वर्तमान में विचारों को चुन भविष्य में मनचाही परिस्थितियां जरूर पैदा कर सकते हैं। ज्यादातर लोग सिर्फ काम करते है वे काम के बारे में विचार नहीं करते है अगर हम अपने काम के अवलोकन हेतु 15–30 मिनट रख ले तो

इससे यह तय कर पाते है कि काम लक्ष्य की दिशा में हो रहा है या नहीं और क्या–क्या जानकारियों की आवश्यकता है, प्लान किया जा सकता है। जीवन एक बांसुरी की तरह ही है जिसमें बाधाओं रूपी कितने भी छेद क्यों न हो लेकिन जिसने बजाना सीख लिया, उसे जीना भी आ गया।

"जब ईश्वर ही भाग्य बनाता है, कर्म करने की प्रेरणा देता है तो उपकरण मात्र बने हुए विवश मनुष्य को उस बलात कराए दुष्कर्म का दंड क्यों भोगना पड़ता है? वह दंड उस विधाता को ही क्यों न मिले, जिसने किसी को बुरी प्रेरणा दी और बुराई कराई? यह ऐसा प्रश्न हैं जिनका भाग्यवाद के पास कोई उत्तर नहीं है।"

–प. श्रीराम भार्मा – हम भाग्यवादी नहीं, कर्मवादी बनें।

36 जीना कर्मों का गुणनफल व सोच का परिणाम

लेखक श्रीप्रकाश ने अपनी पुस्तक सच्ची नागरिकता में लिखा है कि – "यह संसार परिश्रम का है, जो परिश्रम करने को तैयार नहीं है वह कुछ नहीं कर सकता, सतत् परिश्रम ही हमें आगे ले जा सकता है, सुस्ती पीछे ही धकेलती है । हम लोग अपने काम से बहुत जल्द थक जाते है, परेशान होकर उसे छोड़ देते है, इसी कारण हम उन्नति नहीं कर पाते।" **मेहनत जितनी विवेक के साथ होगी सफलता भी उसी पैमाने पर होगी।** लेखक भगवतीप्रसाद वाजपेयी की पुस्तक " कर्म पथ" में बताया कि – "परिस्थितियों का रोना वही लोग रोते है। जो आपत्ति की हर घड़ी को अपने लिए दुःखद और नाशकारी समझते है, पर कठिनाइयों और प्रतिकूल परिस्थितियों के समय अगर दृढ़ संकल्प शक्ति से वज्र की भांति कठोर बनना सीख लें तो संकट और आपत्तिकाल भी हमारे लिए अभिशाप नहीं, वरदान बन सकते है। आपत्तियों में भी उन्नति और पराक्रम का अवसर निकाल लेना प्रबुद्ध मानव का काम है, कोई संकट की घड़ी ऐसी नहीं होती, जो हमारी चेतना को विस्फोट करने की प्रेरणा न देती हो।" बस जरूरत है संघर्ष की, मेहनत की, आपकी यही मेहनत सफलता दिलायेगी। दो अक्षर का लक, ढाई अक्षर का भाग्य, तीन अक्षर का नसीब और साढ़े तीन अक्षर की क़िस्मत होती है, लेकिन ये सभी तभी परिणाम देते है जब चार अक्षर का मेहनत / परिश्रम इनके साथ जुड़ जायेगा।

जीवन में खुशी खींच कर लानी होती है, आनन्द को अर्जित करना होता है। आपका परिश्रम ही इस खुशी का सृजन कर सकता है। आप सक्रिय हो जाएं और भाग्य को खींचकर अपनी झोली में डाल दें। भाग्य संयोग का विषय नहीं है। यह निर्णय का विषय है। यह कोई ऐसी वस्तु नहीं है जिसके लिए प्रतीक्षा की जाए। **भाग्य को हाथ की रेखाओं में मत टटोलो, क्योंकि भाग्य तो कटे हुए हाथ वालों का भी होता है।** आप अपने काम को कितने विवेक से करते है, यही आपका भाग्य है। ज्यादा धन दौलत होने से आप धनवान नहीं बन जाओगे,ज्यादा खर्च करने से भी आप धनी नहीं कहलाएंगे, धनी वह कहलाएगा जिसे अब और जरुरत नहीं है और मेहनत को ही अपना धर्म–कर्म मानता है। पैसा और खुशी को लेकर बेंजामिन फ्रैंकलिन का कहना है –पैसा कभी इंसान को खुश नहीं कर सकता। पैसों की प्रकृति में ऐसा कुछ नहीं है, जिससे खुशी मिल सके। किसी के पास कितना भी पैसा क्यों न हो, हमेशा कम ही होता है।"

कई लोग धन का उपयोग कम शारीरिक श्रम करना पड़े उस हेतु करते है। यही से आलस्य और धन का अपव्यय आरंभ होता है तथा धन और स्वास्थ्य दोनों का नाश होता है। भोग धन के नाश की शुरूआत है। अभी नए शोध में ये बात सामने आई है कि **पैसा नहीं समय पर इंसान की खुशी ज्यादा निर्भर करती है। जो लोग पैसों के मुकाबले परिवार के साथ समय बिताने को तवज्जो देते है वो ज्यादा खुश रहते है।** पर्याप्त धन हो पर समय का सदुपयोग न किया तो बीमारी के गर्त में ही जायेंगे क्योंकि –''मेहनत का फल मीठा होता है'' ।

''सन्तोष का अर्थ यह नहीं हैं कि अब आप कुछ न करें,
वरन् यह है कि जो मिला है उसमें खुशी ढूंढो।

– श्री चन्द्रप्रभ

मत ढूंढो भाग्य हाथ की लकीरों में,
तुम्हारी सक्रियता ही तुम्हारा भाग्य है।
तुम्हें वही मिलेगा जो तुम चाहते हो,
तुम्हारे प्रयत्न ही तुम्हे वहाँ पहुँचाएँगे।

– इंजी.ओ.पी.माहेश्वरी

37 संस्कार और खुशी

जीवन में सबसे जरूरी क्या है? बेशक अच्छी जिन्दगी। अच्छी जिन्दगी के लिए अच्छे संस्कार। संस्कार शब्द इन्सान द्वारा किये गये कृत्यों (क्रियाओं) का नाम है। सभ्यता, आचरण, नैतिकता, समर्पण, शिष्टाचार, धारणा एवं शुद्ध मन के भाव को जीने में ढाल लेना, संस्कार की श्रेणी में आते है। **संस्कार का सीधा सम्बंध सद्व्यवहार और मर्यादा से है**। जो बातें जीवन में ऊपर उठा दें, आपकी प्रतिभा को परिष्कृत कर अत्याधिक योग्य बना दें। यानि काम करने के तरीके को कुछ ईश्वरीय शक्ति, कुछ परम्पराओं एवं मान्यताओं से जोड़ रखा है। अगर हमारा कार्य समाज, मानवता के हित में है तो इस कार्य को अच्छा व शुभ कार्य माना जायेगा और इस कार्य को करने वाला व्यक्ति संस्कारी माना जायेगा। कौनसा व्यक्ति कैसा है उसके गुणों का माप–तौल उसके संस्कारों से होता है। संस्कार जीवन की नींव है, जीने की संस्कृति है यही व्यक्ति की मर्यादा और गरिमा है। अच्छे संस्कार के लाभ आप तक ही सिमित नहीं रहते इसका फायदा पुरे समाज को मिलता है। अच्छे संस्कार हमें गलत कार्य करने से रोकते है। संस्कार का पौधा परिवार के वातावरण में पलता है। संस्कार देने में सबसे प्रमुख भूमिका माँ और परिवार की ही होती है। माँ ही बच्चे की पहली गुरू होती है। हमारे कार्य कलाप किसी को पीड़ा न पहुँचायें। भगवान महावीर का दर्शन कहता है प्राणि मात्र को किसी भी प्रकार का कष्ट या यातना देना, यहां तक कि परिवार में आपस में प्रेम नहीं रखना, एक–दूसरे को दुःखी करना भी हिंसा ही है। हमारे कार्य,

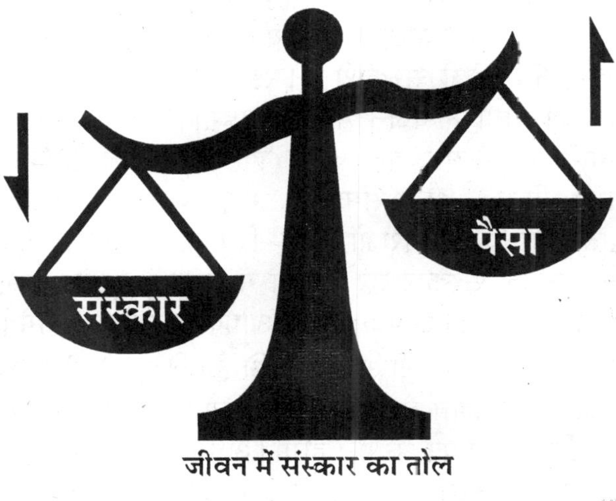

जीवन में संस्कार का तोल

व्यवहार व काम करने का तरीका ऐसा हो जो अन्य व्यक्ति को भी प्रसन्नता प्रदान करे। अच्छा काम करने वाला भगवान होता है और बुरा कृत्य करने वाला दैत्य होता है। इसीलिए संस्कारों को हमने ईश्वर से जोड़ रखा है।

इसका मतलब यह भी नहीं की भक्ति–भाव वाला व्यक्ति ही संस्कारी होगा। व्यक्ति के सम्पूर्ण कार्यो में मानवता का हित झलकना चाहिये। कोई आस्तिक हो या नास्तिक मगर उसके कार्य समाज हित में है, परहित में हैं तो वो संस्कारी ही माना जायेगा। जबकि दूसरा व्यक्ति दिन भर पूजा–पाठ में लगा रहता है मगर अपने व्यवसाय से, व्यवहार से, सोच से अपना ही भला देखता है और औरो को नुकसान से उसे ग्लानि भी नहीं होती हो तो, ऐसा व्यक्ति भक्ति भाव करने के बावजुद स्वार्थी ही रहता है और स्वार्थी व्यक्ति किसी का भला नहीं कर सकता। मुँह में राम बगल मे छुरी वाला व्यक्ति संस्कारी नहीं हो सकता। अगर हम आज जिम्मेदारी नहीं निभाएंगे तो कल जब हम भी अशक्त, कमजोर हो जायेंगे तो औरों से हम कैसे उम्मीद कर सकते है कि वो हमारी मदद करेंगे। संस्कारी स्वयं को भी बनना होगा और आने वाली पीढ़ी को भी संस्कारी बनाना होगा। हमारे कृत्य परिवार और समाज में गर्व करने लायक होने चाहिऐ। असंयमित आचरण न केवल स्वंय के लिए अपितु पूरे परिवार के लिए शर्म का कार्य होता है।

आपकी ऊर्जा का उपयोग स्वंय के साथ–साथ सामने वाले के हित में हो, तभी अच्छे संस्कारी बने रह सकते हो। शरीर में ताकत नहीं होगी तो आपकी बातों में वजन भी नहीं रहेगा। संस्कारों की नींव उस माहौल से बनती है जिसमें वह रहता है यानि ज्ञान–विवेक, परिवार–व्यवसाय, माता–पिता, धर्म–समाज, भाई–बहन, पड़ौसी–दोस्त, शिक्षक–पाठ्यसामग्री, परम्पराओं, रिति–रिवाज, त्यौहार, रुचि – क्रिया – कलापों के अनुसार संस्कार हर व्यक्ति में बनते है। आप ऊर्जावान, रहकर अच्छे कार्य करते है तो आपके आदर्श आपके संस्कार ही होंगे।

शिक्षा हमारी अमूल्य निधि है। शिक्षा से ही अच्छा परिवार बनता है। शिक्षा है तो ज्ञान है, ज्ञान है तो विवेक है। समाज शिक्षित होगा तो राष्ट्र उन्नति के पथ पर अग्रसर होगा। अच्छे संस्कार शिक्षा से मिलेंगे। लड़का हो या लड़की शिक्षा सबको लेनी है रुढ़ीवादी संस्कृति, से निकलकर नई राह बनानी है। संस्कारों के सही मूल्यांकन से ही अच्छी संस्कृति बनती है। एक व्यस्क जो भी करता या बनता है वो उसके बड़े होने की प्रक्रिया का परिणाम होता है। जैसा कि अगस्तु ने लिखा हैं, आप जैसा देखते, सुनते व

पाते है वैसा ही बनते है और बोलते है। संस्कारों को हम साधारण चार भागों में बांट सकते हैः–

1. व्यवहार (क्रियाकलाप) में
2. धर्म कर्म व ईश्वरीय क्रिया कलापों में
3. नितिगत फैसलों में।
4. भय जन्य।

प्रथम व्यवहार संस्कार का सम्बंध दैनिक क्रियाकलाप आचरण और मधुर भाषा को अपने जीवन में समावेश से होता है ताकि सामने वाले को उसका व्यवहार सम्मोहित करता रहे।

दूसरा धर्म कर्म में संस्कार, पूजा, आराधना, भक्ति और धार्मिक अनुष्ठानों में अपने को नित लगाये रखने वाले व्यक्ति होते है।

तीसरा नितीगत फैसलों में संस्कार का सम्बन्ध नैतिकता से होता है यानी मानवता प्रकृति, समाज के हित में वो निर्णय लेना जिनसे हर जीव जन्तु, मानव, प्रकृति का भला हो सके। जैसे प्रकृति के तत्वों का संरक्षण, जीव–जन्तु की हत्या न करना, मानवता के उत्थान के भाव आदि।

चौथा भयजन्य में गलत कार्य इसलिए नहीं करते है कि लोग क्या कहेंगे, कार्य को इसलिए किया जायेगा की मन में इज्जत का डर बैठा रहता है। मन में गलत और घृणित कार्य का भय होगा तो हिम्मत भी नहीं बनेगी।

परिवार में कुछ अच्छे संस्कार निम्न हो सकते हैः–

1. बड़े व श्रेष्ठ व्यक्ति पूजनीय होते है उनका आदर करना हमें संस्कारवान बनाता है। इसके लिए प्रणाम करना, उनकी बात को सुनना, मधुर शब्दों में वार्तालाप करना।

2. समय पर नैसर्गिक क्रियायें यानि दैनिक कार्यों को करना भी अच्छे संस्कार का हिस्सा है।

3. बच्चे व बुजुर्ग में ताकत, जवान व्यक्ति से कम होती है इसलिए इनकी जरुरत के लिए आप इनका सहयोग कर अच्छे संस्कारी बने रह सकते है।

4. अच्छे शब्दों का उपयोग किसी रिश्ते में जी, हांजी, अच्छा, ठीकसा, शब्दों का प्रयोग आपकी कृतज्ञता एवं सहमति को इंगित करेंगे।

5. संस्कारवान व्यक्ति वह रह सकता है जो कार्यवान होता है। यानि संस्कारों के नाम पर गलत क्रिया कलापों को अपना लेना ढ़ोंगीपन की क्रिया

होगी। किसी की सहायता का व खुद को ऊर्जावान बनाये रखना संस्कार का ही हिस्सा है।

6. प्रार्थना आप मन की शान्ति, विश्वास के लिए करते है मगर संस्कारवान बने रहने के लिए मानवता के कर्म होने चाहिये। आप बहुत बड़े भगत है मगर व्यवसाय में गरीबों के धन को चूसने, लेने व उनके साथ अन्याय करते हो तो, आप यह भक्ति डर के मारे कर रहे हो। अगला जन्म में क्या होगा यह तो पता नहीं मगर इस जन्म में आप गरीबों को अहित कर संस्कारी नहीं होंगे। मैं दान के लिए नहीं कहता, मगर सहायता करने में कोई बुराई नहीं।

7. घर का माहौल, वातावरण अगर गाली, गलौच, जुआखेल, नशा करना आदि का हो तो बच्चे वो ही सीखेंगे जो बड़े करते है। अगर आप की भाषा में गाली के शब्द रहते है तो बच्चा भी वही भाषा गृहण कर लेता है और बोलने लग जाता है।

8. आपका व्यवहार, तौर तरीके अगर किसी को हानि न पहुँचाते है तो आप संस्कारवान व्यक्ति माने जायेंगे।

9. किसी व्यक्ति से ठोकर लगने पर प्रणाम/माफी मांगना एक प्रायश्चित की क्रिया है जो बताती है कि हमने पैर जान बूझ कर नहीं लगाया है और हमसे गलती हो गई है। इस क्रिया से इज्जत करने का भाव पैदा होता है साथ ही छोटे बड़ों एवं बड़े छोटे के मध्य आदर भाव पैदा होता है।

''संस्कार का सम्बन्ध नैतिकता, आचरण और अच्छे कर्म से है।''

— इंजी.ओ.पी.माहेश्वरी

38 लक्ष्य को बाँट कर सफलता पायें

कोई भी शिखर पर सीधे नहीं पहुँच सकता उसके लिए हमें कई सीढ़ियों, साधनों से होते हुए पहुँचना होता है। इसी तरह बड़े लक्ष्य को प्राप्त करने में छोटे–छोटे लक्ष्य के टुकड़ों में करना होता है ताकि छोटे–छोटे लक्ष्यों के मोतियों को पिरोकर बड़ी सफलता की माला बनाई जा सके। छोटे–छोटे लक्ष्य प्राप्त होते ही हमारी ताकत बढ़नी शुरू हो जाती है। मैं कर सकता हूँ का भाव मन में जागृत होने लग जाता है यह भाव दुसरी कड़ीयों को प्राप्त करने में जोश भर देता है। इसका एक और फायदा होगा कि सारी व्यवस्था एक साथ नहीं करनी पड़ेगी, पैसा भी टुकड़ों–टुकड़ों में लगा कर, उन्हें जोड़कर बड़ी सफलता प्राप्त की जा सकती है। जिस तरह वाहन चलाने के लिए शुरू में ज्यादा ध्यान देना पड़ता है और गति पकड़ने के बाद हमारी इन्द्रियाँ निश्चिन्त हो जाती हैं जब तक की अलग से बाधा नहीं आती। ठीक ऐसे ही सफलता का छोटा लक्ष्य प्राप्त करते ही हमारी गति बड़े लक्ष्य को प्राप्त करने के लिए बढ़ जाती है। हमारा मन भी एक वाहन ही है। जो गति पकड़ेगा तो मंजिल पर पहुँचायेगा।

यह दुनिया भी सफल उसी को मानती है जो यह दिखला दे कि सभी बाधाओं को पार कर जो अपनी मंजिल पर पहुँच गया हो। लक्ष्य के बांटने का एक और बड़ा फायदा है कि असफल होते ही बड़ी आर्थिक और मानसिक हानि से बच सकते है और छोटी हानि की पूर्ति कर फिर नये तरीके से प्रयास किये जा सकते है। छोटी–छोटी बाधाऐं सम्भलने के अवसर देती है ताकि बड़े लक्ष्य को हासिल करने व रास्ते में बाधा अवरोध न लगे। एक ही बार में बड़ी हानि होते ही समाज भी हमें दिवालिया घोषित कर देता है और नई अतिरिक्त राशि उधार भी नहीं देता है। काम को बांट–बांट कर करने का एक और फायदा यह होगा कि हम जिन–जिन से सहयोग ले रहे है उनमें भी प्रतिस्पर्धा जाग्रत हो जायेगी। आपके विचारों के साथ अन्य लोग भी जुड़ जायेंगे। जब अन्य लोग भी आपके साथ किसी कॉमन सपने को पूरा करने के लिए जुड़ते है तो उसे पुरा करना आसान हो जाता है। हमें जो समय पर, उचित लागत पर, अच्छी गुणवत्ता के साथ सही परिणाम दे रहा हो उसका कार्य बढ़ाया जा सकता है। इन छोटे–छोटे लक्ष्यों को जोड़कर हम नये रास्ते, नई ताकत, नये जोश से बड़ा लक्ष्य प्राप्त कर सकते है। लक्ष्य की प्राप्ति ही सफलता का परिणाम है।

"साथ आना शुरूआत होती है, साथ रहने से प्रगति होती है और साथ काम करने से सफलता मिलती है।

– हेनरी फोर्ड

39 अन्तर्मन शब्दों से खुश रहने और जोश के भाव बनायें

आप अपनी दिनचर्या के कार्य करते समय, अपने मन में ऐसे शब्दों को दोहराये जिनको सोचने मात्र से मन खिल उठता हो। कुछ लोग सुबह जल्दी उठकर बनावटी हंसी के साथ गले से आवाजें निकालते है। ऐसे ही अगर आप कोई भी कार्य करते तो उस समय अपने **मन में बोले कि ''मजा आ गया'' तो सच में जो कार्य आप कर रहे हैं उसमें आनंद आना शुरू हो जायेगा।** काम को बोझा मानकर करने वाले व्यक्ति भी कुछ ही समय में अपने काम को ''मजा आ गया'' शब्द को दोहराकर खुशी –खुशी पूर्ण करेंगे और अपने काम से प्यार करना शुरू कर देंगे। मेरे कई साथी कहते है कि मुश्किल काम है तो भगवान का नाम लेकर कार्य प्रारम्भ करने पर पूर्ण हो जायेगा मगर मेरा सोचना है कि जो बोझा मान के काम कर रहा हैं उसका बोझा बढ़ता जायेगा और दोषारोपण भगवान पर डाला जायेगा। अगर काम को अपना काम, अपना कर्त्तव्य और इच्छा से करेगा तो ज्यादा आनंद की अनुभूति होगी।

प्रसन्नता चित्त की एक अवस्था है, जो खुश मन में ही प्रस्फुटित होती है। मन के अंधेरे से न डर के प्रसन्नता का सूरज ''मजा आ गया'' अनुभव में उदय करें। मन की खुशियाँ छोटी–छोटी चीजों में अनुभव की जा सकती है बड़े बड़े साधनों की जरूरत नहीं होती है। आप अपना काम करते समय फुर्सत में आते ही महसूस करें कि आज तो मजा आ गया और मजा आ रहा है, तो आपको संतुष्टि मिलेगी और चेहरा खिल उठेगा। ये शब्द अभी बोलकर देखो, और अनुभव करो। लोग वर्षों से एक नाम बोलकर माला जपते हैं। आपको भी वो शब्द जिनके बोलने से आनंद आ रहा हो, जैसे, मजा आ गया, मैं तो जवान हूँ, मैं तो कर सकता हूँ आदि। जब भी हम कोई उपलब्धि हासिल करें, तो मन ही मन खुद की तारीफ करना न भूलें। खुद को अपने काम के लिए बधाई दें और अनुभव करें मजा आ गया, तो सच में मजा और बढ़ जायेगा। अगर हम अपनी पूर्णता में रहेंगे, तो हम अभाव, असंतोष से मुक्त हो जायेंगे। यह सब तभी सम्भव है जब हमारी सोच में खुशी होगी।

अभी एक हिंदी फिल्म आई, इसका एक संवाद काफी मशहूर हुआ, ''हाऊ इज द जोश''। इन शब्दों को माननीय प्रधानमंत्री नरेन्द्र मोदीजी ने

जवानों के मध्य उद्घोश कर न केवल जवानों में जोश भरा अपितु देश में लाखों लोगों में जोश के लिए उपयोग होने वाले शब्द बन गये। यह सही है कि अगर हम जीवन में सफलता के सोपान चढ़ना चाहते है तो खुद को पहचानना होना और जोश को बनाये रखना होगा। बिना जोश के मन में निराशा के भाव ही पैदा होंगे। आपको प्रसन्न रहने के लिए अपने मन को प्रसन्न और जोशीला बनाये रखना होगा। जोश के बदौलत आप हारी हुई बाजी को जीत सकते है और अपना जीवन भी प्रसन्नता के साथ जी सकते है। प्रसन्न रहने के लिए शब्द ''मजा आ गया'' और जोश के लिए '' मैं कर सकता हूँ'' के भाव अपने मन में जाग्रत करने होंगे। यही भाव सफलता की सीढ़ी है।

''अन्तर्मन की सोच से ही उत्साहित और निरूत्साहित के भाव प्रस्फुटित होते है।''

—इंजी.ओ.पी.माहेश्वरी

40 मातम और शोक को प्रकृति से जोड़े

जन्म और मरण के लिए लोग कहते है कि ''खाली हाथ आये हो खाली हाथ जाओंगें'' पर ऐसा नहीं है लोग खुशी से जीवन जीने के लिए आते हैं और अपनी सफलता का परचम लेकर जाते है। परिवार के किसी सदस्य का स्वर्गवास हो जाने के कारण पूरे घर–परिवार में शोक व उनकी यादों का माहौल बन जाता है। जब मनुष्य जन्म लेता है तो उसके पास ''सांसे'' होती है, कोई नाम नही होता है और जब मनुष्य की ''मृत्यु'' होती है तो उस के पास नाम तो होता है पर सांसे नहीं होती है। इसी नाम को उजागर करने के लिए परिवार के सदस्य शोक मे डूबे होने के बावजुद मिठाईयों के साथ भोज का आयोजन करते है। जिस परिवार में विपदा आई हो उसके साथ संकट की घड़ी में खड़े होने की बजाय उसे और कमजोर बनाना कहां तक उचित है। **जिस भोजन को बनाने का कृत्य आँसुओं से भीगा हो यानि मिठाई बनाई जाती है तो रोकर, ऐसे आँसुओं से भीगे निकृष्ट भोजन को खाना व खिलाना कदापि उचित नही है।** हिन्दु धर्म के मुख्य 16 संस्कार बनाए गए उसमें प्रथम संस्कार गर्भाधान एवं अन्तिम तथा 16 वां संस्कार अन्तेष्टि है तो इस प्रकार मृत्यु भोज का यह सत्रहवा संस्कार केवल स्वार्थी लोगों का बनाया है ताकि कमजोर हो चुके परिवार से मृत्यु भोज के साथ दान आदि भी अपने नाम करा कर अपना उल्लु सीधा किया जा सके। यह आयोजन एक दिन नहीं पूरे बारह दिन चलता रहता है। ऐसे गम के माहौल में शोकयुक्त व्यक्तियों को तो मिठाई खाने का मन नहीं करता है मगर दूसरों के साथ उन्हें भी विवश किया जाता है ताकि अब शोक में न डूबे रहकर प्रफुल्लित होने की कोशिश करें। मृत्यु भोज की प्रथा गरीब व मध्यम

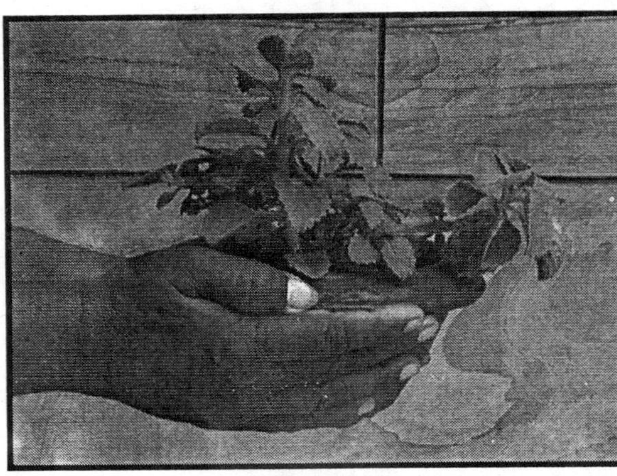

प्रकृति से जुड़े

परिवार में एक बोझ–सी लगने लगी है, कई लोगों के घर, खेत तक कर्ज अदा करने में बिक जाते है। ऐसे बोझ को उतार फेंकना ही समाज के हित में है। कृष्ण ने गीता में कहा है कि **अपराधी वही नहीं होता जो अपराध करता है। वह भी होता है जो इसे रोकना जरूरी नहीं समझता।**

शोक को अगर हम लोग बारह दिन तक निम्न क्रियाओं के द्वारा भी व्यक्त कर सकते है:–

(1) बारह दिन में पहले दिन परिचितों से मिलने, घर की सफाई एवं संक्रमण की रोकथाम में लगायें।

(2) दूसरे दिन मृतक के प्रति अनमोल वचन दोहराकर।

(3) तीसरे दिन नया वृक्ष लगाकर एवं श्रद्धांजलि अर्पण के लिए फूल चढ़ाकर सभी जान–पहचान वालों से भी श्रद्धांजलि अर्पण करवायें।

(4) चौथे दिन प्रण / प्रेरणा लेने का रख कर।

(5) पांचवा दिन दीन दुख़ियों की सेवा करके।

(6) छठा दिन तीन घन्टे भजन प्रोग्राम एवं अनमोल वचनों के स्लोगन घर में लगा कर।

(7) सातवें दिन मृतक के स्वर्णिम वचनों को परिवार के सदस्य को प्रण दिलाकर एवं प्राकृतिक संरक्षण एवं सफाई अभियान में भाग लेकर।

(8) आठवें दिन घर की पुनः शुद्धि एवं सोच विचार, मंथन का रखे साथ ही जीव–जन्तुओं के संरक्षण हेतु गोशाला आदि में दान–पुण्य करें।

(9) नवें दिन व्यवसाय का कार्यभार बच्चों को सौंप कर। पगड़ी पहनाने, चाबी व जिम्मेदारी सौंपने की रस्म करें।

(10) दसवें दिन पारिवारिक भेंट, स्मरण सामग्री, पुस्तक, फोटो वितरण का रख सकते है।

(11) इग्यारवें दिन अस्पताल में मरीजों, पढ़ने वाले बच्चों की एवं दीन दुखियों की सहायता करके एवं भजन संध्या का आयोजन रखें।

(12) परिवार के खून के रिश्ते वाले व्यक्ति व्यवसाय सम्भालने का एवं संवाद एवं भविष्य की योजनाएं एवं कार्य प्रद्धति की विवेचना् करें एवं साथ ही दूर से आये हुए आगन्तुकों की विदाई करें।

ऊपर उल्लेखित शोक प्रद्धति मेरे विचारों का मंथन है जिसे मृत्युभोज व शोक सन्तप्त परिवार को मिठाई खाने व बाद में कई माह तक छोड़ने की प्रथा को देखते हुऐ समाज हित में प्रतिपादित किया है।

"दूषित प्रथाओं को केवल सौंदर्य के अनुरोध से बचाए रखना सच्चा प्राचीनता प्रेम नहीं, थोथी भावुकता है। हमें सत्य मार्ग का अवलंबन करना चाहिए, उस का फल कुछ भी हो, वह हमें चाहे जिस ओर ले जाए, केवल

सत्य ही हमारा पथप्रदर्शक नक्षत्र है।''

''सत्याश्रयहीन मृतप्रायः प्रथाओं को अतीत गौरव एवं श्रद्धास्पदता के नाम पर जीवित रखना उस रोगी के कष्ट की अवधि को बढ़ाना है, जो सड़ेगले अतीत के विष से पीड़ित है।''

—डा. राधाकृष्णनः स्वतंत्रता तथा संस्कृति

''हो सकता है मैं आपके विचारों से सहमत न हो पाऊं फिर भी विचार प्रकट करने के आपके अधिकारों की रक्षा मरते दम तक करूंगा।''

—वाल्तेयर

41 मधुर शब्द-मधुर सम्बन्ध

शब्द हमें बना देते हैं या मिटा देते है। बस चुनाव हमारा ही हाता है कि हम किस तरह के शब्द किस परिस्थिति में उपयोग करते है। शब्द हमारे मस्तिष्क पर इस तरह प्रभाव डालते है कि जिस तरह के शब्द हम बोलते है, उसी तरह की सोच व आदते हमारे अंदर बनने लगती है। आपकी पहली पहचान आपकी वेशभूषा हो सकती है मगर आपके व्यक्तित्व की पहचान आपकी शैली है। शब्द बोलने वाले व्यक्ति की तरंगे, उसकी गंध, दुर्गंध, उसका स्वभाव व व्यक्तित्व को दर्शाते है। **आप किस तरह से बोलते है, किस तरह से समझाते है कि सामने वाला आपको सुनना पसन्द करे। वो शब्द ही होते है जो सद्भाव और मानवीय सरोकारों की खिड़कियां खोलती है आपकी अभिव्यक्ति ही आपका व्यक्तित्व बन जाती है।** धन की महत्वत्ता बाद में होगी, पहले आपके मधुर शब्दों से ही आपका व्यक्तित्व उभर कर सामने आता है फिर आपके विचार, व्यवहार व उनसे भी उच्च कोटि के शब्दों का उपयोग ही मधुर सम्बन्ध बनाते है। कौन लिखता है कौन पढ़ता है और कौन बोलता है उसकी प्रतिध्वनि ही मनुष्य के मन और विचार में संवेदना का संसार रचती है। समता और विषमता, दोस्ती और दुश्मनी, ज्ञान और विज्ञान के सभी कुरूक्षेत्र केवल सृजन और संघर्ष से उचित शब्द ही लड़ते है।

प्रशंसा सुनना सबको अच्छा लगता है और हर कोई इसके अवसर तलाशते रहते है। वास्तविक प्रशंसा हमारे दिमाग के एक हिस्से को सक्रिय करता है। उससे जो हार्मोन बनता है वह पूरे शरीर में खुशी की लहर पैदा कर देता है। हमारी भाषा कैसी हो यह एक कला है। भाषा और शब्द, कलह और प्रेम का कारण बन जाते है। जब किसी की प्रशंसा करनी हो तो सबके सामने करिए, और आलोचना करनी हो तो उसे एकांत में ले जाकर करिए। प्रशंसा में उसका कार्य के प्रति कैसे फोकस रहा और कैसे औरों को और फायदा दे सकते हो बताऐ। इससे उसे प्रशंसा में चापलुसी का बोध न होकर उसके कार्य की क्षमता बढ़ जायेगी। जो अच्छा होगा। **अच्छे शब्दों के साथ रिश्तों में संवाद बेशकीमती होता है। हर रिश्ते को सदाबहार रखने का एक ही मंत्र है– संवाद बनाए रखना,** दूसरे की सलाह लेना और समुचित आदर देना। विपरीत विचार वाले लोगों को भी एक अटूट बंधन में बांधने की सामर्थ्य है अच्छे संवाद में।

अच्छे सम्बन्ध के लिए एक दूसरे को समय, सहयोग, साथ देना होता है। एक दूसरे की भावना को समझ जाना ही काफी नहीं है। इससे भी जरूरी है सम्बोधन का तरीका। हम जैसे शब्द बोलेंगे वैसा ही हमारा व्यवहार होगा। जैसा व्यवहार होगा, वैसी ही आदतें बनेगी। बेहतर व्यवहार के लिए अपनी वाणी और शब्दों को बेहतर बनाना होगा। सम्बोधन की मधुरता पर ही घनिष्टता और मित्रता निर्भर है। हमारे द्वारा बोले गये शब्द ही रिश्तों को आदर प्रदान करते है। आपके शब्दों में भी मधुरता झलकनी चाहिये। जिसे हम कह सकते है शिष्टाचार (Civilized), विनम्रता (Courtesy) व शालीनता (Manners)। इन सबका भी सम्बन्ध है आपके व्यवहार व शब्दों की मधुरता में। अगर आप सामने वाले व्यक्ति का ख्याल रखते है तो कई समस्याओं के हल व सहयोग आसानी से प्राप्त कर सकते है। प्रशंसा के शब्द सुनने से आत्मविश्वास बढ़ता है गर्व अनुभव होता है ऐसे में सम्बंध भी मधुर बनते है। वह आपके मुँह से बोले हुए शब्द सुनना चाहेगा, दुबारा मिलना चाहेगा। अगर आप सामने वाले की सच्चे मन से प्रशंसा करते है तो उससे बहुत कुछ हासिल किया जा सकता है। वाणी में भी अजीब शक्ति होती है। कड़वा बोलने वाले का शहद भी नहीं बिकता है और मीठा बालने वाले की मिट्टी भी बिक जाती है। बस आपको मधुर शब्दों का उपयोग करना है। अच्छे शब्द–अच्छी सोच को दर्शायेंगे, बुरे शब्द–निम्न स्तर के जीवन को दर्शायेंगे। गाली–गलौच की भाषा से आपसी रिश्तों में दूरियां ही बनेगी। आपकी विनम्रता व सहनशीलता आपकी पहचान में चार चाँद लगा देते है। किसी को डांटने की बजाये पहले स्वयं में बदलाव ही सम्बन्धों को मधुर बनायेंगे। हमारी अभिव्यक्ति मधुर शब्दों की लय में होनी चाहिये।ये शब्द हो सकते है–

- गलती का अनुभव होने पर क्षमा कीजिए (Sorry) कहना।
- काम को बताते समय कृपया (Please) बोलना।
- अच्छे काम और सहयोग के लिए धन्यवाद (Thanks) बोलें।
- हमेशा गलत इंगित करने की बजाय अच्छे गुणों को देखकर प्रसन्नता ज़ाहिर (Apparition) करें।
- कमजोरी देखकर उत्साह (Encourage) के शब्द– ''तुम कर सकते हो,'' ''यह तुमसे सम्भव (Possible) है ''बोलें।
- संवाद (Discuss) करें, विवाद (Argue) के शब्द न बोलें '' जैसे तुझ में अक्ल नहीं है, तुझे नहीं पता।
- अच्छे कार्य पर बधाई (Congratulations) देना न भूलें।

- परन्तु, इत्तिफाक आदि न बोल कर, परन्तु की जगह बोलें 'साथ ही' और इत्तिफाक की जगह बोलें 'ख़ासतौर' से।
- बड़ों के प्रति कृतज्ञ होकर कोई काम करना है तो बोलें, हां जी, (Yes Sir), जी हुजूर, जैसा आपका आदेश।
- आदेश के तौर पर कहने पर यह तुम्हें करना होगा क्योंकि उससे तुम्हारी काबिलियत दिखेगी।
- प्रतिक्रिया (Reaction) व्यक्त करते समय, माना कि आप सही है पर कृपया आप मेरी बात सुनें। ऐसे में कृपया, प्लीज़ शब्द का उपयोग बोलने का समय बढ़ा देता है।
- मीठे शब्द को तुरन्त बोलें, समय के साथ इनकी मिठास कम होती जाती है। जैसे बहुत अच्छा (Very Good), बहुत सुन्दर (Very Nice)।

आपके बोल, आपके शब्द, मुंह से निकली ध्वनियां ही नहीं होते। वे आपके मन के किसी कोने में बैठे विचारों की आवाज होते है। किसी धारणा का नतीजा होते है। आपके मन की अभिव्यक्ति होते है। शब्दों से ही संवाद और विवाद बनते है। जहाँ संवाद होगा वहाँ आपसी सम्बन्ध होगा, प्रेम होगा, वार्ता होगी और वातावरण में चहल पहल का माहौल होगा जहाँ संवाद ही नहीं होगा वहाँ का वातावरण शमशानमय होगा। **शमशान में भी मुर्दे होते है मगर वे आपस में न तो कभी बतियाते है और न ही आपस में मेलभाव बढ़ाते है। घर दीवारों से नहीं, घर के सदस्यों में प्रेमालाप से बनता है दीवारों से तो निर्जीव मकान बनता है।** घर के सदस्यों के मध्य वो अच्छे शब्द ही होते है जिनसे व्यवहार, अपनत्व और प्रेम बनता है।

संत कवि तुकाराम ने इसलिए कहा कि "शब्द ही एक मात्र रत्न हैं, जो मेरे पास है। शब्द ही एक मात्र वस्त्र है, जिन्हें मैं पहनता हुँ, जो मेरे पास है, शब्द ही एक मात्र आहार है, जो मुझे जीवित रखता है। शब्द ही एक मात्र धन है जिसे मैं बांटता हुँ।"

" मनुष्य का जीवन अपने ही हाथों में है। वह अपने को जैसा चाहे बना सकता है, इसका मूलमंत्र यही है कि बुरे, अभद्र और अश्लील शब्द मन में न आने पाएं, वह बल पूर्वक इन विचारों को हटाता रहे और उत्कृष्ट विचारों तथा भावों से अपने ह्रदय को पवित्र रखें।"

– मुंशी प्रेमचन्दः सेवा सदन

"शब्द ऐसे बोलिए, मन में ठण्डक लाए,
औरन को शान्त करे, मधुर सम्बन्ध बनाए "

–इन्जी.ओ.पी.माहेश्वरी

42 सृजनात्मक भाव हो जीवन में

हमारी शक्ति सूर्योदय के साथ जागृत हो जाती है उसे सोने से पूर्व सृजनात्मक कार्यों में खत्म कर देनी चाहिए। अगर पूरी शक्ति श्रृद्धापूर्वक खर्च न की जाए, खर्च करने की दिशा सही नहीं होगी तो बची हुई शक्ति विकार का रूप धारण करेगी। अतः आवश्यक है कि जब भी कोई नया आईडिया आए, उसे नोट कर लें। उसके बारे में चिंतन करें, योजना बनाऐ और उसे मूर्त रूप देने में जुट जाएं। आजकल आधुनिक तरीके में जन्मदिन उत्सव पर गुब्बारे फोड़ना, जलती हुई मोमबत्ती को बुझाना, चाकू–छुरी से केक को काटना, केक के क्रीम को एक दूसरे के मुँह पर मलना, भेंट देना व वापस छोटी भेंट लेने का कार्यक्रम होता है। गुब्बारे फोड़ना, चाकू से केक काटना व जलती हुई मोमबत्ती को बुझाना आदि प्रक्रियाऐं विध्वंसक प्रवृति को जन्म देती है। होना तो ये चाहिये कि बच्चे को नई रोशनी, नई चीज बनाने अथवा उत्पन्न करने के विधि सीखा कर सृजनात्मक भाव उत्पन्न किये जाये ताकि अपने जीवन में कुछ नई प्रेरणा लेकर, हँसी खुशी के माहौल में सृजन करना सीखें।

बच्चे बहुत जिज्ञासु व मेहनती भी होते है और विशेषकर मिट्टी में खेलना, मिट्टी के घर बनाना, गुड्डा–गुड्डी का खेल खेलना, मिट्टी रौंधना आदि उन्हें बहुत अच्छा लगता है। मिट्टी में खेलने से जहाँ उनका सम्बन्ध हकीकत की जमीन से जुड़ेगा वहीं उनका प्रकृति से हमेशा के लिए प्रेम बढ़ेगा। **बच्चे को माँ के सान्निध्य में जो आनन्द मिलता है ऐसा ही आनन्द बच्चों को धरती माँ की गोद में खेलने से मिलेगा।** बच्चों को उम्र के हिसाब से साफ जगह व मिट्टी उपलब्ध करा सकते है। यह जगह कोई पाठशाला, बगीचा, सड़क के किनारे, खेल का मैदान, खाली भूस्थल, घरों के पास का भूस्थल हो सकता है। मिट्टी के खिलौनों से यह खेल शुरू करके नये पौधे लगाने व पुराने पौधों की देखभाल करने का काम कर सकते है। जब बच्चा कुछ बड़ा होगा तो पुराने लगे वृक्षों से, उनके फलों से, फूलों से अपने को गौरवान्वित महसूस करेगा। साथ ही मिट्टी खोदने व मिट्टी की पालियां बनाने, मिट्टी की छोटी नाली बनाने में अपने को आनन्दित महसूस करेगा। यह तभी सम्भव है जब बच्चे को बचपन से ही मिट्टी में हर वर्षगांठ पर खेलने की इजाजत मिलेगी।

पौधा वही पनपता है जो जमीन से जुड़ा होता है। गमलों में लगे

पौधे की उम्र एवं विकास जमीन में लगे पौधे से कम ही होती है। इसी तरह अगर आपके बच्चे का विकास करना है तो उसे जमीन से जोड़ें। हर वर्षगांठ पर पेड़ लगाने का व पेड़ों के मध्य खेलने, नाचने व झुलने का उत्सव मनायें। इससे उनकी रोग प्रतिरोधक क्षमता बढ़ेगी। जीवन में कुछ नया करने का साहस बढ़ेगा। इस उत्सव में बच्चे को अपने संरक्षक की उपस्थिति में खेलने का मौका मिलेगा। नया वृक्ष कौनसा लगाना है, किस जगह लगाना है, पानी की व्यवस्था कैसे होगी, उसकी सुरक्षा बाद में कौन करेगा आदि बिन्दुओं पर कार्य योजना बना सकते है। पिता के जन्मदिन पर लगे वृक्षों को जब बेटा देखेगा तो कितना प्रफुल्लित होगा, आप सोच सकते है। आप अपने को प्रकृति के साथ जोड़ें तो वातानुकूलित कमरे में बैठने से ज्यादा अपने को आनन्दित महसूस करेंगे। यह तरीका वर्ष दर वर्ष याद रहेगा जिससे वृक्षों के प्रति प्रेम की भावना विकसित होगी और प्रकृति उनकी सच्ची दोस्त बनेगी।

लेखक मुंशी प्रेमचन्द ने अपनी पुस्तक 'कुछ विचार' में दर्शाया कि – "जीवन क्या है? जीवन केवल जीना, खाना, सोना और मर जाना नहीं है, यह तो पशुओं का जीवन है, मानव जीवन में भी ये सभी प्रवृत्तियां होती है क्योंकि वह भी तो पशु है। इनके उपरांत कुछ और भी होता है उन में, कुछ ऐसी मनोवृत्तियाँ होती है जो प्रकृति के साथ हमारे मेल में सहायक बन जाती है, जिन प्रवृत्तियों में प्रकृति के साथ हमारा सामंजस्य बढ़ता है वे वांछनीय होती है।" अपने अस्तित्व की पहचान बनाये रखना ही जीवन है।

थोड़ी देर ऑक्सीजन देने वाले डॉक्टर को हम पैसा देकर भगवान मानते है। जबकि जीवन भर मुफ्त में ऑक्सीजन देने वाले पेड़ की हम कद्र नहीं करते। बच्चों में अच्छी आदतें ही संस्कार बनेंगे। पेड़ लगा कर जीवन को वर्शभर यादगार बनायें।

अच्छे आईडियाज हमारे आसपास ही होते है। हम लोग उन पर गौर नहीं करते। सृजनात्मकता के लिए हमको हर चीज और इंसान से जुड़ाव पैदा करना होगा। अगर हम लोगों के विचारों पर मंथन करेंगे तो हमें अपने नये रास्ते मिलेगें। चलना हमें अपने रास्तों पर ही है। इन रास्तों पर किया गया कार्य ही हमें खुशी और सफलता देंगे।

"मुसाफिर थे हम हर रोज चलते रहे, नित नई मंजिल की तरफ बढ़ते रहे।
फूल–सा हाथ आपका माथे पर रहा, मेरे ही पांव कांटों से उलझते रहे।।"

–अज्ञात

"समस्याओं को न पालो, ना ही टालो"

–प्रधानमन्त्री श्री नरेन्द्र मोदी (15 अगस्त 2019)

43 आप बनें महान्

प्रकृति ने इन्सान की रचना में कोई कमी नहीं छोड़ी है। जीव – जगत की मुख्य सभी विशेषताऐं इन्सान में ही समाहित है फिर भी अपनी महानता के लिए खुद को भीतर से बाहर निकालना होगा यानि अपनी श्रेष्ठता को अपने ही लोगों के मध्य दर्शाना होगा। अपनी कमी हमें ही दूर करनी होगी। अगर हमारी सोच सही होगी तो कर्म भी सही होंगे। जीवन में मेहनत करने वाले सफलता हासिल कर सकते है सफलता के साथ जो सार्थक बन जाता है। वह महान बन जाता है। जब दोनों पैर कटे होने पर भी सुधा चंद्रन बहुत अच्छा नृत्य कर सकती है और फिल्म की हीरोईन बन सकती है। हम सबके लिए सार्थक बन सकती है। तो आप भी बहुत कुछ कर सकते हो। देखो, आपके हाथ पाँव कितने सलामत है, आपकी आवाज कितनी प्यारी है, आपकी याददाश्त कितनी अच्छी है, आप कितने तेज चल पाते है, आप जो कार्य आसानी से कर सकते है उन्हें दूसरे लोग आसानी से नहीं कर सकते। क्यों, है न आप महान्।

दुनिया में सभी व्यक्तियों में कुछ न कुछ विशेषतायें होती है। प्रकृति ने हमें किसी न किसी गुण से, कुछ क्षमताओं के साथ, कुछ योग्यताओं के साथ इस संसार में भेजा है। **व्यक्ति महान अपने कर्मों से होता है।** आप सोच कर तो देखें कि मैं भी महान् हूँ। दर्पण में अपना चेहरा देखें व अनुभव करें कि मैं तो उन हजारों लोगों से अच्छा हूँ जिनके आँख नहीं, जिनके पैर नहीं है जिनके हाथ नहीं है। अगर आपने अपनी सोच में दृढ़ता डाल दी तो आप निश्चित ही 'अच्छे होने की ओर अग्रसर हो गये।' आपके अधूरेपन का एहसास कुछ करने के लिए प्रेरित करेगा और अगर यह एहसास मन में आ गया तो आप अपने आप में सम्पूर्ण बनते जा रहे हो। कहते हैं कि आवश्यकता अविष्कार की जननी होती है। यह अधूरापन भी कोई वक्त नहीं रखेगा जो साबित कर दे कि मेरे लिए यह असंभव नहीं है। यही आपकी महानता होगी, क्योंकि प्रकृति में कोई भी व्यक्ति अधूरा नहीं होता है। **इस संसार में जब भी कोई आदमी पूरा आदमी बना है तो वह भीड़ का हिस्सा नहीं था। वह हमेशा अनूठा था, अपने जैसा था।** इसलिए तुम्हें भी अपने जीवन में कुछ कर गुजरना हो तो भीड़ से बचना, किसी की नकल भी मत करना। बस अपने जैसा होने के प्रयत्न व संघर्ष करना। **अपने कार्यों की दिशा मानवता की ओर कर दो तो कोई तुम्हें महान् होने से रोक नहीं सकता क्योंकि तुम हो ही महान्।**

बारिश और धूप दोनों मिलने से रंगीला इंद्रधनुष बनता है। हमारा जीवन (Life) भी इससे अलग नहीं है। कभी हार तो कभी जीत (Win), कहीं अंधेरा तो कहीं उजाला, कभी खुशियाँ तो कभी गम, यह तो जीवन में चलता ही रहता है। हम हर परिस्थिति में अपने को कैसे ढालते है, यही हमारी महानता होगी। कुछ लोग तो अपने आपको इतना गरीब मानते है कि मेरे पास कुछ नहीं है। यह उनकी निराशा का भाव है। अंग्रेजी कवि विलियम शेक्सपियर ने बताया कि " कुछ लोग महान पैदा होते हैं, कुछ महानता हासिल करते हैं और कुछ लोगों के ऊपर महानता थोप दी जाती है।" आपकी दो आंखें ही हज़ारों की है आपकी किडनी लाखों की है तो आप गरीब कैसे रह सकते है? हाँ ,आप में जोश की कमी है .तो आप हर कार्य में अपने को असमर्थ मान बैठते है।

ऐसे व्यक्तियों का जीना जीने में नहीं गिना जा सकता। जिंदगी अच्छी वही है जिसमें जीने के साथ कुछ ऊँचा, अच्छा और श्रेष्ठ करने का उत्साह हो। उत्साह का अभाव तिनके जैसी कठिनाई को पहाड़ जैसा बना दिया करता है। उत्साह कहीं से लाने अथवा आने वाली वस्तुएँ नहीं है यह आपके अंतःकरण में विद्यमान होती है, आवश्यकता है उसे जगाने की। हर प्रतिकूलता में अनुकूलता को ढूंढ निकालने वाला ही महानता की ओर अग्रसर होता है। महानता ही वह प्रतिष्ठा है जिसे बड़ी मेहनत के साथ अर्जित करना पड़ता है वर्ना बदनामी तो एक दिन में भी हवा के साथ फैल जाती है।

जीवन में सफल होने के लिए आप बिना किसी स्वार्थ के अपने साथी की प्रशंसा करके देखें। हो सके तो उसकी अच्छाइयों को ढूंढे और उसे उसको बतायें भी, क्योंकि कोई व्यक्ति कितना भी महान् है पर फिर भी वह अपनी अच्छाईयों को औरों से सुनना चाहेगा। यह प्रशंसा की कला आपकी दोस्ती को और गहरा कर देगी। छोटी–छोटी बातों पर निःस्वार्थ किसी से बोलना भी आपके सम्बंधों में घनिष्टता पैदा करेगा। **छोटी–छोटी बातों, घटनाओं एवं अनुभवों के योगफल का नाम ही जीवन है।** हमारे मन में यह भावना होनी चाहिये कि जो व्यक्ति हमारे सम्पर्क में आये उसका कुछ न कुछ भला करें। यह भलाई ही आपकी महानता होगी।

मनुष्य की मनुष्यता का मापदण्ड ही उसकी नैतिकता है। जब तक विचारों में नैतिकता की प्रतिध्वनि न हो और व्यवहार नें नैतिकता के प्रतिबिंब न हो तब तक मनुष्य को मनुष्यता का प्रमाण पत्र नहीं मिल सकता। **जीवन में अपनी ही खुशी के लिए काम करोगे तो खुशी क्षणिक ही होगी,**

लेकिन खुश होकर काम करोगे तो खुशी और सफलता दोनों मिलेगी। ठीक इसी प्रकार यदि व्यक्ति केवल अपने लिए सुख चाहता है तो सुख नहीं मिलता, किन्तु औरों के लिए परमार्थ करता है तो सुख के साथ महानता और सफलता सब मिलते है।

सफलता सिर्फ आपको खुश कर सकती है पर आपकी सार्थकता से दूसरों का जीवन बदल सकता है। आपका सार्थक होना आपकी महानता की कड़ी है। लेखक पॉल आर्डेन के अनुसार "महत्व इसका नहीं है कि आप कितने अच्छे हैं। महत्व इस बात का है कि आप कितना अच्छा बनना चाहते हैं।"

अपने मनोबल को कभी भी छोटा न आंके। महान वैज्ञानिक एडीसन ने कहा था कि हजारों बार प्रयोग करने पर भी जब में सफल नहीं हुआ, तो मुझे वे हजार तरीके पता चल गए जिनसे सही परिणाम नहीं आता। विफलताओं से टूट कर बिखर जाने वाले सफलता का कठिन सफर तय नहीं कर सकते। इसीलिए एडीसन ने अंत में बल्ब का आविष्कार करके

जीवन में महानता

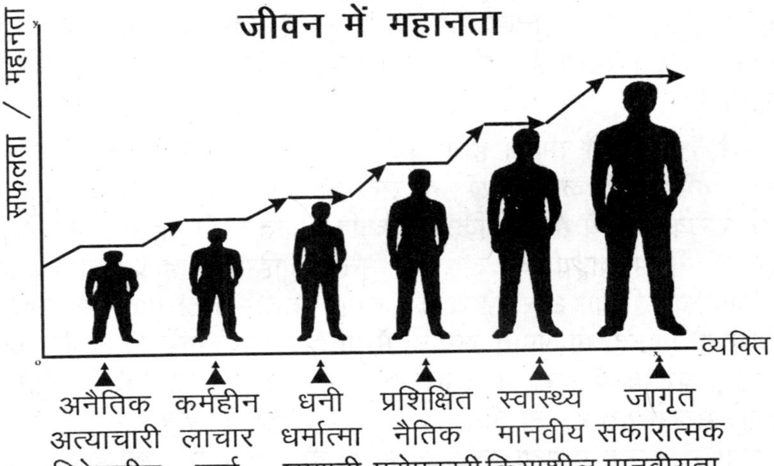

"महानता की कीमत जिम्मेदारी है।"

–विंस्टन चर्चिल

"The Price of greatness is responsibility".

-Winston Churchill

महानता यानि श्रेष्ठता को प्राप्त किया। यह सोच थी नहानता की सोच। हमारे उत्थान और पतन में हमारी सोच का बहुत बड़ा योगदान होता है। कुकृत्यों पर पश्चाताप और अच्छे काम पर संतोष क अनुभव होता है। आपकी कोशिश ही आपकी सफलता की कुंजी है और आपकी सफलता आपकी महानता है।

महान होना यानि ग्रेट (Great) बनना, इसमें छुपा है ये भाव –

G – Goodness – अच्छाईयां रखना
R – Responsible – जिम्मेदार बनन
E – Energetic – ऊर्जावान रहना
A – Awakening – जागृत रहना
T – Talented – होशियार होना

"सूर्य के जगने से मिलता है उजाला,
इंसान के जगने पर बनती है गतिर्शीलता,
ज्ञान को जगाने से बढ़ती है बुद्धि,
विज्ञान को जानने से मिलता है ज्ञान,
समय को जानने से बनती है जागरुकता,
परोपकार से आती है महानता।"

"महानता का सीधा सम्बन्ध व्यक्ति के काम से है। इसके लिए धन की नहीं, कर्म की जरुरत होती है। काम भी अपने लिए नहीं, दूसरों के लिए किए गये काम, जिन्हें लोग गर्व से याद करते है यही सच्ची महानता हैं। "

–इन्जी.ओ.पी माहेश्वरी

44 स्पर्श से बढ़ायें अपनत्व और खुशी

जन्म के साथ ही शिशु को माता का स्पर्श उसे सुरक्षित होने का एहसास देता है तो विवाह बन्धन में पुरूष–स्त्री के मध्य स्पर्श से ही प्रेम उत्पन्न होता है और एक दूसरे को अपने दिल (हृदय) में धारण करते हैं। स्त्री पुरूष के मध्य स्पर्श ही संबन्धों की प्रगाढ़ता उत्पन्न करता है। इसमें कोई दो राय नहीं कि **पवित्र शारीरिक स्पर्श से सम्बन्ध अटूट बनते है, अपनत्व बढ़ता है और उसी से मानसिक शान्ति के साथ सामाजिक बन्धन बने रह पाते है। जहाँ धृणा होती है वहाँ स्पर्श में दूरी बन जाती है।** दूर से हैलो बोलने या नमस्कार करने से दोनों के मध्य सम्बन्धों की प्रगाढ़ता नहीं बनती है। जो हाथ मिलाने, गले मिलने पर बनती है। जबकि इच्छा से स्पर्श में दोनों के मध्य नजदीकियां बढ़ती है।

स्पर्श के शाब्दिक अर्थ – मिलना, संयुक्त होना, घनिष्ठता बढ़ाना, सम्पर्क साधना, छूना, एकजुट होना, आलिंगन करना है। स्पर्श यानि टच (Touch) और जहाँ स्पर्श होगा वहाँ होगी एकजुटता, लगाव और अपनत्व जैसेः–

T- Together (साथ–साथ में)– यानि स्पर्श में छुपा है अपनत्व।

O- Oblige (कृतज्ञता) – स्पर्श करने वाला व स्पर्श होने वाले व्यक्तियों के मध्य कृतज्ञता का बोध उत्पन्न होता है और दोनों अपने आप को धन्य मानने लग जाते है।

U- Unity(एकजुटता) – जहाँ स्पर्श होगा वहाँ बनेगा अटूट संगठन, एक जुटता एवं एक होने का भाव।

C- Contact (छूना)– जहाँ रहेगा सरल स्पर्श वहाँ बना रहेगा प्रेम।

H- Hug (आलिंगन)–यह जादू की छड़ी है दो आत्माओं के मिलन की। जहाँ मिलन होगा वहाँ सम्बन्ध अच्छे बने रहेंगे।

स्पर्श में बड़ी ताकत है। प्रतिष्ठित और बुजुर्गो के सिर पर हाथ रखने मात्र से एक अलग किस्म की जोशीली ताकत मन मस्तिष्क में अनुभव होने लगती है। जब बच्चा अच्छा काम करे तब वह हमारे मुँह से दो शब्द बोलने से जितना खुश नहीं होगा उससे ज्यादा उसके कंधे पर रखे गये हाथ

अथवा गालों को सहलाने मात्र से होगा। आप उसे अपना सान्निध्य दें। निकटता देना भी एक पुरस्कार है क्योंकि ज्येष्ठ और श्रेष्ठ लोग जब किसी को अपना सान्निध्य (समीपता) देते है तो हम अपने को पुरस्कृत ही मानते है क्योंकि ऐसे में हम 'सान्निध्य ऊर्जा' से भर जाते है। जिसे अंग्रेजी में एनर्जी ऑफ प्रॉक्सीमिटी (Proximity) का सिद्धान्त भी कहते है। पापा को नमस्ते करने से पापा इतने खुश नही होगें जितना कि चरण स्पर्श से, चरण स्पर्श भी करने के कई तरीके है। थोड़ा झुक कर, तो कई लोग एक हाथ से, तो कई लोग दोनों हाथ से चरण स्पर्श करते है। झुकना आपमें विनम्रता, लचीलापन का भाव उत्पन्न करता है।

परिवार के सभी सदस्यों के साथ अगर आपका स्पर्श बना रहता है तो सम्बन्ध भी मधुर रहते है। यही कारण है पति–पत्नि के मध्य स्पर्श से गहरा रिश्ता बन जाता है जबकि उनके मध्य रक्त का सम्बन्ध नहीं होता है। चरण स्पर्श जिसके किये जाते है उसके मन से भी आशीर्वाद के शब्द ही निकलते है। सद्भाव यदि इस क्रिया से मिले तो उसे बढ़ाते रहना चाहिये। प्रणाम, चरण स्पर्श के बदले में मिलने वाली आशीर्वाद की पूंजी आत्मबल और आनंद बढ़ाने में बहुत सहायक होते है। जिन्दगी में प्रेम तो अनेकों से होता है। माँ के द्वारा बेटे के सिर पर रखे गये हाथ ही मातृत्व से बच्चे को ओत–प्रोत कर देता है। प्री मैच्योर जन्म लेने वाले शिशुओं की इम्युनिटी यानी रोग प्रतिरोधक क्षमता कम होती है। ऐसे में डॉक्टर शिशु को केवल माँ का दूध पिलाने तक ही सीमित नहीं रखते उसे टच या कंगारू थैरेपी की सलाह भी देते है। इसमें माँ शिशु को सीने से चिपकाकर रखती है।

स्पर्श का प्रभाव इंसानों में ही होता हो ऐसा नहीं हैं, सभी जीव जन्तुओं में भी इसे देख सकते है कि कैसे वो अपनी जीभ से अपने बच्चों को चाटते रहते है। पक्षियों को चोंच से चोंच मिलाते हुए भी देखते है। जाहिर है स्पर्श यानि मिलन, और मिलन में प्यार ही उमड़ता है। स्पर्शरूपी प्रेम एक ऐसी अद्भुत संजीवनी है, जिसके लिए हर कोई तरसता है–चाहे वे पशु–पक्षी हो या मनुष्य। प्रेम की सकारात्मक शक्ति पेड़–पौधों को भी नव जीवन देती है। हर कोई चाहता है की मैं किसी से प्रेम करूं और मुझे कोई प्रेम करे।

मेरा मानना है कि दुःख के समय अगर प्रियजन आपका हाथ थाम

ले, खुशियों में गले मिल ले या अपने साथी के कंधे पर सिर रखकर दुःख में रो लिया जाए तो भी दोनों के मध्य अपनत्व बढ़ जाता है और दर्द का अहसास भी कम हो जाता है। जब दो दोस्त कई सालों बाद मिलते है तो हाथ मिलाने में उन्हें वो आनन्द नहीं मिलता, जितना वो एक दूसरे के गले मिलने से, आलिंगन करने से उन्हें सुकून मिलता है। आलिंगन से एक दूसरे के मध्य भावनात्मक सम्बन्ध स्थापित होते है। न्यूयॉर्क युनिवर्सिटी के प्रोफेसर डोलोरेस क्रिगर के अनुसार "जब कोई व्यक्ति किसी को स्पर्श या गले लगता है तो इससे हॉमोग्लोबिन बढ़ जाता है। इससे उत्तकों तक तेजी से आॅक्सीजन पहुंचने लगती है, जिससे शरीर का एनर्जी लेवल बढ़ जाता है।" उदासी और दुःख के समय किसी प्रिय के स्पर्श और गले लगाने मात्र से उदासी पिघल कर बह जाती है। आप अच्छा महसूस करने लग जाते है यह प्रिय व्यक्ति भाई, बहन, प्रेमी, प्रेमिका, बेटा, बेटी या कोई भी आपका मित्र हो सकता है। मंदबुद्धि के व्यक्ति और नासमझ बच्चे भी स्पर्श थैरेपी से प्रसन्नता अनुभव करने लग जाते है। **मगर संक्रमित व्यक्ति से दूरी रखना संक्रमण से बचाव होगा।**

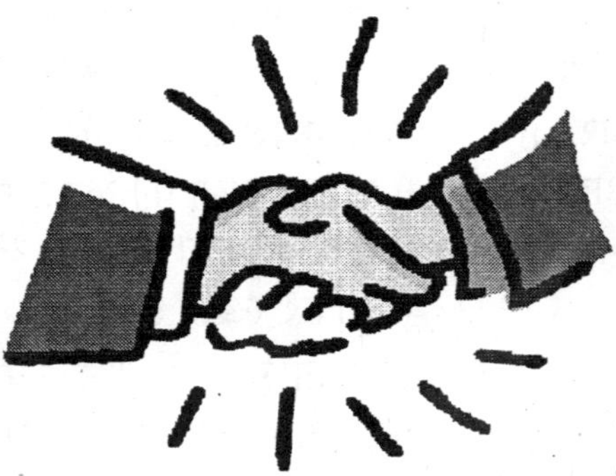

असंक्रमित व्यक्तियों का मिलन

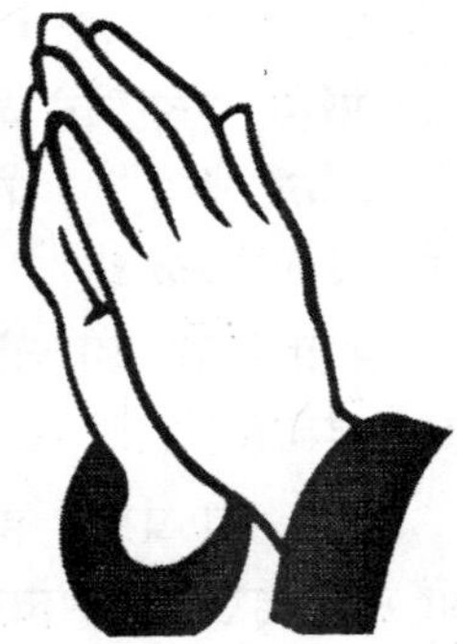

संक्रमित व्यक्तियों का अभिवादन

स्पर्श के पर्यायवाची शब्दों में सहलाना भी होता है। स्पर्श यानी सहलाना, सहलाना शब्द में सह का शाब्दिक अर्थ होता है साथ यानि साथ लाना। यह क्रिया हुई अपनत्व की जिसमें सहलाकर सामने वाले को अपनी ओर आकर्षित किया जाता है। इंसान जब अपने हाथों से जीव जन्तु के छोटे बच्चे को भी सहलाते है तो वो अपने को कृतज्ञ समझने लग जाते है और अपनी वफादारी में पूंछ हिलाना शुरू कर देते है। कुछ जीव जन्तु अपनी

जीभ से सहलाने वाले को चाटना शुरू कर देते है तो कुछ उसके चारों ओर फुदकना शुरू कर देते है। स्पर्श में एक दूसरे के मध्य प्यार झलकता है। यह तो हम सब जानते है। मन में खुशी मिलती है साथ ही विशेषज्ञों के अनुसार इससे हृदय संबंधित बीमारियों का खतरा भी कम हो जाता है। मन प्रफुल्लित होकर मस्तिष्क की उलझनों में भी राहत मिलती है। साथ ही एक अध्ययन में विशेषज्ञों ने बताया कि गले लगने से ऑक्सीटोसिन नामक हार्मोन सक्रिय होता है। जिससे ब्लड प्रेशर नियन्त्रित होता है व हृदय भी स्वस्थ बना रहता है।

जब घर के माहौल में, सभी सदस्यों के मध्य स्पर्श से प्यार बना रहेगा तो घर का वातावरण हमेशा मनभावक बना रहेगा। एक दूसरे को सहयोग देना व लेना प्रेम बढ़ाने का ही काम करेगा। दूरियाँ कम कीजिये और प्यार बढ़ाईये।

"स्पर्श लेना, स्पर्श देना, है अपनत्व की क्रिया,
हर क्रिया की होती प्रतिक्रिया, नियम है यह विज्ञान का।"

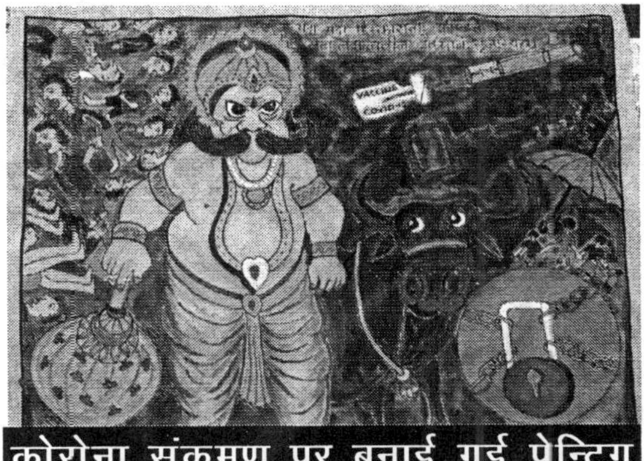

कोरोना संकमण पर बनाई गई पेन्टिग

"स्पर्श जीवन का बड़ा सुख होता है। स्पर्श देने वाला व स्पर्श पाने वाला दोनों सुख की अनुभूति करते है। स्पर्श जीवन का वह रस है, जिसमें अपनत्व का अमृत छुपा होता है। मगर यह तो ध्यान रखना ही होगा कि आपका स्पर्श अपने लोगों के मध्य हो न की अवसाद फैलाने वाले तत्वो और किटाणुओं के साथ। संक्रमण की बिमारी का ईलाज ही जागरूकता है।"

— इंजी ओ.पी.माहेश्वरी

45 सफलता की सोच

ज्ञान में और विज्ञान में
कहने में और करने में
देखने में और दृष्टिकोण में
सोने में और जगने में
परिवार में और समाज में
सोचने में और समझने में
विश्वास में और संकल्प में
उत्थान में और पतन में
खाने में और स्वास्थ्य में
चित्त में और चेतन में
धर्म में और विवेक में
कर्म में और आचरण में
देने में और लाभ में
पुण्य में और मानवता में
साधनों में और प्रकृति में
हम में और आप में
धन में और आराम में
त्याग में और समर्पण में
खेल में और फैसले में
सरलता में और कठोरता में
स्वार्थ और निःस्वार्थ भाव में
दाम में और उपलब्धि में
विज्ञान ही तो ज्ञान है
जो करे रहस्यों को उजागर
यही तो है सफलता की सोच

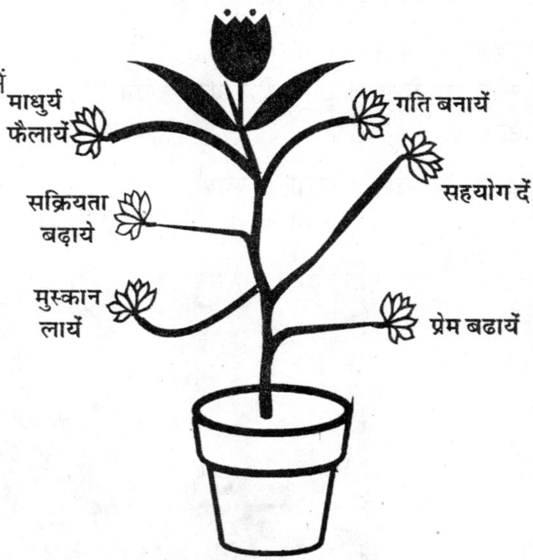

**खुश रहना सफलता की सोच है,
सफलता जीवन की शान है
मिल गई तो जीत है।**

—इंजी. ओ.पी. माहेश्वरी

जागृति की सोच

विज्ञान को जानकर समझ बनाओ,
समझ–समझ कर ज्ञान बढ़ाओ,
जीवन का कुछ लक्ष्य बनाओ,
जागृति की सोच अपनाओ।

सजग रहकर सक्रिय बनो,
खेल खेलकर बनो खिलाड़ी,
बाधाओं से तुम ना घबराओ,
जागृति की सोच अपनाओ।

मन में मानवता की अलख जगाओ,
जादू टोटकों को दूर भगाओ,
अन्धविश्वासों से तुम न घबराओ,
अपने मन को जागृत बनाओ।

जीवन का सार्थक लक्ष्य बनाओ,
मानवता को अपना धर्म बनाओ,
प्रकृति में श्रंगार को ढूंढो,
जागृति की सोच बनाओ।

''मै कभी हारता नहीं। मै जीतता हूं या सीखता हूं।''

–नेलसन मंडेला

**''सोते हुए को जगाया जा सकता है
जगते हुए को उठाना ही जागृति है''**

–इन्जी. ओ.पी. माहेश्वरी

46 प्रायश्चित –सफलता का मार्ग

प्रायश्चित (Atone) मार्ग है सफलता का। अपने मन में गलत किये हुऐ व्यवहार, आचरण के लिए पश्चाताप (Regret) करना प्रायश्चित होता है। सभी धर्मों में गलत आचरण को अनैतिक ही माना है। अगर आपने यह सोच लिया कि मेरा व्यवहार सामने वाले को घात कर रहा है तो आपने ग्लानि को अनुभव कर लिया। **ग्लानि, पश्चाताप व शर्मिन्दगी का कर्म प्रायश्चित की श्रेणी में आते है।** मन से गुस्सा और नफरत का त्याग ही प्रायश्चित है। भगवान जीसस का यह कथन कितना भावभीना है कि मैं धरती पर पापियों को पापों का प्रायश्चित कराने आया हूँ। मुझे न तो तुम्हारे फूलों की जरुरत है, न मिष्ठान और न मोमबतियों की। तुम केवल मेरे कदमों में उन पापों को चढ़ाओ, जिन्हें तुमने अपनी अज्ञान–अवस्था में किए है। जैन धर्म में प्रतिवर्ष एक बार अपने मन का मूल्यांकन करने का एक पर्व होता है पर्युषण पर्व। इस पर्व में जाने अनजाने की गई अतीत की भूलों के लिए क्षमा मांगना, उन्हें फिर न दोहराने का संकल्प करना व विनम्र भाव से "मिच्छामिदुक्कड़म" शब्द द्वारा प्रायश्चित किया जाता है। प्रायश्चित करना अपने घमण्ड को तोड़ना हेाता है। हमारे मस्तिष्क में अनेक प्रकार के विचार उत्पन्न होते है। उन विचारों के प्रवाह में जब व्यक्ति बहने लगता है तब उसे बोध होता है कि मेरी लापरवाही, गलती के कारण ऐसा हुआ है। यदि मैं अपनी गलत हरकत नहीं करता तो उसे नुकसान नहीं होता। जब यह भाव मन में आ जाता है तो इस पर्व में दूसरों के साथ प्रायश्चित से स्वयं के साथ में बात करने का अवसर मिलता है। जब मन के भीतर पश्चाताप जागृत होगा, श्रावक बनने की इस विधि का नाम प्रतिक्रमण है ।

ओशो ने भी लिखा है कि जीजस, मोहम्मद, महावीर आदि ने जो कहा सम्यक ही कहा। किन्तु महावीर ने श्रावक (भीतर तक सुनने वाला) भी तैयार किए। ताकि अर्थ का अनर्थ न समझ ले कोई। प्रतिक्रमण का अर्थ है उम्र भर जो हमने मन, वचन, काया से करते रहे, आक्रामक तेवर से दूसरों के जीवन में अतिक्रमण किया, उनको लौटाना। चेतना के फैलाव को वापस बुला लेना और अपने दया के द्वार खोल देना।

प्रतिदिन प्रतिक्रमण अपनी चेतना को नित्य वापस बुलाने का ही अभ्यास है। दूसरे से लौटकर स्वयं में स्थापित हो जाना ही सामायिक

कहलाता है। बाहर से लौटकर स्वयं के साथ रम जाना– समय में होना – सामायिक है तब समय से बाहर निकलने का मार्ग प्रशस्त होगा।

आक्रमण हमेशा हथियार से हो, यह जरुरी नहीं होता। कुछ लोगों का व्यवहार ही शस्त्र बन जाता है। व्यवहार में मधुर शब्द हो, सही गलत की पहचान हो। अपनी गलत क्रिया कलाप को मानने को तैयार हो तो आपका व्यवहार ही सज्जनता का प्रतीक बन सकता है। इसके लिए जरुरत है थोड़ा खुद को परिवर्तित करने की। अपनी गलती के लिए क्षमा मांगने की। जैन कल्पसूत्र (यति नियम 24) के अनुसार अगर दो पक्षों में कहा सुनी के कारण कलह हो जाए तो परस्पर क्षमा मांगनी और दे देनी चाहिए। बड़े को छोटे से और छोटे को बड़े से क्षमा मांग लेनी चाहिए। गौतम बुद्ध कहते है कि जो क्षमा नहीं करता वह स्वयं अपराधी है। गुरू ग्रंथ साहिब का कहना है, जिसने क्षमा धारण कर ली और शील व संतोष को अपना लिया, उसे न रोग सताता है न यमराज डराता है। महात्मा गांधी कहते थे कि "कमजोर व्यक्ति कभी क्षमा नहीं कर सकता। क्षमा बलवानों का गुण है। पुरुष के अंदर महिलाओं की तुलना में अहं अधिक रहता है। वो अगर अपनी गलती पर भी क्षमा नहीं मांगते है तो ब्रेन तो अपना काम करता ही है। ऐसे में उच्च रक्त चाप, ब्रेन हेमरेज, हार्ट अटैक की सम्भावनाएं बढ़ जाती है और अगर माफी मांग ली, मन में प्रायश्चित कर लिया तो हमारा दिल थोड़ी ही देर में बहुत खुश हो जायेगा और दिमाग से गलत हरकत निकल जायेगी। बहुत से लोग अपनी गलती, नासमझी का ताज दूसरों को पहनाने में लगे रहते है, साथ ही अपने इर्द–गिर्द रहने वालों को भी दुखी करते है। हकीकत यह है कि ऐसी कोई समस्या है ही नहीं, जिसका कोई समाधान न हो। जरुरत है अपने गलत व्यवहार की विवेचना करने की। आप मन से गुस्सा और नफरत जब तक नहीं निकलते तब तक आप

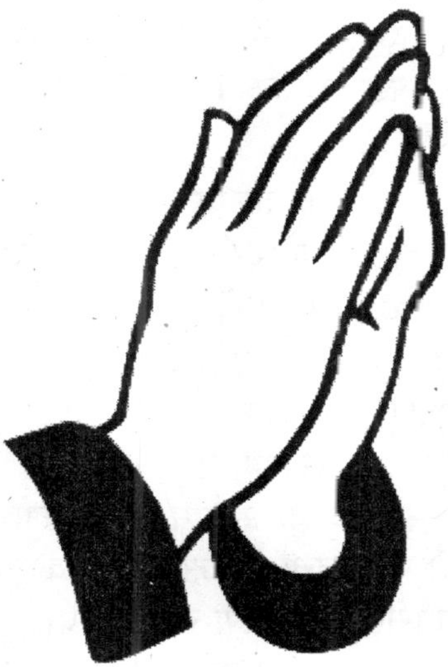

प्रायश्चित का मार्ग

प्रेम करने व प्रेम देने के लिए तैयार नहीं होते। शर्म से मुक्ति पाने के लिए भी क्षमा करना महत्वपूर्ण है। **अगर आपने अपनी गलती को स्वीकार किया और सामने वाले से क्षमा मांग ली तो क्षमा मांग लेने के बाद कोई घृणा का अंश बचता ही नहीं है।**

क्षमा मांगना रिश्तों का नवीनीकरण है। इसमें अपने श्रेष्ठ होने के भाव को त्यागना होता है ताकि अपने को धरातल पर होना अनुभव कराता है अपने मन से विचारों का बोझ उतर जाता है। व्यक्ति अपने को समाज का ही हिस्सा मानने लग जाता है। यह मधुरता का मार्ग है। अगर व्यक्ति को बोलने और सोचने से रोक दिया जाये तो वह विक्षिप्त हो जायेगा। मन में विचार उठने स्वभाविक है। अगर उन्हे रोकेंगे, तो विचार सपने बन जायेंगे और अगर विचार बिल्कुल न निकलने दिये गये तो व्यक्ति पागल हो जायेगा। अतः बोल कर मन का ढक्कन उठा लो, जैसे केतली का ढक्कन उठा लेने से भाप निकल जाती है ठीक वैसे ही मन के विचारों को बोल कर प्रकट करने से मन हल्का हो जायेगा। संवाद से विवाद को खतम करें। जिसे सिद्ध न कर पाये, उसे अपनी गलती मान लो, आपका यह भाव ही प्रायश्चित है।

लेखक रामचरण महेन्द्र ने अपनी पुस्तक स्वर्णपथ में लिखा है कि "पश्चाताप एक ऐसी अग्नि है, जो मनुष्य को असत, गंदगी,अशुचिता (Unholiness) से बचाती है, गलत मार्ग पर जाने से रोकती है। यह केवल निषेधात्मक तत्व ही नहीं, वस्तुतः पाप के प्रतिकार स्वरुप कुछ करने की प्रेरणा देने वाला तत्व भी है।" क्षमा मांगना तो एक ऐसा मंत्र है जिसे हजारों वर्षों से अपनाया गया है। बड़े–बड़े महापुरुषों ने इसी शस्त्र से आत्म–विजय के संग्राम में सफलता प्राप्त की है। बड़ी से बड़ी विपरीत स्थिति या घटना हो जाने के बावजूद जब व्यक्ति क्षमा भाव से भरा होता है तो विपरीत वातावरण उस पर प्रभाव नहीं डाल सकता। क्षमा ही प्रायश्चित है और क्षमा में खेद का स्थान नहीं होता है। आपके मन के भाव में गलती का बोध होना ही प्रायश्चित है और यही सज्जनता का मार्ग है।

"प्रायश्चित करना व्यवहार में सरलता का तरीका है, गलती स्वीकार करना और घमण्ड का त्याग भी प्रायश्चित है।"

–इंजी. ओ.पी. माहेश्वरी

47 सद्कर्म और व्यवहार से भगवान बनोगे

हर वो व्यक्ति जिसके कर्म मानवता के हित में है, हर वो वस्तु जो जीव जगत के लिए सहायक है, इन्सान जो अच्छे कर्मो द्वारा प्रेरणा स्त्रोत होते है, डॉक्टर जो मरीज को जीवन देते है किसान जो हमें अन्न देता है, गुरु जो हमें अच्छी शिक्षा देता है, माता–पिता जो लालन पालन करते है, धरती, जो हमें धारण करती है, जल जो हमारे जीने के लिए आवश्यक पेय है, यानि जीने के लिए आवश्यक सामग्री हमारे देव है। अमृत तुल्य पानी जब बाढ़ का रुप धारण कर लेता है तो वही विभित्स क्रिया दैत्य और प्रकोप में बदल जाते है।

वह संख्या जिसकी कोई सीमा न हो उसको इन्सान ने नाम दिया अनन्त (Infinite)। हर वो बात जो इन्सान के वश में नहीं है जिसके जवाब की सीमा नहीं है उसके लिए जिस शब्द का उपयोग किया गया वो शब्द है "ऊपर वाला"। अब प्रश्न यह उठता है कि ऊपर वाले का स्वरुप क्या है, कब आता है। कैसे आता है आदि असंख्य प्रश्न मन मस्तिष्क में जागृत हो जाते है। इन प्रश्नों के हल हमें अच्छे कर्म करने वाले इन्सानों से मिलते है उन्हीं को हमने भगवान का नाम दिया। यानि अच्छे संस्कार, अच्छे कर्म प्रेरणा स्वरुप राह जो मानव मात्र के लिए मार्ग दर्शक हो उन्हें ही हमने भगवान का नाम दिया है और मानवता के लिए गलत कृत्य करने वालों को दैत्य रुप दिया है।

सोचो आपके कर्म ही है जो आपको भगवान अथवा दैत्य बना सकते है। हर महापुरुषों का हम अनुसरण करते है और राक्षसों, गुण्डों का नाम तक लेना पसन्द नहीं करते है। कुछ लोगों द्वारा अवरोध पैदा किये जा सकते है मगर आपको मानवता के हित के लिए उन्हें पार करने होंगे। बादल चाहे कितने भी बड़े और घने क्यों नहीं हो, लेकिन उनकी हैसियत लम्बे समय तक रोशनी को रोकने की नहीं बनी रह सकती है। जब सूरज उगेगा तो बादलों को चीरकर रोशनी कर देगा। अंधेरा चाहे कितना भी घना क्यों नहीं हो, रात चाहे कितनी भी काली क्यों न हो, उसकी औकात सूरज की एक किरण से ज्यादा नहीं रह सकती। सूरज की एक किरण पड़ी और अंधेरा गायब। इसी तरह दुनिया में किसी बाधा की हैसियत नहीं कि आप अच्छा कार्य करना चाहे और व न हो पाये। रूक जाने के लिए तो आप स्वयं

ही जिम्मेदार होते है। दुनिया को जीतने के लिए पहले खुद को जीतना होगा। जिसने खुद को जीत लिया, उसने दुनिया को जीत लिया। आप को केवल कर्म की दिशा को तय करना है खुद से प्रतिस्पर्धा करनी है। कल जो आपने परफॉर्म किया था उससे बेहतर अब करना है। आपके कर्म और व्यवहार ही आपको भगवान बनायेंगे।

मै सत्य का प्रहार हूँ।
मैं भी एक इन्सान हूँ।
मेरा व्यवहार ही मेरा जीवन है।
मेरा कर्म ही मेरा धर्म है।

अज्ञात

"हम क्या जानते है, क्या मानते है और क्या साचते है यह मायने नहीं रखता। मायने रखते है हमारे निर्णय और कर्म।

इन्सान के कर्म, इन्सान को इन्सान, भगवान अथवा दैत्य बनाता है।"

–इंजी.ओ.पी.माहेश्वरी

48 अपेक्षा को तराजु में न तोले

अपेक्षा मनुष्य की आंखों पर चढ़ा चाह का वह चश्मा है, जिसके लगे होने पर हम ज्यादा उम्मीदे लगा कर बैठ जाते हैं। समाज, घर, परिवार में बैठे हर व्यक्ति को एक दूसरे से कुछ अपेक्षाऐं बनी रहती है। दार्शनिक कहते है कि अपेक्षा की उपेक्षा करें।

शिक्षक को अपने छात्रों के सफल होने की, पिता को संतान के सफल होने की, व्यवसायी को उपभोक्ताओं से, शादी कर रहे दुल्हे–दुल्हन को एक दूसरे से, सिपाही को अपराधियों को पकड़ने की अपेक्षा रखना तो आम बात है और ठीक भी है मगर हम देखते है कि **हम अपने रिश्तों में व्यापार डाल देते है जो कर रहे है उसके बदले में सामने वाला भी ऐसा ही करेगा जैसा हम चाहते है** तो कई बिन्दुओं पर गलत हो जाता है। जब हम चाहते है कि बच्चा इतना ज्यादा पढ़े कि वह प्रथम आ जाये और बच्चा यह न कर पाया तो घर के वातावरण में नकारात्मकता को न लाया जाये। सकारात्मक संवाद बढ़ायें, प्रोत्साहित करें और अपने गलत अनुमान को ठीक करें। आपका अनुमान वो अपेक्षा कर रहा है जो वह नहीं कर सकते तो अपने अनुमान को सही करना होगा। पारिवारिक रिश्तों में अपनी उम्मीद को पूरा न होता देख दूरियों को न बढ़ायें। आपने अपनी तरफ से अच्छा किया है सामने वाला न कर पाये तो वह उसकी कमी है मगर अपने मन में आये इस प्रश्न को तुरन्त ही भूल कर अच्छा करने की सोचें। आपका बार–बार अच्छा करना सामने वाले को सोचने को मजबूर करेगा।

बौद्ध धर्म कहता है कि अपेक्षाओं के पूरा नहीं होने पर मन में नकारात्मक विचार आते है इसलिए नकारात्मक विचारों और अनुभवों को दोबारा से स्थापित करना सीखें। हर इन्सान की क्षमता अलग–अलग होती है। ओशो ने भी कहा कि दुःख अपेक्षाओं के द्वारा ही आते है क्योंकि जो घटित होता है वह आशीष होता है। तुम इसकी किसी और से तुलना नहीं कर सकते। अगर हम तुलना करते है तो दुःख होगा। तुलना भी दुःख का कारण है। दुःख हमारी गलत अपेक्षाओं का परिणाम होता है। गलत अपेक्षा रखना न सिर्फ दुःख देता है, बल्कि दूसरों से हमारे सम्बन्धों और बातचीत पर भी असर डालता है।

"जीवन में खुश रहने के लिए अपेक्षा स्वयम् के कर्मो पर रखें। रिश्तों के तराजु में अपेक्षा को न तोले।"

–इंजी. ओ.पी. माहेश्वरी

49 जैसी सोच वैसा जीना

हर व्यक्ति की चाह कुछ बड़ा करने की होती है पर वह सोच पर दृढ़ नहीं रहता है। सोच कार्य करने की रूप रेखा बनाती है। अगर हम कुछ बड़ा हासिल करना चाहते है तो सफलता के सभी पहलुओं के बारे में भी सोचना होगा। सोते जागते हम जिसके बारे में सोचे, वही राह सफलता की ओर ले जाती है। सोच से राह बनती है, राह से नई परिस्थितियां उत्पन्न होती है। आप की सोच में स्वास्थ्यमय जीवन है और उसके लिए आप जागरुक है तो प्रतिदिन की सारी क्रियायें ही इसके अनुरुप होगी। आप स्वस्थ्य रहने के लिए अच्छा खाना खायेंगे, समय पर खायेंगे, सही मात्रा में खायेंगे, अच्छी गुणवता का खायेंगे और इन्हें अपनाने से स्वस्थ रहेंगे। ऐसे ही कुछ नया उत्पाद बनाने की मन में सोच है तो उसके लिए आप प्रयत्न करेंगे और प्रयत्न से हर असभ्भव सभ्मव में बदल जाता है। यह आप की सोच है कि आप क्या चाह रहे हो और क्या कर रहे हो। आजकल के माहौल में सिर्फ पेट भरना ही जीवन नहीं मानते है, समाज में इज्जत, प्रतिष्ठा, कीर्ति, यश, सम्मान की भी चाह बनी रहती है।

जीवन जीना मात्र सांस लेना ही नहीं है। अच्छा जीवन मानवता के हित में किये गये कार्यों से बनता है। आलस्य से दिन भर बिस्तर पर पड़े रहना, कोई भी कार्य मे रुचि न लेना यानि जीवन में उत्साह ही न हो उनका जीना, जीना नहीं कह सकते, सांस लेना कह सकते है। जीवन तो कुछ कार्य करने का नाम है। यह कार्य अपने लिए हो सकता है, परिवार के लिए, समाज के लिए, देश के लिए और सम्पूर्ण जीव जगत के लिए हो सकता है। अच्छा जीना आपके मन की इन्द्रियों के वश में ही रहता है। आप सोच रहे हो कि मैं कोई खेल खेलू और हाथ पैर, मस्तिष्क पर जोर भी न डालू तो वह खेल नहीं कल्पना होगी।

अपनी पसंद का काम करने का सबसे बड़ा फायदा होगा कि किसी प्रोत्साहन की जरूरत नहीं पड़ेगी, आप अपने काम में जीने लगेंगे। इससे अपना आत्मविश्वास बना रहेगा और सीखने तथा आगे बढ़ने के मौके स्वयं खोजने लग जायेंगे। जीवन में कोई भी सफलता आप द्वारा उत्पन्न की गई परिस्थिति के अनुकूल ही मिलेगी। स्वस्थ रहना चाह रहे है और प्रकृति, परिस्थिति के साथ सामंजस्य उत्पन्न नहीं किया तो आप स्वस्थ नहीं रह सकते। अच्छे जीवन की सुन्दरता आप की सोच में बसी है। हाथ–पांव न

होने वाला व्यक्ति भी अच्छा जीवन जी सकता है यह उसकी सोच पर निर्भर करता है। जो काम आप पसंद करते है, वही करेंगे तो जीवन में खुशी मिलेगी। इसमें हार जीत का ख्याल मन में नहीं आता। हम सिर्फ आनन्द ही लेते है।

लेखक शैलेश मटियानी ने अपनी पुस्तक मेरी प्रिय कहानियां में लिखा कि "मनुष्य की सबसे बड़ी यातना मुझे सिर्फ यही लगती है कि वह अधिकांशतः बाहरी दबावों के बीच अपने विवेक के अनुसार निर्णय न ले सकने की निरुपायता की दारुणता को जीने के लिए अभिशप्त हो जाता है। अपने विवेक (सोच) की जगह, दूसरों की धारणाओं के अनुसार निर्णय लेने का अर्थ दूसरों के यानी मनुष्य मात्र के अंदर निहित विवेक को कुचल कर निर्णय लेना होता है"। अतः अच्छा जीवन जीना आपकी सोच पर निर्भर है। वाहन चलाना चाह रहे है और हिम्मत नहीं कर रहे है और कनफ्यूज हो तो दुर्घटना ही होगी।

आपके कर्म, शालीनता, विनम्रता और प्रसन्नता आप की सोच में छुपी है। आप इस बात के लिए प्रसन्न रह सकते जिसको लेकर कई व्यक्ति रो पड़ते है। अच्छे जीवन का दीपक आपको जलाये रखना है, क्योकि अच्छाई से बढ़कर कोई ऊंचाई नहीं होती। ऊंचा उठने के लिए जोश चाहिये और जोश के लिए मन की सोच चाहिये।

मन का उत्साह ही जवानी है : जवानी का संबंध भी उम्र से कम और मन के उत्साह से अधिक है। अगर हम अपने को जवान महसूस करना चाहते हैं तो नई तकनीक को जाने, काम सीखना हो तो मुँह मत मोड़ो, जो हित में है उसमें अनिच्छुकता भी न जताये। बुढ़ापे को पीछे छोड़ते हुये यह साबित कर दें कि अभी नई चीजों के प्रति रूचि है और करने की हिम्मत भी रखता हूँ। अगर हिम्मत करली, भले ही एक बार में कार्य न हो, मगर मन का उत्साह बना रहा तो अगले पायदानों में सफलता हमारे कदमों को चूमेगी, वर्ष और महीने का गणित आपकी आयु तय नहीं करता। इसका कोई महत्व नहीं कि हमने जीवन के कितने वर्ष बिता दिये हैं। बाल सफेद हो जाने मात्र से आदमी को बूढ़ा नहीं कहा जा सकता। महत्वपूर्ण यह है कि हमने अपना जीवन किस उमंग, जोश के साथ जिया है।

अगर हम महसूस करने लग जाते हैं कि अब तो जीवन के ढलान पर हूँ अब मैं बुढ़ापे की गिरफ्त में आ चुका हूँ तो बुढ़ापे की ओर ही जायेंगे। ऐसा देखा जाता है कि सेवाकाल में सक्रिय और जवान बने रहने वाले लोग

सेवा निवृत हो जाने के बाद असक्रिय हो जाते हैं। वे सोचते है कि वे अब उपयोगी नहीं रहे और ऐसी स्थिति में मन से ही बुड्ढे की तरह व्यवहार करने लग जाते हैं, जबकि जिन लोगों ने जीवन में ठहराव नहीं आने दिया, जिनकी सोच में कुछ कर गुजरने की चाह बनी रही वे लोग ता–उम्र जवान ही बने रहे। जवानी का पूरा सम्बन्ध मन की सोच से ही है। शरीर और दिमाग से जोश बनाये रखें। सोचे मैं कर सकता हूँ तो वह कार्य कर सकेंगे। यह जीवन आपका है इसमें आप कितना आनंद लेते हैं, कैसा महसूस करते हैं उसी अनुरूप परिस्थितियां बनेगी और आपका जीवन भी वैसा ही चलेगा। सोचो मैं जवान हूँ, मैं कर सकता हूँ, आपकी यह सोच ही सफलता का मार्ग दिखलायेगी।

व्यक्ति की वास्तविक सफलता इसी में है कि वह अपने अतीत की हर सफलता के रिकार्ड में सुधार करते जाए। अपनी कमियों को सुधारना सफलता को भोर का बाना पहनाना है। अपनी गलतियों को दोहराना खड्डे में गिर जाना है। हम औरों की ओर अकसर ताकते रहते हैं, अगर खुद के बारे में सोचना शुरू कर दे तो दबा हुआ उत्साह फिर जागृत हो जायेगा।

हमारी शक्ति का मूल स्त्रोत हमारा मन ही होता है। मन में अगर उत्साह, जोश बनाये रखोगे, तो खुशी का पेड़ उत्पन्न होगा। जब हम खुद को बेहतर बनाने का प्रयास करते है, तो सब कुछ बेहतर होने भी लग जाता है। सोच से ही जीवन के सुख–दुख महसूस होते हैं। सोच में अगर सकारात्मकता है तो खुशियां हमारे पास ही रहेगी । जैसे–जैसे हमारी उम्र बढ़ती है, हम जीवन के अनुभवों से समृद्ध होते जाते हैं और हमारी परिपक्वता, सहनशीलता, कार्य की श्रेष्ठता बढ़ती जाती है। लम्बी उम्र ने हमें जिंदगी की एक समझ और गहरी दृष्टि दी है, जिससे हम चीजों के बाहरी स्वरूप को भेदकर उनकी गहराई को परख सकते है। कार्य में उत्साह हिम्मत रखकर सफलता भी प्राप्त कर सकते हैं। **जवानी और कुछ नहीं, हमारी हिम्मत और उत्साह ही है, वर्ना आलस्यमय जीवन, बिना उमंग का जीवन, मुर्दामय जीवन है।** हमारी सोच में ही जीवन की उमंग छुपी हुई है। हमारे मन का उत्साह ही जवानी का जोश है।

" सोच से कार्य योजना बनती, कार्य योजना से परिस्थिति, परिस्थिति से अवसर और अवसरों के सही उपयोग से लक्ष्य भेदा जा सकता।

–इंजी. ओ.पी. माहेश्वरी

50 अवसर ही शुभ समय

समय की घड़ी कभी उल्टी नहीं चलती। अगर हमने समय के साथ चलना नहीं सीखा तो हाथ में आये हुए अवसर हमें छोड़ आगे बढ़ जायेंगे क्योंकि समय कभी रूकता नहीं है। गर्ग ऋषि के मतानुसार जब भी मन में उमंग हो, साहस व हिम्मत के साथ किया गया कार्य शुभ (Fortune) होगा। शुभस्य शीघ्रम्! अच्छा कार्य शीघ्र करो, बुरे को कल के लिए छोड़ो, कल तक मन कार्य को तौल लेगा, इससे बुरा कार्य होगा ही नहीं। ईश्वर जब सब जगह विद्यमान है तो ईश्वर को साक्षी मानकर जोश के साथ किया गया कार्य सफलता की सीढ़ी को छूता है फिर मुहूर्त (Moment) का क्या देखना? जो मनुष्यकृत है।

काम को कल पर टालने वाले एवं डरपोक व्यक्ति शुभ मुहूर्त के चक्कर में ज्यादा रहते है। वे सफलता–असफलता दोनों को ही किस्मत का नतीजा मानते है। ऐसे लोग खुद को किस्मत के भरोसे छोड़ देते है व कुण्डली व भाग्य में विश्वास करते है। वे सोचते है कि जो होना है होकर रहेगा और इसलिए ऐसे लोग कोशिश भी नहीं करते है। वे काम करने की बजाय कुछ होने का इन्तजार करते है।ऐसे लोगों को ''स्पून फीडर'' कह सकते है क्योंकि ये लोग बिना सहायता व खुद के जोश से काम नहीं करते। ये लोग नक्षत्रों, ताबीज, रत्न, तंत्र, मंत्र, पाखण्ड, कुण्डली में पड़कर तांत्रिक, ज्योतिषियों, आडम्बरियों व ढोंगी लोगों की बातों को सही मान बैठते है और नासमझी की वजह से अंधविश्वास, ढकोसलों, आडंबरों में स्वयं को उलझा देते है और शुभ घड़ी के इन्तजार में जीवन नर्कमय बना देते है ।

बिना मेहनत की चाह रखने वाले व्यक्ति मंत्र–तंत्र और झाड़–फूंक मे उलझ जाते है, अपनी आंखों पर अपनी चाहत का चश्मा चढ़ा कर जीवन में कार्य की राह से भटक जाते हैं।ऐसे लोग स्वयं करने की बजाय भाग्यवादी (Fatalistic) नजरिया रखते है। इसका मतलब यह भी नहीं कि कार्य को बिना तैयारी, बिना सोच समझ के साथ किया जाये क्योंकि जब तक परिस्थितियाँ (Situations) काम के अनुकूल नहीं बनेगी, आपका मन काम के प्रति उत्साहित नहीं होगा, काम

सफल नहीं होगा। **अतः परिस्थितियों को पहले अपने आपके अनुकूल (Suitable) बनाये फिर कार्य करे, वही शुभ समय है।** आप कितना ही पश्चाताप कर ले, अपने बीते हुए कल को नहीं बदल सकते और भले ही कितने ही ज्योतिषियों से शुभ मुहुर्त ले ले, अपने आने वाले कल पर भी आपका बस नहीं चलेगा। सफल होने के लिए जरूरी है कि अपने बीते हुए कल और भविष्य की अनिश्चिता को स्वीकार करे और आज के अवसर का उपयोग करे। आज जब हमारे मन में जोश है तो आज किया गया कार्य में हमारी शक्ति और सामर्थ्य दुगनी हो जाती है। यही शक्ति हमें अपने लक्ष्य को साधने में सहायक बनती है। मन की शक्ति से किये गये कार्य में कठिनाईयों का भय तथा असफलता से उपजी हताशा का डर नहीं सताता। निराशा ऐसे समय में दूर भागती है। फिर भी आपकी हिम्मत नहीं हो रही है तो आप इसके लिए साहस बटोर सकते है। इसके लिए उस कार्य के विशेषज्ञ से सलाह ली जा सकती है। गुरूजी का आर्शीवाद, बड़ों का मार्गदर्शन, दोस्तों से संवाद आपको कार्य को दिशा देगा जिसे हिम्मत के साथ आपको ही पार करना है और आप सफल हो जाते है तो वह कार्य आपके लिए शुभ है।

समस्या के बारे में सोचने से, बहाने मिलेगे,
समाधान के बारे में सोचने से, रास्ते मिलेगे,

शुभ समय कभी नहीं आता, समय को शुभ बनाना होता है। शुभ–अशुभ घड़ी के चक्कर में पड़ने वाले लोग कुछ इस हद तक चले जाते है कि बच्चे का जन्म सिजेरियन से करवाने को तैयार हो जाते है। स्त्री रोग और प्रसूति विशेषज्ञ डॉक्टर के पास पहुँचे व्यक्ति को डाक्टर ने बताया कि ''सब जानते है कि फूलों के खिलने का भी अपना एक मौसम होता है, ठीक इसी तरह बच्चे का जन्म लेना भी एक ऐसी कुदरती प्रक्रिया है, जिसे बदलने की कोशिश करना एक गंभीर खतरे को बुलावा देना है। पिछले दिनों एक ऐसी महिला आई, जिसके ज्योतिषी ने उसे खास समय पर बच्चे को जन्म देने पर लड़का होने की बात कही थी। मैं (डॉक्टर) यह सोचकर हैरान थी कि प्रसव का समय बदलने से बच्चे का लिंग (Gender) कैसे बदल सकता है? इसी तरह दूसरी महिला के पारिवारिक पंडित ने उसे सलाह दी कि वह अस्पताल से बच्चे को लेकर 21 तारीख से पहले बाहर न निकले क्योंकि ग्रहों की स्थिति अनुकूल नहीं है। इस तरह के अन्धविश्वास से तयशुदा मुहूर्त में बच्चे की डिलीवरी का चलन बढ़ा है जो पूर्णतया गलत है।'' इस हेतु न किसी तंत्र या मंत्र, जप या चढ़ावे की जरूरत है, सत्य की समझ ही

काफी है क्योंकि भय वहीं होता है जहाँ सच्चाईयों के बारे में हम नहीं जानते और जानने की कभी कोशिश भी नहीं की होती हैं। हम बस यूं ही चलते रहते है हमारी सोच में और हम डरते रहते है, घबराते रहते है। आप आज एक काम करें। शांति से कोई डरावनी घटना का विश्लेषण करें कि घटना कितनी सच्ची है और कितनी झूठी है। विश्लेषण की गहराई में आप पायेंगे कि हम तो यूं ही डर रहे थे, लोगों के कहने से हम डर रहे थे। मगर देखने व परखने पर पाया कि ऐसी डरावनी बात कुछ भी नहीं थी। ऐसा करने से आप भय एवं अशुभ और अन्धविश्वास से मुक्त होते जायेंगे। भय मनुष्य की पौरूषहीनता, सत्वहीनता, मन में पलने वाली नपुंसकता (Cowardness) है। स्वयं में अगर कायरता आ जाती है तो आदमी भयग्रस्त हो जाता है।

डर को मन से निकालें व हिम्मत व कार्य योजना से आगे बढ़ें, आप अवश्य सफल होगें, हर इन्सान को ईश्वर ने फौलादी बाजू और स्वस्थ मस्तिष्क दिया है। इटेलिजेंस और टैलेंट की कोई सीमा नहीं होती है अगर आप नई चीज करना चाह रहे है और अवसर भी है तो शीघ्र कर डालिए। हम आम जिंदगी में देखते है कि कुछ लोग जीत पर जीत हासिल कर जाते है, तो कुछ को कुछ भी नसीब नहीं होता। इसकी वजह है, इन दोनों तरह के लोगों के सोचने का तरीका। जीतने वाले लोग ज्यादातर कहते हैं 'मैं इस काम में सफल हो जाऊंगा जबकि हारने वाले लोगों की जुबान पर होता है,

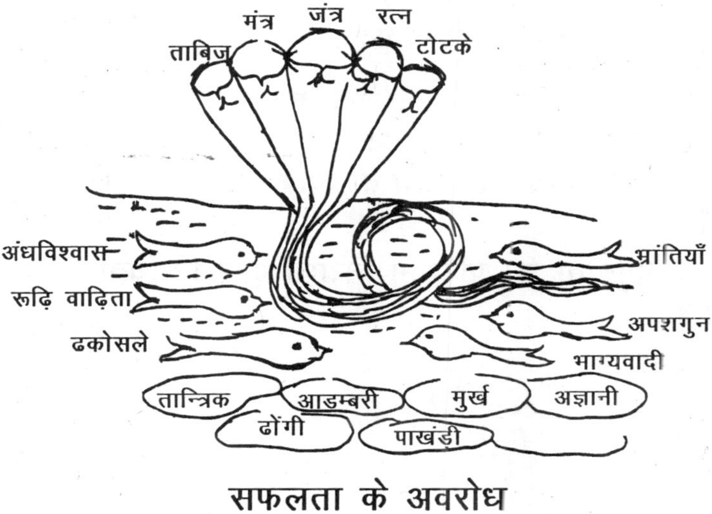

सफलता के अवरोध

'क्या मैं इस काम में सफल हो जाऊंगा?' जैसे ही वह अपनी क्षमताओं पर शक करता है, विफलता उसके करीब आने लगती है।

इसके बाद हारने वाला इंसान अपनी किस्मत को दोष देने लगता है। जबकि जीतने वाले इंसान को जब पहली हार मिलती है, तो वह कहता है, "मैं दुबारा कोशिश करूंगा। सफल और असफल व्यक्ति की बनावट अलग–अलग नहीं होती। केवल उनके जीने और काम करने के तरीके अलग–अलग होते है। अपने कार्य के प्रति रहने वाला नजरिया ही उनकी सफलता और असफलता का बुनियादी फर्क होता है। ये लोग आज होने वाले काम को कल पर नहीं डालते है।

इंसान अगर सही समय पर सही निर्णय ले तो उसे जीतने से भला कौन रोकेगा? ऐसा समय ही शुभ समय है। शुभ मुहूर्त के लिए मन में उत्साह व परिस्थिति अनुकूल होनी चाहिए। मन की स्वीकृति न मिलने पर कितने भी शुभ मुहूर्त पर किया गया कार्य आपको सन्तुष्टि नहीं दे सकता।

अशुभ घड़ी में शुभ

बुझा हुआ दीपक फिर से जल सकता है।
उजड़ा हुआ बाग फिर से महक सकता है।
ना तू मायूस होना, ना ही हिम्मत हारना।
परिश्रम और मन के विश्वास में होगा हौंसला।
तो अशुभ घड़ी भी बदल जाती है शुभ घड़ी में।

"इन्सान का मस्तिष्क एक कम्प्यूटर होता है जिसमें जैसा इनपुट डालोगे वैसा ही आऊटपुट निकलेगा। भय एक वायरस है अगर वो दिमाग में चला गया तो व्यक्ति की क्रियाओं को जाम कर देगा।"

"मुर्खता का परिणाम निराशा और निर्भयता का परिणाम शुभ है"

—इन्जी.ओ.पी.माहेश्वरी

51 भोजन स्वास्थ और सफलता का ईंधन

कई व्यक्ति अपने जीवन का मकसद खाना खाने तक ही सीमित रखते है मगर यह गलत सोच है। खाना श्रेष्ठ जीने के लिए एवं ऊर्जावान ह्रष्ट–पुष्ट शरीर बनाये रखने के लिए आवश्यक है क्योंकि आपके शरीर में ऊर्जा नहीं होगी तो कोई भी काम समय पर एवं सफलता के साथ पूर्ण नहीं कर पायेंगे। ऊर्जाहीन व्यक्ति अपने को स्वस्थ भी नहीं मान सकता। अगर हमारा शरीर कमजोर है तो जरा–सी प्रतिकूलता से विचलित हो जाएगा।

भोजन शारीरिक शक्ति और अस्तित्व को बनाये रखने के लिए आवश्यक आधार है। इसकी अधिकता भी शरीर में विकार उत्पन्न कर देती है अतः श्रेष्ठ जीवन के लिए संतुलित, स्वादिष्ट आहार एवं प्रोबायोटिक्स उचित मात्रा में अति आवश्यक है। प्रोबायोटिक्स ऐसे सूक्ष्म जीवों का समूह होता है जो हमारे शरीर के लिए फायदेमंद होते है। इनका काम खाना पचाने से लेकर शरीर में ऊर्जा, रोगप्रतिरोधकता उत्पन्न करने का रहता है। ये साधारणतया दही, दूध, छाछ व श्री खण्ड में मिल जाते है। अगर खाना सही होगा तो स्वास्थ्य भी काफी हद तक सही रहेगा।अगर स्वास्थ्य सही होगा तो आप ऊर्जावान बने रह सकते है।

भोजन के रूप में जो पोषक तत्व हम खाते है, वे पचकर ग्लूकोज के रूप में खून में मिल जाते है। उधर श्वास–क्रिया द्वारा फेफड़ों तक पहुँचा आक्सीजन भी उसी में मिलती है अर्थात खून ही वाहक बनकर इन दोनों को शरीर की अन्य कोशिकाओं तक ले जाता है। खून में स्थित यह ग्लूकोज अपने साथी आक्सीजन के साथ मिलकर जल जाता है, जिसे वैज्ञानिक भाषा में आक्सीकरण या दहन कहते है। इस क्रिया के फलस्वरूप शक्ति उत्पन्न होती है और काम करते वक्त इसी शक्ति का व्यय होता है।

ऊर्जावान होने का मतलब शारीरिक सौष्ठव भी नहीं है। बहुत वजन उठा लेना या किसी को पछाड़ देना भी नहीं है। ऊर्जावान वह है जो तन व मन से मजबूत हो, साथ ही जिसका ऊँचा हौंसला हो। जीवन को कुछ मकसद के लिए उपयोग करता हो। अपनी जिंदगी को सफल बनाना है तो तय करें जीने का मकसद। जिंदगी को अर्थपूर्ण बनाने के लिए एक उद्देश्य आवश्यक होना चाहिये। उद्देश्य / लक्ष्य ऐसा बनायें, जिसे पाने के लिए आप

अपने आप को पूरी तरह से झोंक सके। उद्देश्य जो आपके परिवार का और समाज का भला करने वाला हो। मन में ऐसा तय करे कि मेरे किये हुए कार्य को लोग याद करे और कहें कि यह एक कार्य इसने कितना अच्छा किया। लक्ष्य ऐसा कतई न बनाएं, जिसे पाने के दौरान आपके मन में संदेह पैदा हो। लक्ष्य बनाते समय आपकी योग्यता का खास ख्याल रखना जरूरी है। सफल व्यक्ति अपने कार्यों का हर रोज मूल्यांकन करते है और खुद से सवाल करते है कि ''मैं अपने उद्देश्य में कहाँ तक पहुँचा हूँ।'' अपने काम को ज्यादा देर तक टालने की प्रवृति छोड़ें। जहां तक हो सके, आज का काम कल पर न टालें। अपने पास उपलब्ध समय का पूरा उपयोग करने की ठान लें। ऐसे कारणों से बचें जिसमें समय बेवजह खराब होता हो।

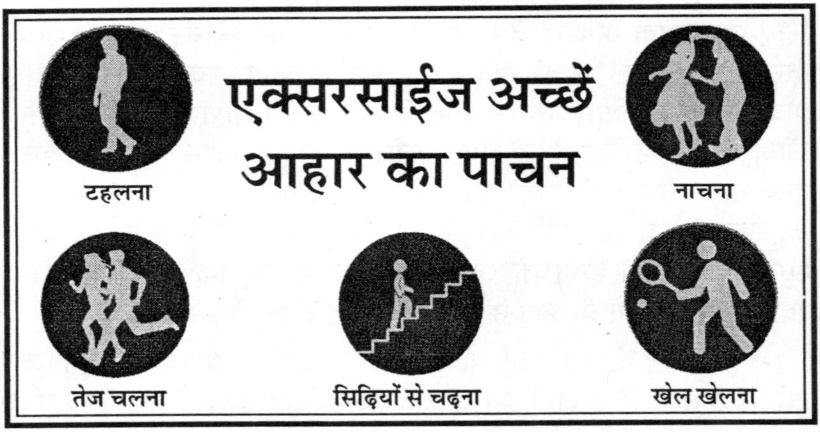

महात्मा गांधी कहते थे, ''पढ़ो ऐसे कि जैसे तुम्हें सदा जीना है। जियो ऐसे कि जैसे तुम्हें कल ही दुनिया से चले जाना है''। एक पुरानी कहावत भी है कि ''जैसा खाये अन्न, वैसा होये मन।'' हम जैसा आहार लेंगे, स्वास्थ्य पर भी वैसा ही असर पड़ेगा। ईमानदारी और मेहनत से अर्जित आहार का गुण भी वैसा ही होता है। बिना मेहनत व कष्ट के मिला भोजन अपने साथ कई बीमारियाँ लेकर आता है। कहते है कि शुगर की बीमारी मेहनत करने वालों में नही होती है और ऐशो–आराम करने वाले, अधिकतर लोगों में यह रोग अपने पाँव पसार देता है। अगर हमने अपनी रोजमर्रा की जिंदगी में किसी खास उद्देश्य को शामिल कर लिया, तो समझें कि आपका जीवन सफलता की दिशा में बढ़ रहा है। वुडरो विल्सन ने कहा है, ''मैं उस

काम में असफल होना पसंद करूंगा, जो आखिर में सफल होगा, बजाय उस काम में सफल होने के, जो आखिर में असफल होगा, अतः जिंदगी का मकसद बड़ी सफलता पाने पर होना चाहिये।'' अपनी पंसद का भोजन करना कोई बुरी बात नहीं है मगर प्राथमिकता स्वास्थ्य और अपने काम की होनी चाहिए।

शरीर को स्वस्थ तथा चिरंजीवी बनाने के लिए निम्नलिखित तत्वों वाले खाद्यों का प्रयोग प्रतिदिन करना चाहिए –

1. पानी – यह शरीर की सफाई करके गंदे पदार्थो को शरीर से बाहर निकालता है। भोजन पचाने, रक्त संचार को सुचारू रखने एवं शरीर के तापमान को नियन्त्रण में रखने के लिए आवश्यक रहता है।
2. प्रोटीन –प्रोटीन शारीरिक विकास करने के साथ साथ शक्ति भी पैदा करता है। दालों, अनाज, दूध के व्यंजन, फलों व मेवों ने प्रचुर मात्रा में पाया जाता है।
3. वसा – यह शरीर में गर्मी और शक्ति पैदा करता है। यह दूध, दही, घी, तेल, मक्खन, मूंगफली, काजू और तेलीय पदार्थो आदि में पाया जाता है।
4. खनिज लवण – ये हड्डियों को मजबूत बनाते है और रोगों से बचाते है। ताजे साग–सब्जी, फल, गेहूँ, चावल आदि में प्रचुर मात्रा में खनिज लवण होते है।
5. कार्बोहाइड्रेटस – इससे शरीर को शक्ति और गर्मी मिलती है। ये चावल, केला, खजूर, गन्ना, मक्का, बाजरा. ज्वार, आलू आदि में मिलता है।
6. कैल्शियम – यह हड्डियों, बालों और दांतों को मजबूत करता है। यह हरी सब्जियों, सफेद रंग वाले फलों में जैसे केला, सफेद रंग के आइटम दही, छाछ, दूध एवं दूध के व्यंजनों में होता है। इसलिए दिन में एक से दो गिलास दुध पीने की आदत जरूर रखें।
7. लोहा – इसके अभाव में रक्त में प्रत्येक तन्तु तक ऑक्सीजन नहीं पहुँच सकता है ऐसे में कई बीमारियां जैसे एनीमिया हो सकता है। यह हरी सब्जियों, बाजरा, सेव, बैंगन, हरी फलियों में प्रचुर मात्रा में रहता है।

8. विटामिन – ये शरीर को स्वस्थ तथा रोगमुक्त रखते है। ये चावल, गेहूँ, दूध, पत्तेदार सब्जियों, नींबू, टमाटर, मटर व दालों में रहता है।

उपरोक्त सभी तत्वों का समावेश एक निश्चित मात्रा में रहना आवश्यक रहता है। भोजन एवं शयन का समय निश्चित रखना आवश्यक होता है फिर भोजन की मात्रा उसे पचाने की क्षमता के अनुरूप रखें। यानि ठूस–ठूस कर पेट में भोजन न डाले।

देह की सन्तुष्टि, इंद्रियों की अनुचित मांग को पूरा करना भोग है। जब इंद्रियों की मांग बढ़ती जाए और हम पूरा करते जाये तो यह विलास होगा, जीवन में भोग और विलास हावी हो जाये तो उसे जीवन नहीं कहा जायेगा।

भोजन को शरीर की शक्ति व औषधि के रूप में लेना ज्यादा हितकर रहता है अतः जीवन का मूलमंत्र बनाएं कि खाने के लिए नहीं जीना है बल्कि ऊर्जामय जीने के लिए खाना है।

''स्वास्थ्य सर्वश्रेष्ठ उपहार है, सन्तोष सबसे बड़ी दौलत और विश्वास सबसे अच्छा संबंध है।''

– महात्मा बुद्ध

''ऊर्जा है, तो अच्छा जीवन है।
खाना ऊर्जा का स्त्रोत है।
जीने के लिए हम खाना खाते है
खाना खाने के लिए नहीं जीते हैं।''

– इन्जी.ओ.पी.माहेश्वरी

52 सुबह का घूमना (टहलना) ऊर्जा वर्धक

रेडियो पर यह सुना होगा कि "उठ जाग मुसाफिर भोर भई ,रैन कहाँ जो सोवत है, जो सोवत वो खोवत है जो जागत है वो पावत है।" सुबह के घूमने का सबसे पहला फायदा सुबह के समय पर उठ जाना तो है ही, क्योंकि जो समय पर उठते है वे हर कार्य में आगे रहते है। अंग्रेजी में भी एक कहावत मशहूर है– "अर्ली टू बेड अर्ली टू राईज़, मेक्स ए मैन हैल्दी, वैल्दी एंड वाइज़" यानी जल्दी सोना और जल्दी उठने की आदत व्यक्ति को शारीरिक, आर्थिक और मानसिक रूप से सुदृढ़ बनाती है। दुनिया के अधिकांश महान लोगों में एक आदत जरूर मिलेगी जो उनको प्रभावी उत्पादक, ऊर्जावान और सफल बनाती है वह है सुबह जल्दी उठने की आदत। भोर में उठने वाला कोई भी व्यक्ति समय की कमी की शिकायत करता हुआ नहीं मिलेगा। जो आलस्य के साथ उठते है वो अधिकतर हर कार्य को करने में भी पीछे ही रहते है क्योंकि ऐसे लोग समय के महत्व को नहीं समझ पाते हैं।

यह तो हम सब जानते है कि सुबह का वातावरण काफी शुद्ध होता है, जिसमें प्रदूषण न्यूनतम रहता है। ऐसे में श्वसन क्रिया द्वारा शुद्ध हवा शरीर में पहुँचती है। जिससे रक्त शुद्ध होता है, फेफड़े बलवान बनते है। सुबह का घूमना अपने शरीर में ऊर्जा स्तर (Energy Level) को चार्ज करना होता है। ब्रह्म मुहूर्त में उठकर टहलने से शरीर में संजीवनी शक्ति का संचार होता है। इससे शरीर के सभी अंग जो निद्रा के कारण शिथिल हो जाते है, उन में रक्त प्रवाह बढ़ जाता है एवं जोड़ों में अतिरिक्त चर्बी का विसर्जन होता है, साथ ही उनके मन में दिन–भर उमंग और तन में स्फूर्ति बनी रहती है। सुबह के शान्त वातावरण में नये विचार पल्लवित एवं प्रस्फुटित होते है जो जीवन के लिए आवश्यक है। ब्रह्म मुहूर्त का समय सूर्योदय से लगभग एक घन्टा पूर्व का समय होता है। भारतीय ग्रन्थों में भी इस समय उठने वाले व्यक्तियों के लिए कहा गया है कि ऐसे लोग दीर्घ जीवन, स्वास्थ्य, सौन्दर्य, अध्ययन, आराधना, शुभ एवं उच्च कार्य की प्राप्ति करते है। इसीलिए इस समय को 'अमृतवेला' भी कहते है क्योंकि इस समय उठकर जो कार्य करते है उन्हें अमृत ही मिलता है।

डॉक्टरों के अनुसार भी डायबिटिज के मरीजों को नियमित रूप से जौगिंग करनी चाहिये। इससे ना सिर्फ शुगर कंट्रोल में रहती है, बल्कि

स्वास्थ्य से जुड़ी अन्य बातों के लिए भी जौगिंग अच्छी रहती है। हल्का–हल्का टहलने से हार्ट के मरीजों में रक्त संचार बढ़ता है। घूमने का कार्य एकदम न तो तेज गति से शुरू करें ना ही बन्द करें, घूमने की गति व समय अवधि को धीरे–धीरे ही बढ़ाना चाहिये। नियमित आधा घन्टा घूमने में लगभग 3 किलोमीटर की दूरी तय हो जाती है। जवान व्यक्ति के लिए 8–10 किलो मीटर एवं बुजुर्ग 1–3 किलोमीटर तक घूमना सेहत के लिए उपयोगी रहता है।

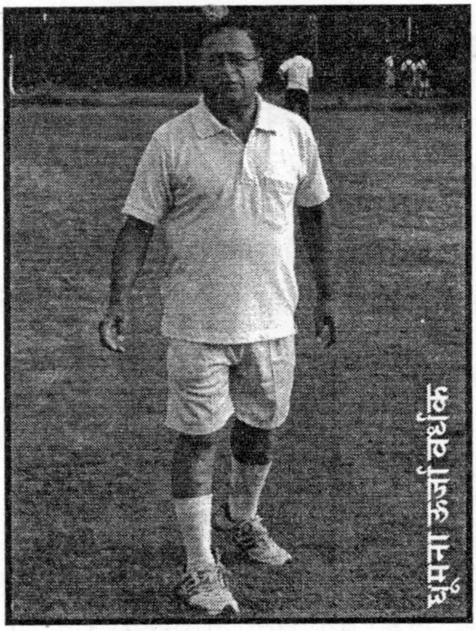

नियमित घूमने से निम्न फायदे मिलेंगें

– सही रक्त संचार– घूमने से रक्त चाप नियंत्रित रहता है। इससे दिल मजबूत बनता है, जिससे यह रक्त को अच्छी तरह पम्प करता है।

मजबूत फेफड़े – नियमित घूमने से साँसों की गति बढ़ती–घटती है। यह क्रिया फेफड़ों की क्षमता बढ़ाती है। जिससे सांस की तकलीफ नहीं होगी।

कारगर रक्षा तंत्र – नियमित घूमने से रोग प्रतिरोधक क्षमता बढ़ती है। शरीर पर हानिकारक बैक्टीरिया, वायरस का असर कम होता है।

बेहतर मानसिक स्वास्थ्य– घूमने से एंडोर्फिस नामक हॉर्मोन स्त्रावित होता है उससे उत्साह और खुशी का संचार होता है।

मजबूत जोड़– इससे शरीर के स्नायुतंत्र और हड्डियों को जोड़ने वाला लिगामेंट्स में मजबूती आती है।

मजबूत हड्डियां – शरीर में हड्डियां कैल्शियम, प्रोटीन और खनिज से मिलकर बनती है। घूमने से खनिज का अनुपात और घनत्व बना रहता है।

लचीला शरीर – घूमने से शरीर के सभी हिस्सों में लचीलापन एवं चमड़ी में चमक आती है।

मजबूत पाचन तंत्र– औसत गति से घूमने पर 10 मिनट में 1300 कदम चलने पर 100–150 कैलोरी खर्च होती है यानि पाचन तंत्र से लेकर वज़न नियंत्रण में कारगर रहता है। मोटापा कम करने के लिए कम से कम 40

मिनट की सैर करें।

कोलेस्ट्रॉल नियन्त्रण – हानिकारक एल.डी.एल. कोलेस्ट्रॉल का स्तर कम होता है।

प्राकृतिक नियंत्रण –नियमित घूमने से इंसुलिन बनने की प्रक्रिया में सुधार होता है जिससे शरीर में रक्त शर्करा का स्तर नियंत्रित रहता है।

30 वर्ष से अधिक व्यक्ति को नियमित 2–3 किलोमीटर की सेर 20–30 मिनट में करने पर शरीर को स्वस्थ रखने के लिए पर्याप्त है। इससे शरीर ऊर्जावान बना रह सकता है। घूमने की आदत नहीं है तो इसे आदत में शुमार करिए। बहाने न बनाइये। आप यह नहीं कह सकते कि मैं अपनी आदत नहीं सुधार सकता क्योंकि **आदतें दरअसल इद्रियों पर हमारे मन के नियंत्रण को दर्शाती है। सुबह का घुमना अपने आप में पूर्ण व्यायाम है** यदि इसे नियमित और तरीके से किया जाए तो स्वस्थ्य जीवन के लिए राम बाण दवा है और स्वस्थ्य जीवन ही सच्चा जीवन है। कैलिफोर्निया स्टेट युनिवर्सिटी के एक शोध में प्रोफेसर रॉबर्ट क्षैयर का

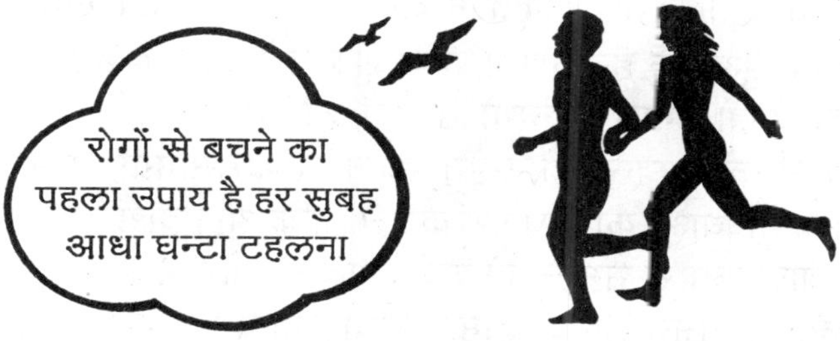

कहना है कि "सुबह दस मिनट की वॉक करने वाले लोगों का एनर्जी का लेवल अधिक होता है। ये पूरे दिन तरोताजा महसूस करते है। सुबह के घूमने से दिमाग, रक्तवाहिनियों और मांसपेशियों में ऑक्सीजन की भरपूर पूर्ति होती है।" सुबह जल्दी उठकर घूमने वालों को रात में समय पर नींद आती है, और नींद भी गहरी आती है। अतः आप भी अपनी दिनचर्या में इसे शामिल करें एवं स्वस्थ जीवन का आनंद लें।

किसी काम को करने के लिए जो यह कहता है कि
उसके पास समय नहीं है, तो वास्तव में आलसी है,

–जार्ज बर्नार्ड शॉ

"खुशी का सम्बन्ध व्यक्ति की सोच से है, सोच का सम्बन्ध व्यक्ति की सक्रियता से है सक्रियता का सम्बन्ध व्यक्ति के स्वास्थ्य से है और स्वास्थ्य का सम्बन्ध अच्छे जीने से है।"

–इंजी. ओ.पी. माहेश्वरी

53 सफलता मुहूर्त नहीं, अवसर की सहचर

भोर जंगल का राजा होता है, किन्तु उसे भी शिकार करने के लिए घात लगा कर अवसर का इन्तजार करना पड़ता है। किसी भी कार्य को सम्पन्न करने के लिए ऐसे समय का निर्धारण करना होता है ताकि वह कार्य सफलता के साथ सम्पन्न हो जाये। इस हेतु कार्य योजना बनानी होती है और कार्य योजना के लिए समय सारणी बनाकर कार्य करना होता है ताकि उस निर्धारित समय तक उस कार्य से सम्बन्धित सभी तैयारियाँ हो जाये। इसी को ध्यान में रखकर ज्योतिष विद्या का उपयोग किया गया ताकि प्राकृतिक बाधाओं से जूझना न पड़े। ज्योतिष यानि ज्योति दिखलाना।

मगर दुःख की बात यह है कि ज्योतिष विद्या जानने वाले बहुत कम लोग है और अपना स्वार्थ सिद्ध करने वाले बहुत होते है। हमारे ग्रन्थों में मुहूर्त का मतलब होता है– क्षण, यानी कि पल, यानी लम्हा, यानि कि मोमेन्ट (Moment), इसी तरह संस्कृत में क्षण का अर्थ, उत्सव होता है। इसका मतलब यह हुआ कि हम क्षण में रहना शुरू कर दें। यदि हम लम्हों में जीना शुरू कर दें तो हमारी जिन्दगी उत्सवों का सिलसिला बन जायेगी। आप अपने कार्य को सम्पन्न करने हेतु स्थान, तिथि, सामग्री, मशीनरी व अन्य आवश्यक सुविधाओं का निर्धारण कर लें ताकि आप द्वारा तय समय पर वह कार्य सुचारू रूप से सम्पन्न हो सके। आपकी सोच में अगर सकारात्मकता है तो कोई भी नक्षत्र आपके काम में बाधा नहीं बन सकता। जिस व्यक्ति ने समय को पूंजी मानकर उपयोग किया वह व्यक्ति महान् बना और जिसने समय को बर्बाद किया उसे अपनी जिन्दगी में पछतावे के अलावा कुछ नहीं मिला। समय को हमारे यहाँ काल कहा गया है। काल यानी मृत्यु जिससे कोई नहीं बच पाया। भूतकाल से सबक ले, वर्तमान काल में उसे कार्य रूप दें ताकि भविष्य काल तक लाभ मिलता रहे। इसीलिए कबीरदास जी ने कहा था कि–

काल करे सो आज कर, आज करे सो अब।
पल में परलय होयगि, बहुरि करेगो कब।

मुहूर्त पर ही कार्य करने वाले एक परिवार की सच्ची घटना का जिक्र कर रहा हूँ। एक परिवार ने मुहूर्त पूछ कर व्यापार में बहुत धन अर्जित किया और उनके सभी भक्त बन गये। एक बार एक भाई की तबियत बहुत

अधिक खराब हो गई क्योंकि उसको दिल का दौरा पड़ गया। दूसरे भाई ने घर के पण्डित जी को अस्पताल ले जाने के लिए शुभ मुहूर्त पूछा तो पण्डित जी ने दो घन्टे बाद का ही शुभ मुहूर्त बता दिया। इस दौरान बड़े भाई की तबियत बिगड़ती गई और दो घन्टे के भीतर ही 'हार्ट अटैक' (हृदयघात) से स्वर्गवास हो गया। अस्पताल जो कि घर से 200 मीटर की ही दूरी पर था मगर अस्पताल ले जाने की शुभ घड़ी के इन्तजार में घर के एक सदस्य को खोना पड़ा। इस सम्बन्ध में जब उन्हीं पण्डित जी से पुनः बात की गई तो उन्होने बताया कि इनका इन्तकाल चौघड़िये के हिसाब से शुभ घड़ी में हुआ है अतः इनका तो परलोक भी सुधर गया यानि चिट व पुट दोनों ही क्रिया में अपनी बात सही मानते है। अतः इस तरह अपनी गलत सूझबूझ का उपयोग करके अन्ध भक्त होकर किये गये कार्य से हानि ही उठानी पड़ेगी। अगर समय पर इलाज मिल जाता तो इस प्रकार से पारिवारिक सदस्य की हानि नहीं उठानी पड़ती। सही काम के लिए रूकना, अवसर को खोना है। सांस रूकती है, चाहे हवा रुकती है, इस में मौत ही होती है। जीवन का नाम तो गति में है, भाग्य व मुहूर्त के भरोसे रहना जीवन को नरकमय बनाना है।

इसीलिए सफल व्यक्तियों ने कभी भी काम को कल पर नहीं टाला। काम का आंकलन जरूर करें, प्राथमिकतायें तय करें और एक–एक पल का

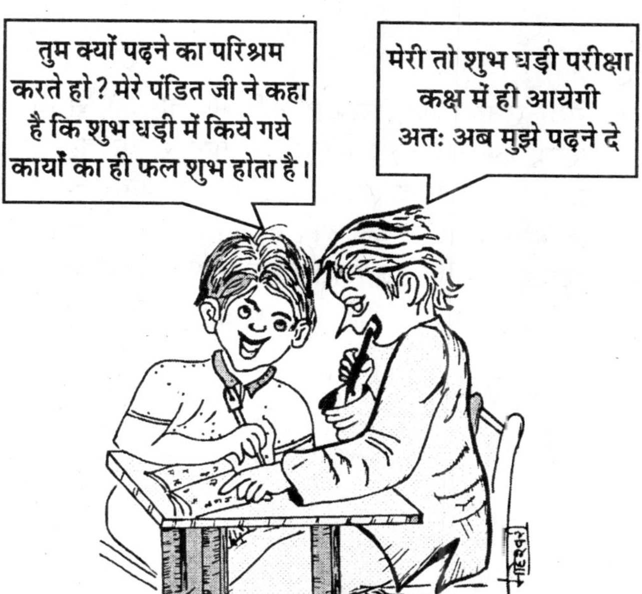

उपयोग आपको सफलता की ओर ले जायेगा। मुहूर्त के भरोसे बैठने वाले जिन्दगी में हाथ मलते ही रह जाते है। समय की घड़ी कभी पीछे नहीं चलती। यदि हमने समय के साथ चलना नहीं सीखा तो समय हमें छोड़कर आगे निकल जाएगा, इसे आजमा कर एवं परख कर देखें।

मुहूर्त और पांखडियों के चक्कर में रहने की बजाय कार्य योजना बनायें। कठिन परिश्रम और संघर्ष से आप उसे सफल बना सकते है क्योंकि जिन्दगी में सबसे बड़े कार्य जन्म और मृत्यु ही जब मुहूर्त से नहीं होते है, ये कार्य किसी भी क्षण हो जाते है तो क्यों हम मनुष्यकृत मुहूर्त में उलझें?

मत ढूंढ़ो अपने भाग्य को हाथ की रेखाओं और इन्सान की बनाई कुण्डली में। हाथ आगे बढ़ाओ अपने कर्म में और सफलतापूर्वक किया गया कर्म ही शुभ कार्य का मुहूर्त है।

शुर न देखे टिपणौ,
बाज न देखे शगुन,
बरस पड़े जो शत्रुओं पर,
जंग वो जीतकर आये,
बैठे जो शगुन की बाट में,
हाथ आए अवसर वो गवायें,

"दुनिया उनको कभी सफल नहीं मानती, जो समय–समय पर केवल सोच लिया करते है कि अगर मैं उस मार्ग से चलता, अमुक साधनों और यत्नों का सहारा ग्रहण करता तो सफलता मेरे कदम चूमने को मजबूर हो जाती। यह दुनिया तो सफल उसी को मानती है जो कृतकार्य हो कर उसे यह दिखला देता है कि इस भांति सफलता प्राप्त की जाती है।"

–भगवती प्रसाद वाजपेयीः राजपथ

54 भूत-प्रेत का डर जीवन में बाधा

भूत (Ghost) का दिखना व भूत का लगना दोनो ही मानव मस्तिष्क की सोच का हिस्सा है। ज्यादातर डर मनोवैज्ञानिक होते है। अज्ञान से अन्धविश्वास, अन्धविश्वास से भय और भय से भूत नजर आते है। मस्तिष्क वही सोचता है जो उसने देखा, सुना है। इससे कल्पना बनती है। भययुक्त कल्पना से बुरा नजर आता है। ऐसे में जो आकृति हमें डरा रही होती हैं वही भूत होता है। भूत के दिखने में हमारी सोच का बहुत बड़ा भाग होता है जो

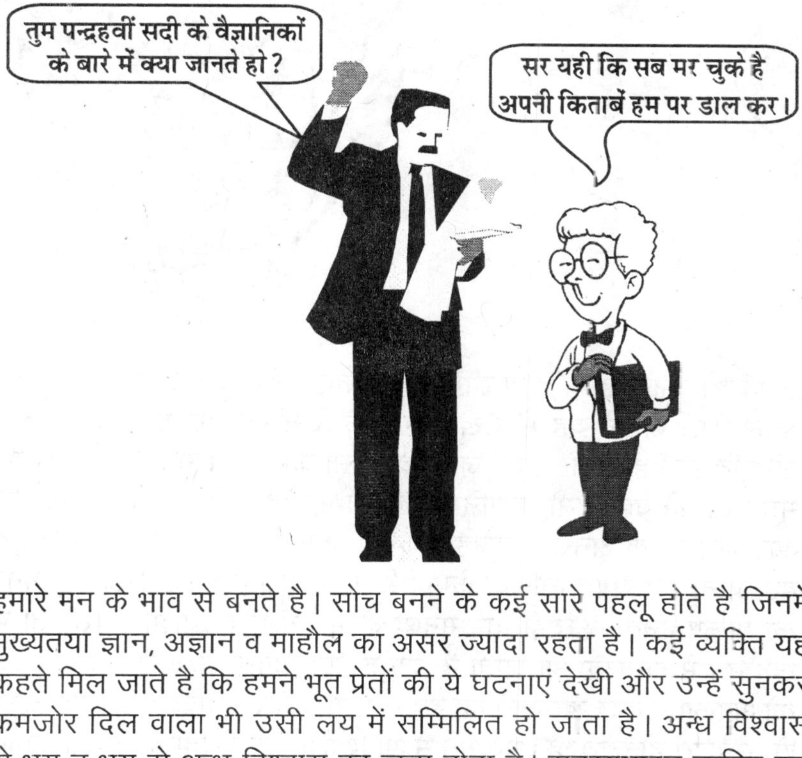

हमारे मन के भाव से बनते है। सोच बनने के कई सारे पहलू होते है जिनमें मुख्यतया ज्ञान, अज्ञान व माहौल का असर ज्यादा रहता है। कई व्यक्ति यह कहते मिल जाते है कि हमने भूत प्रेतों की ये घटनाएं देखी और उन्हें सुनकर कमजोर दिल वाला भी उसी लय में सम्मिलित हो जाता है। अन्ध विश्वास से भय व भय से अन्ध विश्वास का जन्म होता है। सनस्याग्रस्त व्यक्ति इन बातों को ज्यादा तवज्ज़ो देता है। तनाव ग्रसित व्यक्ति में भय की ऐसी ग्रंथि निर्मित हो जाती है कि शेर की ताकत रखने वाला, बिल्ली से भी पस्त हो जाता है। कमजोर मानसिक शक्ति वाले व्यक्ति को डर अधिक लगता है। डर लोगों को अवसर का लाभ उठाने से रोकता है। डर लोगों को शारीरिक

रूप से कमजोर बनाता है। डर लोगों को वह हासिल करने से रोकता है जो वे जीवन में हासिल करना चाहते हैं। डर के मुश्किल समय में शारीरिक व मानसिक गतिविधियां कम हो जाती है मन का नियंत्रण समाप्त हो जाता है। मन भय को बड़ा करके देखता है जबकि मन पर नियंत्रण का नाम निर्भयता है। भय को रिस्क में बदलकर आगे बढ़ने वाले व्यक्ति निर्भय बन जाते है। रिस्क की सीमा आपको ही तय करनी होती है। काल्पनिक बातों की जगह

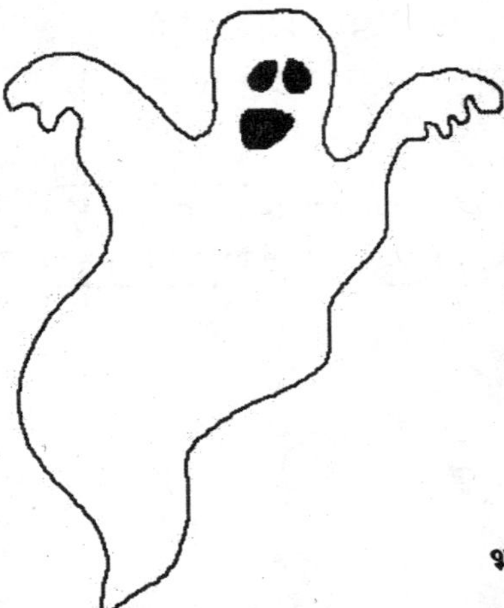

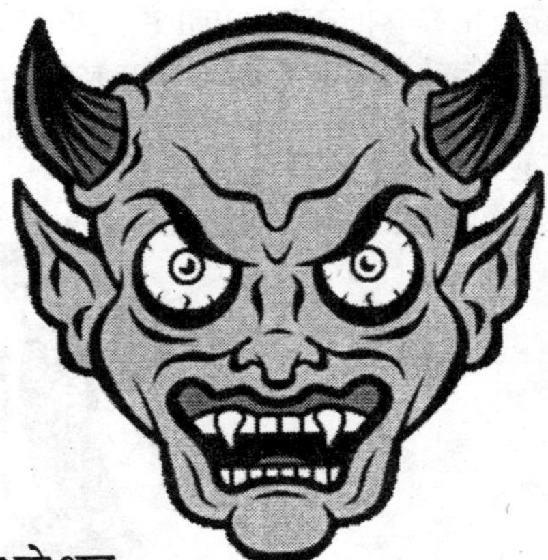

भय के भूत

तथ्यों को चूनना होगा। तय सीमा में बढ़े कदम धीरे–धीरे डर को निर्भयता में बदल देंगे। आपने यह भी देखा होगा कि जिन परिवारों में इच्छाओं (चाह) की पूर्ति नहीं हो पाती है एवं जहाँ चिकित्सा का अभाव रहता है उन क्षेत्रों में भूत प्रेतों की बहुत–सी कहानियाँ प्रचलन में होती है। भूतों का नज़र आना और प्रेतात्मा के अनुसार व्यवहार करना, कमजोर शरीर में उद्दण्डता का बढ़ जाना यह सब मानसिक कमजोरी का हिस्सा है। भय (Horror) मनुष्य की पौरूषहीनता, सत्वहीनता, मनुष्य के मन में पलने वाली नपुसंकता है। जब मन में कायरता आ जाती हैं, व्यक्ति हीन भावना से ग्रसित होने व स्वयं को अकेला व कुछ खो जाने का डर उत्पन्न होने से, शक्तिहीन समझने मात्र से भयग्रस्त हो जाता है। भय मन में अविश्वास पैदा करता है जिससे आपकी कार्य क्षमता कम हो जाती है। जब इन्सान पर हैवानियत छा जाती है तो उसके कार्य जनसाधारण में भय पैदा कर देते है।

इस पृथ्वी पर केवल इंसान है जिससे सारे जीव जन्तु भी भयभीत रहते है क्योंकि इंसान जब इंसानियत छोड़ देता है तो वह बहुत खतरनाक

हो जाता है। ऐसे से डरना व बचना एक सुरक्षात्मक क्रिया हो सकती है मगर काल्पनिक आकृति से डरना आपकी कमजोरी का प्रदर्शन है। भय को भगाने के लिए भय के मूल कारण को खोजना होगा। भय को दबाना नहीं, उघाड़ना आवश्यक है। भय मुक्त होने के लिए सच्चाई को जानना होगा।

डर को खत्म करने का सबसे प्रभावी तरीका है उससे बातचीत शुरू की जाए यानी डर का कारण पता कर कर्म किया जाए। आपके आगे बढ़ते हुए कदम उठाते ही डर गायब हो जायेगा। जिसमें भय लगता हो वैसे सभी काम विवेकपूर्ण करें, डर की निश्चित रूप से मृत्यु हो जायेगी। डर की जिन्दगी बहुत ही छोटी होती है बस थोड़े कदम चलते ही वह गायब हो जायेगा। जरूरत है आपके कदम उठाने की। आपको जागृत होना होगा। आप अक्षय हो, आप निर्भय हो, अनंत शक्ति सम्पन्न हो। आपको भय को जीतना होगा। छोटी–छोटी बातों से नहीं डरना व समझदारी से, सही सोच से अपना कार्य का निष्पादन करना ही खुशी और सफलता की सोच है। फिर भी भय दूर नहीं होता है तो ऐसे व्यक्ति का इलाज़ होना चाहिये क्योंकि मनोचिकित्सा में ऐसी कई सारी बीमारियों का इलाज सम्भव है।

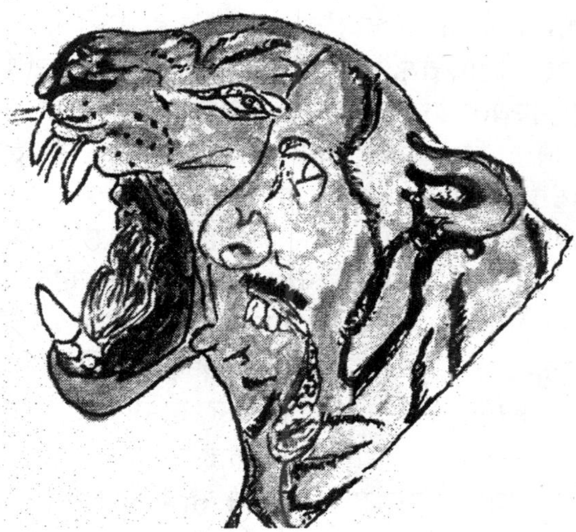

हैवानियत और पशुता

''डर आपके मन में उत्पन्न भावों की मृग मरीचिका है। कोई भी प्रेत आत्मा आपको नहीं छू सकती अगर आप जाकर उसे परख लोगे।''

– इन्जी. ओ.पी. माहेश्वरी

55 गलत मान्यताओं को जीवन में बाधा न बनने दें

मान्यताएं (Notions) हमारे पूर्वजों के जीवन के अनुभवों के आधार पर बनी। डर भी कई बार अच्छा रहता है जो हमें बुरे कार्य करने से रोकता है। मगर बिना कारण जाने ही डरते रहना एक तरह से हमारे अंदर की कमी है। जो जीवन की रफ्तार को रोक–सी देती है जिससे आगे कार्य करने से डरते रहते हैं। अज्ञान का क्षेत्र ज्ञान के क्षेत्र से बड़ा होता है, इसको जानना और सीखना भी नहीं पड़ता है। जहाँ ज्ञान के स्थान पर अज्ञान प्रबल हो जाता है भ्रान्तियाँ बन जाती है। एक को देखकर दूसरे द्वारा अनुसरण करना ही मान्यता बन जाती है। प्राचीन काल में हमारे पूर्वज जंगलों में रहते थे। रहने के लिए पक्के मकान, रोशनी के लिए बिजली, दक्षता के लिए मशीनों, पढ़ने के लिए पुस्तकों, बीमार के लिए चिकित्सा का अभाव था। सुविधाएं अगर थी तो वो भी गिने–चुने लोगों के पास ही रहती थी। अतः हमारे पूर्वजों ने समय के हिसाब से कुछ बातें तय की, ताकि डर के मारे गलत कार्य न हों। बीमार हो जाने पर औषधि भी साधारण व्यक्ति को नहीं मिल पाती थी। हजारों लोग संक्रमण रोग चेचक, हैज़ा, प्लेग, ओरी आदि से मर जाते थे। अतः इससे सावधानियां रखने हेतु ही मान्यताएं बनी।

सावधानियां रखना कोई बुरी बात नहीं है। मन में अगर थोड़ा–सा भय होगा तो सुरक्षा के बारे में सोचा जायेगा। **मान्यताएं भी सुरक्षात्मक क्रिया है। जो आने वाले समय और परिस्थितियों के लिए हमें सावधान करती है और खुद को तैयार रखने का संदेश भी।** अच्छी मान्यताओं से बनते है संस्कार और संस्कार से विकसित होती है नैतिकता। अच्छे कर्मो को ही शुभ की श्रेणी में रखा गया है। नैतिक गुण व्यक्ति में सामाजिकता का भाव भरते है और उसकी व्यक्तिगत अन्तर्वृति का सामाजीकरण करते है और उसे स्वार्थ की परिधि से ऊपर उठाकर समाज के कल्याण के लिए प्रेरित करते है। शादी–विवाह भी समाज की मान्यता का ही हिस्सा है, अगर यह मान्यता न हो तो समाज में कितनी कुरीतियां जन्म लेगी, सोचा आपने? समाज इन्सानों का समाज ही नहीं रहेगा, आदमी और जानवरों की हरकतों में अन्तर ही नहीं रह पायेगा। ये मान्यताएं ही है जिन से मनुष्य बंधा रहकर गलत दिशा में नहीं जा पाता है। ऐसे ही बीमारी से जिस घर में मृत्यु हुई, वह घर सूतक की श्रेणी में आ जाता था ताकि उस घर

के संक्रमित खाद्य पदार्थों से अन्य लोग प्रभावित न हो सके। रोशनी के लिए बिजली व टॉर्च नहीं होने से अंधेरे से पूर्व ही निवृत होने के लिए मान्यताएं बनी थी ताकि खाना सूर्यास्त से पूर्व ही खा लिया जाये। मगर आधुनिक काल में जब विज्ञान ने रोशनी पर विजय पा ली हैं, समाज पक्के मकानों में रहने लग गया है, मोबाईल से सूचनाएँ तुरन्त एक जगह से दूसरे स्थान पर पहुँच जाती है, बीमारी के ईलाज हेतु कई सारी औषधियां आ गई है। ऐसे में पुरानी मान्यताएँ जो समय के तर्क पर खरी नहीं उतरती है। उन्हें त्याग देना ही समझदारी है।

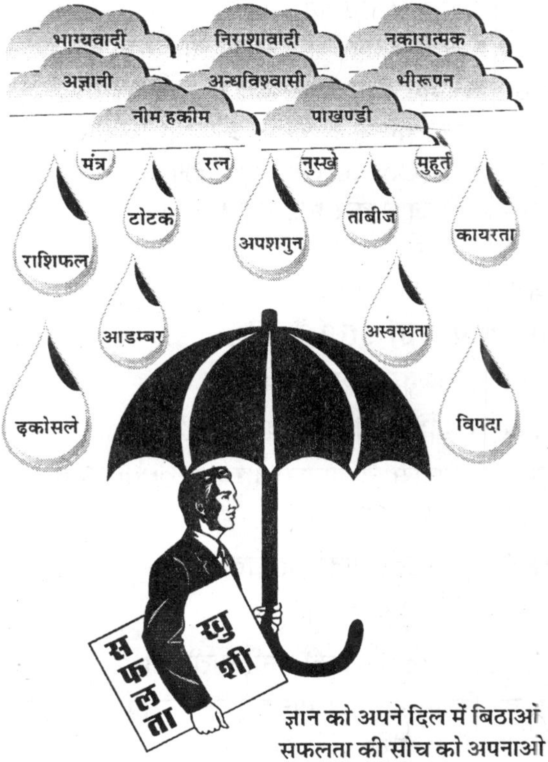

गलत मान्यताओं से बचे

गलत मान्यताएं काली नागिन की तरह होती हैं, जो विषैली फुफकारें छोड़ती है। सत्यता को जाने बिना, ऐसे ही डरते रहना भीरू प्रवृति बना देती है फिर हम कोई भी नया काम नहीं कर पाते है और अनुसरण करने की आदत–सी बन जाती है। बिना दिमाग की भेड़ व बकरियाँ ही है जो आगे वाली को देखकर पीछे–पीछे चलती रहती है। इंसान का मस्तिष्क हर बात नये तरीके से करने की सोचता है। तभी तो आज मानव सभ्यता का इतना विकास हो पाया है। इतिहास गवाह है कि

सफलता उन्हीं लोगों को नसीब हुई हैं जो धारा के विपरीत बहे हैं और जिनके मन में डर नहीं बसा व अपना रास्ता स्वयं तय किया है। यदि हम कुछ सोचे, यानि पूर्व अनुमान से जिसका होना हमारा अन्तस स्वीकार कर ले और हम उसके लिए मानसिक रूप से तैयार हो जाएं तब ही हम जो सोचे वह होता है और वही हमें दिखता है मन का कोई ख्याल जो डर से जन्मा है और हम अपनी पूरी इच्छा शक्ति से उसे नहीं होने देना चाहते तो वह ख्याल शक्तिहीन और उसके हो जाने की कोई सम्भावना भी नहीं रहती।

गलत मान्यताएं इंसानी कम्प्यूटर का वायरस है जिसके पनपने से आप कमजोर और रूढ़िवादी (Conservative) बनेंगे। इस वायरस पर विजय तो वैज्ञानिक तथ्यों को जान कर पाई जा सकेंगी। शिक्षा के विकास के साथ काफी गलत मान्यताओं का प्रचलन कम हुआ है। आप भी इस कमजोरी से बाहर निकलें एवं अपने को निर्भीक बनायें।

गलत मान्यताओं का प्रभाव कहां होता है ?

♦ जहां रूढ़िवादी (Orthodox) लोगों का प्रभुत्व होता है।

♦ जहां विज्ञान (Science) की शिक्षा का अभाव होता है।

♦ जिन लोगों को कर्म में विश्वास न होकर भाग्य (Fortune) में विश्वास होता है।

♦ जहां निराशावादी (Pessimistic) नजरिया होता है।

♦ जहां लोग भावुक (Emotional) होते है।

♦ जहां खुद में विश्वास (Confidence) की कमी होती है।

"हर बात को, हर नियम को, हर मान्यता को उसके अपने ही गुणों पर तौलो, परखो, अगर तुम्हें वे ठीक जंचे, तो उन्हें मान लो, अगर गलत मालूम हो, तो उन्हें किनारे फेंक दो। हो सकता है एक समय में कोई नियम विशेष, बिलकुल सत्य रहा हो, उस की उपयोगिता रही हो, लेकिन समय और परिस्थितियाँ के साथ ही उस की उपयोगिता और सत्यता भी समाप्त हो सकती है।"

—डा. द्वारिका प्रसाद : घेरे के बाहर

"खुशी का सम्बन्ध सफलता, सजगता, ज्ञान,
सोच, जीवन शैली, स्वास्थ्य व मानवता से है।"

—इन्जी.ओ.पी.माहेश्वरी

56 सफलता के अवरोधक अन्धविश्वास

कोई भी कार्य को करने का संबंध मन की ताकत के साथ आपके ज्ञान–विज्ञान पर निर्भर करता है। अंधविश्वास हमें भीरु और डरपोक बना देता है। हम व्यर्थ का भार अपने ऊपर लाद कर अन्धविश्वासों के मलबे के तले दब जाते है। उठने का नाम लेते ही समाज, परिवार की बेड़ियां जकड़ देती है क्योंकि बचपन से यह सिखाया जाता है कि हमें दैवीय शक्तियों, तन्त्र–मन्त्रों से डरते रहना है और जब सिखाने वालों में ही वैज्ञानिक जानकारी का अभाव हो तो वह शिक्षा अज्ञानता से अधिक कुछ नहीं होगी। ऐसी शिक्षा से भय, असुरक्षा मन मस्तिष्क में बैठ जाती है। फिर हम जब बड़े होते है और अपनी सोच से सोचते है तो जो अब तक करते आये है उसे ही सही मान बैठते है और अपने अंधविश्वासों में ही वैज्ञानिकता ढूंढने लगते हैं।

अंधविश्वास की मूल जड़ अज्ञानता ही है और अज्ञानता का मूल कारण वैज्ञानिक शिक्षा का अभाव रहा है। इतिहास की शिक्षा वाले बीते हुए काल को जानने की कोशिश करते है तो वाणिज्य वाले धन कमाने के विभिन्न तरीके ढूंढ लेते है जबकि वैज्ञानिक शिक्षा में हर बात को परखने, जांचने व निष्कर्ष को सत्यापित करना होता है। इसके अभाव में समाज में पैसा ऐंठने वाले तंत्र–मंत्र, भौपों के चमत्कार को हन सही मान बैंठते है। जिस समाज में अज्ञानता के साथ असुरक्षा, भय ने पैर फैला रखे हो वहां जादू–टोना, दैवीय चमत्कार को सही मान बैठते है। अंधविश्वास समाज की गैर– तार्किक सोच और मानसिक पिछड़ेपन दर्शाने भर तक सीमित नहीं है इसके कई व्यापक समाजिक संदर्भ है। अंधविश्वास परलोकवाद और ईश्वरीय कोप की जमीन तैयार करता है। वैज्ञानिक सोच की सबसे पहले मुठभेड़ ही अंधविश्वास से होती है। विज्ञान जिस विवेक का विकास करती है वह न केवल हमें गलत मान्यताओं, परम्पराओं के मकड़जाल से बाहर निकालता है बल्कि हमारी सोच में सृजनात्मक खुलापन भी लाती है।

"अपने पूर्वजों के खोदे हुए कुएं का खारा पानी पी कर दूसरे के शुद्ध जल का त्याग करने वाले बहुत से मूर्ख इस संसार में घूमते फिरते है।"

–स्वामी विवेकानंद :जीवन और विचार

"विज्ञान की अज्ञानता और भीरु प्रवृति ही अन्धविश्वास का मूल कारण है।"

–इंजी. ओ.पी. माहेश्वरी

57 व्यावहारिकता और सरलता आपकी सफलता

यह सच है कि विनम्र प्रस्तुतिकरण लोगों के ह्रदय में स्थान बना लेता है। औरों की निगाह में आपकी अभिव्यक्ति आपके व्यक्तित्व की तस्वीर बनाती है। यह तस्वीर आपको शिष्ट अथवा अशिष्ट, ज्ञानी अथवा अज्ञानी, लायक अथवा नालायक की बन जाती है। यह हमारे ऊपर निर्भर करता है कि हम किस तरह के व्यक्तित्व की क्षमता रखते है। इस संसार में न तो कोई शत्रु और न ही कोई मित्र के रूप में पैदा होता है। शत्रु और मित्र हमारे व्यवहार से ही बनते है। यह व्यवहार किसी के लिए बहुत अच्छा तो किसी के लिए असहनीय हो सकता हैं। अगर लोग हमारे व्यवहार को पसंद करते है तो व्यवहारिक कहलायेंगे, क्योंकि आपके गुणों को वे पसंद कर रहे हैं। जब आपका व्यवहार पसंद आयेगा तो वे आपकी सहायता भी करेंगे।

लेखक डॉ. रामचरण महेन्द्र 'स्वर्ण पथ' में लिखते है कि "व्यक्तित्व है क्या? तुम्हारे अपने विचारों, धारणाओं तथा भावनाओं का फल, स्वयं अपने विषय में जैसे तुम्हारे संकेत रहते है, वे ही तुम्हारे व्यक्तित्व का निर्माण करते है। संभव है तुम्हें प्रकृति ने एक आकर्षक व्यक्तित्व न प्रदान किया हो, किंतु इसमें संदेह नहीं है कि तुम संकेत द्वारा अपने व्यक्तित्व को ऊँचा उठा सकते हो।"

व्यक्तित्व से व्यवहार का निर्माण होता है। लोगों में अन्य व्यक्तियों की मनःस्थिति को समझ लेने की क्षमता, **सामने वाले की भावनाओं को महसूस कर उसके अनुरूप अपना व्यवहार प्रदर्शित करना ही व्यवहार कुशलता हैं।** इस संसार में हर व्यक्ति प्रेम, प्रशंसा की चाहत रखता है। सामने वाले को सम्मान देना और उसमें रूचि रखना आपकी कुशलता और अपनत्व हैं क्योंकि किसी के प्रति सहानुभूति व्यवहारकुशलता की पहली सीढ़ी है आपका चेहरा प्रफुल्लित रहता हैं। आप सामने वाले को खुश करना चाह रहे हो, उसके दुख, गमों में सम्मिलित हो रहे हो अच्छे व्यवहार की श्रेणी हैं। आपके कर्म अगर सामने वाले और समाज के हित में है तो आप उसके लिए अच्छे व्यक्ति माने जायेंगे। आप किसी व्यक्ति की सच्ची प्रशंसा करते है या उसके कार्यों में रूचि लेते है तो आप उसके आत्मविश्वास को बढ़ाते हैं। खुद सुख से जीयें और औरों को भी सुख से जीने दें। **अपना लाभ अथवा हानि से ज्यादा अपने सम्बन्धों को तव्वजो देना व्यवहारिकता का कृत्य है।** व्यवहारकुशल लोग अच्छे श्रोता भी होते है। वे मन लगाकर आपकी बातों में रूचि लेते है और बीच–बीच में अपनी राय भी

जाहिर करते है यानि प्रोत्साहित करते है। यह प्रोत्साहन ही सफलता की सीढ़ी हैं।

सरल व्यवहार जीवन जीने का ही नजरिया है, जिसमें आप अपनत्व और प्यार पाते हैं। कुछ लोग सीधे ही ऊँचे पद पर विराजमान हो जाते है। जबकि दूसरों को वहां तक पहुंचने में एक समय लग जाता है। क्या इसके पीछे उस व्यक्ति का भाग्य है? नहीं, ऐसा नहीं है। उसका एक कारण अच्छा और सरल स्वभाव है। सरलता का साधारण अर्थ–''मान जाना'' है। संवाद से अथवा नई जानकारी हासिल कर समझना और उसी अनुरूप कार्य करने के लिए मान जाना ही सरलता है। सरल होना आडम्बर विहीन कृतज्ञ होना है। जो नहीं हैं, वह दिखाने की कोशिश से दूर होना है। **सरल व्यक्ति अपना मुल्यांकन कर वही रास्ता अपनाता है, जिसे वह आसानी से तय कर सकता है। ऐसे व्यक्ति उत्कर्षता प्राप्त करके भी अहंकार रहित बने रहते हैं, इससे फिर लोगों की सहायता मिलती है, जो प्रगति की राह होती है।** अपने जीवन में हर बात को बढ़ा–चढ़ा कर शेखी मारने की बजाय अपने को सरल रख कर बिना अवरोध के कार्यशैली बनाये रख सकता है। अधिकतर लोगों की सोच होती है कि आपमें जितनी बेवकूफ न बनने की क्षमता होगी, लोगों के प्रति आप उतने ही कटोर और अव्यवहारिक होंगे।

कई लोग धार्मिक व्यक्ति को भी व्यवहारिक मानते हैं क्योंकि धार्मिक व्यक्ति अनुसरण करने में विश्वास रखते है। मगर सफलता उसे ही मिलती है जिसकी कार्यशैली ही सरल व्यवहार की हो यानी साझा सहयोग प्राप्त करने की शक्ति हो। कहावत भी है कि आप सहयोग किसी से बेटा बन कर ले सकते है बाप बन के नहीं। बेटा बना रहना सरलता के भाव है। सहयोग से अवरोध में कमी आयेगी यानी सफलता की ओर बढ़ने की राह आसान बन जायेगी। चाय बेचने वाला व्यक्ति डंके की चोट पर कहता है कि मैंनें बचपन में चाय बेची थी। यह सरलता का परिचायक है। इससे लोगों की सहानूभुति मिलती है और इसके उलट अगर कोई कहता है मैं तो राजघराने से आया हूँ, मैंने तो कभी रेल में भी यात्रा नहीं की है, हवाई यात्रा ही करता आया हूँ ऐसे लोगों को सहयोग नहीं मिल सकता। ऐसे लोग अपने पैसे से जो खरीद सकते हैं, वो भौतिक सफलता है, मगर आत्मिक सफलता, जन–जन में सफलता, व्यक्ति सरल व्यवहार रह कर ही प्राप्त कर सकता है।

सरल व्यवहार व्यक्ति अपने को आंक लेता है, अपनी कमियों को पहचान लेता है और उन्हें सुधारता रहता है। यानी वह अपने काम से प्यार करता है और उसी में अपनी खुशी को ढूंढ़ता है। दुसरों की नकारात्मक

भावनाओं को माफ करना सरलता की ताकत बन जाती है। माफ न करने से नकारात्मकता, गुस्सा, तनाव और बैचेनी तो बढ़ेगी ही, अप्रसन्नता भी होगी। जबकि लगातार अपनी पसंद और सरलता से कार्य करना कार्य को पूर्णता की ओर ले जाता है। लक्ष्य को प्रति यह चाल ही सफलता की राह है। यह राह उन लोगों के लिए आसान बन जाती है जो औरों के प्रति सरल व्यवहार रखते है।

"खुशी प्राप्त करने के लिए सरल व्यवहार का होना, उत्कर्ष तरीका है।"

–इंजी. ओ.पी. माहेश्वरी

58 शगुन से नहीं सही कर्म से सफलता

शगुन हमारे पूर्वजों के अनुमान के आधार पर बने थे जो कार्य की सफलता–असफलता के सम्बन्ध में सूचना के लिए बनाये गये। साधारणतया समाज में शगुनों को पाँच श्रेणियों में बांट सकते हैं–

1. विभिन्न मनुष्यों के कार्य व लक्षणों के आधार पर शगुन।
2. पशु पक्षियों के क्रिया कलापों से प्राप्त शगुन।
3. अच्छी व बुरी घड़ी (समय–काल) अनुसार शगुन।
4. मनुष्य की सोच, कल्पना, स्वप्न व मन के भाव अनुसार शगुन।
5. ग्रह नक्षत्रों की गति अनुसार शगुन।

दुःख के वर्ग में जो स्थान अपशगुन का होता है वैसे ही सुख के वर्ग में अच्छे शगुन का है। कोई भी व्यक्ति जब काम के लिए निकलता है तो वह घर से बाहर आकर अच्छे शगुन का इन्तजार करता है और सोचता है कि अगर शगुन अच्छे हो जायेंगे तो काम भी हो जायेगा। यह एक भ्रान्ति है जिसमें व्यक्ति की ऊर्जा काम के लिए न लगकर सहारा ढूंढ़ता है। घर से जिस कार्य के लिए जाना होता है अगर उस काम के बारे में और ज्यादा सोचा जाये, हम क्या भूल रहे हैं सोचें। मन में कार्य सम्पन्न करने की रूप रेखा बनाई जाये, कार्य के लिए क्या–क्या तैयारियां करें कि कार्य सफलता के साथ पूर्ण हो जाये अगर इन बातों पर ध्यान दिया जाये तो कोई कारण नहीं कि आपका कार्य सफलता से पूर्ण न हो जाये। **अगर शगुन–अपशगुन के फेर में पड़ जाये तो कार्य पर जाने से पहले ही आपकी आधी ऊर्जा का ह्रास (क्षय) इसी क्रिया में हो जायेगा। आप अपने तयशुदा कार्य के बारे में सोचना कम कर देंगे और अच्छे शगुन के इन्तजार में रहेंगे। जब पूरी तैयारी के साथ काम नहीं होगा तो सफलता भी ऐसी–वैसी ही मिलेगी।** फिर आप कोसने लगेंगे अपने शगुन, भाग्य और कुन्डली को। जबकि आपके कार्य सफल होने व करने की सोच मन के भाग्य भरोसे ही थी। जो दिमाग अपने ध्येय को सफल बनाने के लिए साधन, कार्य योजना (प्लानिंग) व परिस्थिति के सही उपयोग पर लगना चाहिये था वो आपने शगुन के लिए व्यय कर दिया।

केवल शगुन–अपशगुन को अपने कर्म से जोड़ देना कायरता का परिचय है। शगुन–अपशगुन एक भ्रान्ति है। जिसमें समाज सेवा करने वाले

व्यक्तियों के शगुन अच्छे माने जाते है जैसे सफाई कर्मचारी आदि, ताकि वे लोग प्रोत्साहित होकर अपना कार्य करते रहे। जबकि समाज के कुछ व्यक्तियों के सामने आने पर अपशगुन माने जाते है जैसे दूध वाला। इसमें भी यही कारण रहा है कि जो लोग समाज से नाज़ायज़ फायदा लेने की कोशिश करते है उन्हें समाज में स्थान नहीं दिया गया था। प्राचीन काल में भारतवर्ष एक खेती प्रधान राष्ट्र रहा है। जहाँ पशुधन समृद्धि का हिस्सा होता था। हर घर में दूध–दही प्रचुर मात्रा में रहता था और आवश्यकता पड़ने पर सहयोग रूप में एक दूसरे को बिना मूल्य के दे भी दिया जाता था। आज भी ग्रामीण क्षेत्र में दही की छाछ कुछ घरों में बनती है मगर इन घरों से अन्य सभी लोग भी मुफ्त में ही ले जाते है। यह प्रथा रही है कि दूध व दही के कोई भी व्यक्ति पैसे नहीं लेगा व जरूरत होने पर एक दूसरे को मुफ्त ही दे देंगे ताकि पशु पालन की आदत बनी रहे। मगर कुछ लोगों ने लालचवश, आबादी बढ़ने व पशुपालन की प्रथा का धीरे–धीरे कम होने के कारण दूध बेचना शुरू कर दिया। शुरू से इस प्रथा को गलत माना गया और गाँवों में आज भी दूध बेचने को पूत (पुत्र) बेचने के समान समझा जाता है। अतः ऐसे व्यक्तियों के तिरस्कार हेतु यह प्रथा बन गई कि दूध वाला सामने आ गया अब मेरे कार्य नही होंगे क्योंकि अपशगुन हो गये है। ऐसे ही पणिहारिन जब पानी का घड़ा लेकर सामने आती है तो उसके शगुन अच्छे माने जाते हैं क्योंकि पानी हर घर की जरूरत होती है।

आज के समय मे ऐसी प्रथा में न जाएं और इन भ्रान्तियों को त्यागने में ही सार्थकता है क्योंकि पशुपालन के अलावा भी समाज में कई कार्य होने लग गये हैं अतः शगुन–अपशगुन को न मानें। आचार्य श्रीराम शर्मा इस हेतु बड़ी गहराई से कहते है– **"हम चलने के पहले अपनी बैठी हुई असफलता का दोष तीन चीजों में आरोपित कर देते है– भाग्य, ईश्वर और दुनिया।" जबकि हम स्वयं का आंकलन नहीं करते हैं। सफलता हमारे विश्वास के कदमों में छुपी है,** कहाँ, कब और कैसे मिलेगी, इसकी फिक्र छोड़ो और कदम पर कदम बढ़ाये चलो।" शुभ शगुन स्वयं सफलता के रूप में मिलेंगे।

"बात इसलिए सच्ची नहीं हो सकती कि वह बहुत दिनों से बहुत लोगों द्वारा कही जाती रही है।"

– शरतचंद्र चट्टोपाध्यायः पथ के दावेदार

59 अच्छा श्रोता, प्रतिक्रिया करता

लोकप्रिय बनने के लिए अन्य विशिष्टताओं के साथ श्रोता होना आवश्यक है। किसी की बात को ध्यान पूर्वक सुनना उसकी सबसे बड़ी प्रशंसा है, जो उसे महत्वपूर्ण होने का एहसास कराती है। अच्छा श्रोता होना अच्छी बात है और हममें से अधिकतर यही सोचते है कि अच्छा श्रोता वह होता है जो तब तक नहीं बोलता जब तक सामने वाला कुछ कह रहा हो। सोचो, अगर आप बोल रहे हो और सामने वाला हाव–भाव ही न दे, शिक्षक पढ़ा रहा हो और विद्यार्थी प्रश्न ही ना पुछे, नेता भाषण दे रहा हो और तालियां न बजे। अच्छा श्रोता वह होता है, जो रूची लेकर, एकाग्र होकर न केवल सुनता है बल्कि अपने हाव–भाव से कुछ जताता रहता हो। वार्ता के समय सामने वाले के बोलने के दौरान खामोश बने रहने वाले से बेहतर श्रोता वह होता है जो बीच–बीच में अपने प्रश्न भी करता है। इससे बोलने वाले को लगता है कि मैं जो रूचि लेकर बोल रहा हूं उसे लोग गृहण कर रहे है। उसकी बातों में विश्वास किया जा रहा है और वार्ता कार्यकलापों से आप प्रभावित है। आपके हाव–भाव बोलने वाले को बता देते है कि आप इसकी बातों को कितना तव्वजो दे रहे है। अगर आपकी बातों को तव्वजो नहीं दिया जा रहा तो आपका बोलना व्यर्थ जा रहा है। अतः आपके हाव–भाव सुनने और समझने का रचनात्मक तरीका है।

श्रोता द्वारा पूछे गये प्रश्न बोलने वाले को भी नई जानकारी देता है। उससे दोनों पक्षों को आगे बढ़ने का रास्ता मिलता है। इस हेतु लेखक समय बहादुर सिंह ने बताया कि–"हम प्रश्नों और समस्याओं पर अपने ही दृष्टिकोण से नहीं, बल्कि दूसरों के दृष्टिकोण से भी विचार करें। जो व्यक्ति हम से सहमत नहीं हो पा रहा है, उसके स्थान पर हन अपने को रखें और देखें कि वह क्यों हमारी बात नहीं मान रहा है, जहां हम ने उस प्रश्न को, उस समस्या को देखने का प्रयत्न किया तो उत्तर पाने में और हल निकालने में देर न लगेगी और वह उत्तर, वह हल किसी के ऊपर थोपा जैसा न लगेगा बल्कि वह सर्वसम्मति से सबका अपना उत्तर या हल होगा।" **बोलने वाले के भावों को ग्रहण करना अच्छा श्रोता होना और श्रोता से सीखना वक्ता का मार्ग दर्शन होता है।** जब तक वक्ता के विचारों के साथ कार्य का समन्वय नहीं होता तब तक कही हुई बात का असर नहीं हो सकता।

विचारों का आदान प्रदान ही प्रगति का रास्ता है जैसे विचार होंगे, वैसा ही कर्म होगा और वैसा ही परिणाम होगा। जब ज्ञान मिलेगा तो सोच की शक्ति बढ़ेगी, सोच का सही दिशा में उपयोग कर सफलता की सीढ़ी चढ़ सकते है।

"अच्छा प्रवचन, अच्छा ज्ञान देता है, ज्ञान से सोच बनती है सोच से कर्म की राह बनती है। मन से किये जाने वाले कर्म से खुशी और सफलता दोनों मिलती है।"

—इंजी. ओ.पी.. माहेश्वरी

60 दया कर, खुशी पायें

हर इन्सान में बनने वाले मन के भाव उन परिस्थितियों को मन में बिठाने से बनते हैं जो वह देखता और समझ पाता हैं। चिकित्सक के घर जब बच्चा देखता है कि मरीज के मरहम पट्टी करने पर वह दर्द से चिल्लाता ही है तो धीरे–धीरे बच्चे के मन में इस तरह से कहराने पर दया का भाव मिट जाता हैं। ऐसे ही बच्चे के सामने जब पशुओं की बलि दी जाती है तो उनके मन में हिंसा के प्रति दर्द खत्म हो जाता हैं क्योंकि बच्चे निश्ठुर हो जाते है। जिस तरह से तरबूज को काटने पर अहिंसावादी व्यक्ति को दर्द नहीं होता है ठीक वैसे ही **पशुओं की बलि, बार–बार देखने से उनके मन में दर्द के भाव कम हो जाते हैं।** जहाँ दया के भाव हृदय को कोमल और मानवीयता के भाव जगाता है वही हिंसा, कत्ल, पशुबलि इन्सान को इन्सान के खिलाफ भी अमानवीय व्यवहार के लिए दया का भाव नहीं रहता हैं। कोमल हृदय में ही मानवता के पुष्प प्रस्फुटित होते हैं वही हिंसा इन्सान को निर्दय, आतंकवादी और कसाई बना देती हैं। **जहाँ दर्द नहीं वहाँ दया नहीं रह सकती। जहाँ दया नहीं होगी वहाँ क्रोध, उत्तेजना, अशान्ति होगी,** जबकि समाज, परिवार और हमारा जीवन प्रेम और दया से ही अच्छा संस्कारित बना रह सकता है। अपने आप को पहचानिए लेख में स्वेट मोर्डन ने लिखा है कि "मन एक उपजाऊ खेत की भांति है, यहाँ आप जैसा बोएंगे, वैसा काटेंगे। अगर सुंदर विचार उगाएंगे तो आप का मस्तिष्क समृद्ध बनेगा, दुर्विचार इसी मस्तिष्क को घासझंखाड़ से भरा जगत बना देंगे, बबूल के बीज बोने से गुलाब पैदा नहीं होते।" क्षत्रियों को दया भाव से बाहर निकालने के लिए वर्षों से पशु बलि प्रथा चली आ रही है। युद्ध के मैदान में करूणा न जग जाये इसीलिए पशु बलि की प्रथा राजा–महाराजा ने अपना रखी थी। अब तलवारों से युद्ध नहीं लड़े जाते अतः धीरे –धीरे यह प्रथा बन्द हो गई है जो समय की मांग भी है और उचित भी। जब हम दया करते है तो मन में किसी को सहायता करने की खुशी का अनुभव होता है।

"जीव–जन्तु पर की गई हिंसा, इन्सान को निर्दय, निष्ठुर बनाती है।"

–इंजी.ओ.पी.माहेश्वरी

"हर किसी को एक निश्चित धनराशि की जरूरत होती है। उसके बाद हम इसलिए पैसा कमाते है क्योंकि हम जानते है कि इसे कमाया कैसे जाता है, पर हम यह नहीं जानते कि खुशियाँ कैसे हासिल की जाएं।"

–ग्रेग ईस्टरब्रूक

61 अच्छा स्वास्थ्य, प्रचण्ड खुशी

जब खुशी की सोच मन में विकसित करनी है तो हम स्वास्थ्य को कैसे अलग रख सकते है? स्वास्थ्य का मतलब है, रोगमुक्त जीवन। स्वास्थ्य तो तन, मन और आत्मोत्साह के समन्वय का नाम है। अगर शरीर स्वस्थ नहीं, तो मन स्वस्थ नहीं रह सकता, मन स्वस्थ नहीं, तो भाव शुद्ध नहीं होंगे। ऐसे में जीवन के कर्मक्षेत्र में कैसे उन्नति कर पायेंगे? आपका स्वास्थ्य आप के ही हाथ में है। केवल आवश्यकता है, प्रकृति के नियमों को समझने की, स्वास्थ्य के प्रति सजग रहने की और सार्थक उपायों पर ध्यान देने की। अच्छे नियमों यानी गुणों को अपनाने से खुशी मिलेगी और खुशी से अच्छी सेहत। हम प्राकृतिक रूप बीमार होने के लिए नहीं सेहतमंद रहने के लिए बने है। सेहतमंद कौन नहीं रहना चाहता? शरीर की बीमारी से आदमी प्रसन्न रह सकता है किन्तु मन की बीमारी हो जाती है तो शरीर की बीमारी न होने पर भी प्रसन्न नहीं रह सकता क्योंकि मन शरीर से ज्यादा शक्तिशाली और संवेदनशील होता है। **देह की स्वस्थता के लिए दिमाग की स्वस्थता अनिवार्य है।** हमारा प्रयत्न यह होना चाहिये कि हमारा दिमाग जागृत रहे और अगर ऐसा होगा तो शरीर अपने आप ठीक चलेगा। कभी थोड़ा लड़खड़ाएगा, तब भी संभल जायेगा। इस हेतु गांधीजी ने इस बात पर काफी जोर दिया था "यदि हम स्वस्थ रहने के बारे में समाज के लोगों को जागृत करें तो लोग कम से कम बीमार पड़ेगे।" उमंग के साथ प्रेम, शांति, मुस्कान के भाव अगर जीवन में बने रहे तो तन भी स्वस्थ रह सकता है।

स्वस्थ का अर्थ है, स्व में स्थित हो जाना यानि स्वयं पर नियन्त्रण होना। स्व का मतलब आत्मा है, अतः आध्यात्मिक दृष्टि से आत्म स्वभाव में यानि विज्ञान में रहने वाला ही स्व में स्थित यानि स्वस्थ होता है। आपका स्वास्थ्य सदा आपके ही हाथ में है। केवल आवश्यकता है, स्वास्थ्य के प्रति सदा सजग रहने और सार्थक उपायों पर अमल करने की। इसके लिए खुद से बात करें। जानने की कोशिश करें कि आपके लिए सही क्या है। फैसला तभी लें, जब आप शांत व विवेकशील अवस्था में हों। सोच और मानसिकता का सीधा सम्बन्ध व्यक्ति की क्रिया में होता है और किया का सम्बन्ध मस्तिष्क से है। जो बात मस्तिष्क सही मानता है उसे हम करने की ओर अग्रसर हो जाते है। स्वस्थ जीवन के लिए व्यक्ति की मानसिकता का स्वस्थ होना जरूरी है। अगर सोच में ही स्वास्थ्य सम्बन्धी सुरक्षात्मक रवैया है तो व्यक्ति बीमार नहीं पड़ सकता। अंग्रेजी में कहावत भी है कि "Prevention is better than cure" यानि सुरक्षा (बचाव)

उपचार से बेहतर होती है। स्वस्थ रहने के लिए नियमित दिनचर्या, प्रकृति से सान्निध्य, शारीरिक मेहनत,पौष्टिक आहार और मन का सन्तुलन अति आवश्यक कार्य होते है। सुबह जल्दी उठना, नियमित कोई खेल खेलना भी स्वास्थ्य के लिए ठीक रहता है। जैसे जीवन में अन्य क्रियाऐं आवश्यक है वैसे ही प्रतिदिन वर्क आऊट जरूरी है और खेल वर्क आऊट का बहुत अच्छा तरीका है।

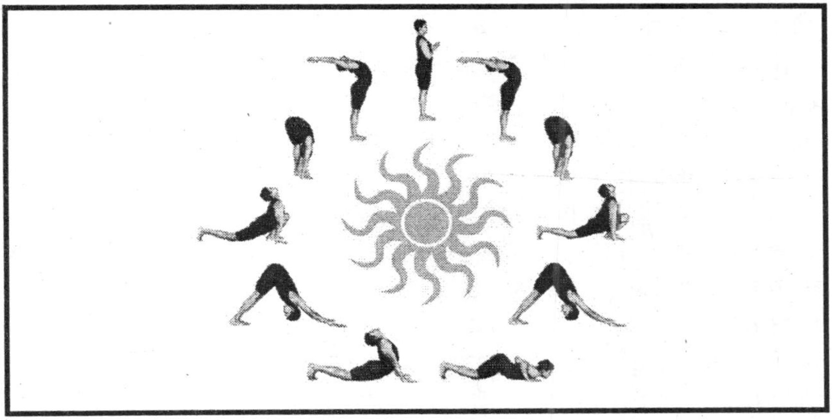

वर्क आऊट कसरत से, योगा से और कड़ी मेहनत करके भी किया जा सकता है मगर इस के लिए नियमितता जरूरी है ताकि हर रोज शरीर में ऊर्जा बनी रह सके और इस ऊर्जा के लिए धन दौलत की नहीं, मन की शक्ति की जरुरत है। **दिमाग में वैज्ञानिक सोच रहनी चाहिए जो बीमारी को समझ सके।** शारीरिक **(Physical)**, मानसिक **(Mental)** व सामाजिक **(Social)** तौर पर पूर्ण रूप से अच्छा होना ही स्वास्थ्य नहीं है अपितु कोई भी बीमारी से बचे रहना जागृति (सजगता) का हिस्सा है। बीमारी से दूर रहना स्वस्थ होने की निशानी है।

हम वैल्थ के लिए अपनी हैल्थ को दांव लगा देते है और फिर वैल्थ खर्च करनी पड़ती है अपनी हैल्थ वापस पाने के लिए। तो इससे अच्छा यह नहीं होगा कि हम पहले से ही हैल्थ के प्रति सजग रहें। कोई व्यक्ति अगर अपने **स्वास्थ्य के लिए नकारात्मक विचार रखता है तो उसके शरीर पर भी इसका असर आ जाता है और मानसिक रूप से अस्वस्थ्य महसूस करेगा।** अब तो यह साबित हो गया है कि ज्यादातर बीमारियां साइकोसोमेटिक यानि मनोकायिक प्रकृति की होती है। मसलन ब्लड प्रेसर, ब्लड प्रेसर से दिल की बीमारी, डायबिटीज आदि। ये सारे रोग मनोकायिक प्रकार के है यानि इनकी उत्पत्ति हमारे मन और विचार प्रक्रिया में है। जबकि स्वास्थ्य के

प्रति जागरूक व्यक्ति की सोच सकारात्मकता की सोच है जो जीवन में गुणात्मक सुधार हेतु प्रेरित करती है। ऐसे लोग स्वास्थ्य के प्रति सजग रहते है। जीवन में चाहे जो स्थिति बन जाऐ, यदि वह प्रतिकूल और नकारात्मक है, तब भी उसकी दशा और दिशा को बदला जा सकता है।

आप के विचार ही आपकी ऊर्जा है। इस संबंध में अपने विचारों के लिये स्वेट मार्डेन ने अपनी पुस्तक 'निराशा से बचिए' में लिखा है कि **''सदाबहार रहने का अर्थ है हमेशा जवान रहना और हमेशा जवान रहने का अर्थ है हमेशा जवान महसूस करते रहना।** जवानी या बुढ़ापा वर्षों से नहीं नापा जाता बल्कि मन की अनुभूति ही व्यक्ति को जवान या बूढ़ा बनाती है। यदि आप पचास वर्ष की उम्र में भी यह अनुभव करते है कि आप में तीस वर्ष की उम्र जैसे विचार है, उत्साह है, तो कोई कारण नहीं कि आप चेहरे से भी तीस वर्ष के न लगते हों।'' कोई भी व्यक्ति अगर शरीर के लिए थोड़ा–सा जागृत हो जाए तो वह अपना स्वास्थ्य बेहतर रख सकता है। हम जानते है कि हमारा शरीर पंचतत्वों से ही बना होता है। पृथ्वी, जल, अग्नि, वायु और आकाश –जीवन और जगत के मूल ये बुनियादी पाँच तत्व है इनका संतुलन ही जीवन है यानि प्रकृति के सान्निध्य में ही स्वस्थ जीवन है। अच्छे जीवन का पैमाना उम्र से नहीं, आपके स्वास्थ्यमय रहने से नपता है।

रोग प्रतिरोधकता शरीर में लाओ,
ऊर्जामय जीवन को बनाओ,
प्रकृति का सान्निध्य बढ़ाओ,
जागृत रह कर जीवन महकाओ,

''स्वास्थ्य का सीधा सम्बन्ध व्यक्ति की सोच में है। सोच से ही कर्म होता है, कर्म से परिस्थितियां बनती हैं, तन और मन को स्वस्थ्य रखना सार्थक जीवन का मन्त्र है। रूग्ण शरीर व खराब मस्तिष्क में जोश व उमंग के भाव पैदा नहीं हो सकते, स्वस्थ विचार हमारे शरीर को शक्ति प्रदान करते है और वो स्वस्थ व जागृत मन में ही उत्पन्न होंगे।''

–इंजी. ओ.पी. माहेश्वरी

अॅवार्ड

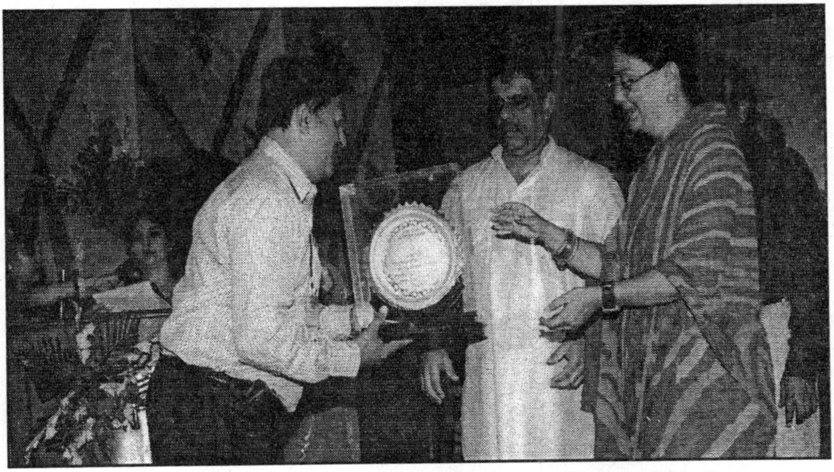

वर्ष 2008 में ऊर्जा दिवस पर ऊर्जा संरक्षण सम्बन्धि कार्यो के लिए राज्यस्तरीय पुरस्कार को माननीय मुख्य मंत्री राजस्थान सरकार श्रीमति वसुन्धरा राजे से लेखक द्वारा प्राप्त करते हुए।

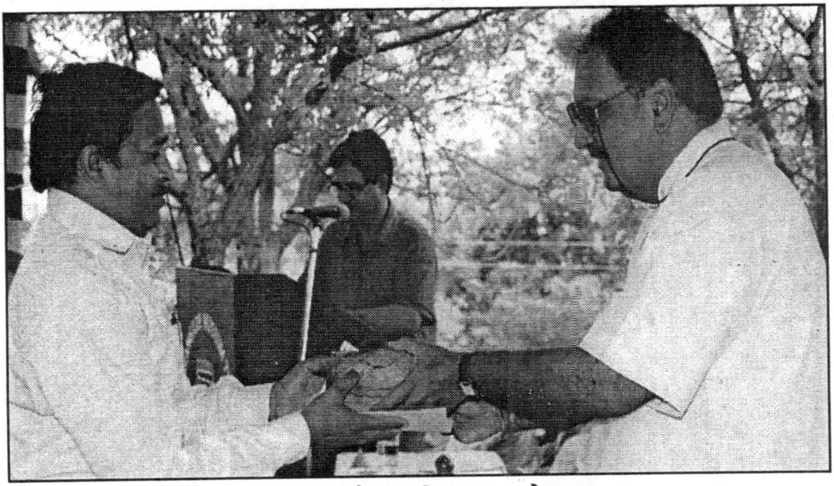

वर्ष 2008 में 'विश्व पर्यावरण दिवस' पर मेहरानगढ ट्रस्ट द्वारा माननीय एच.एच. महाराजा श्री गजेसिंहजी जोधपुर से लेखक इंजी. ओ.पी. माहेश्वरी पुरस्कार प्राप्त करते हुए।

अॅवार्ड

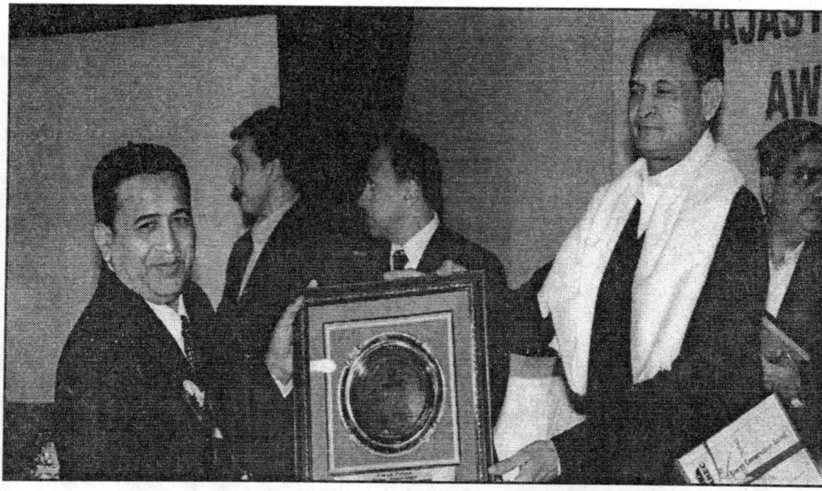

वर्ष 2011 में ऊर्जा संरक्षण तकनीक प्रस्तावित करने के लिए
राज्यस्तरीय प्रथम पुरस्कार को माननीय मुख्यमंत्री राजस्थान सरकार
श्री अशोक गहलोतजी से लेखक द्वारा प्राप्त करते हुए।

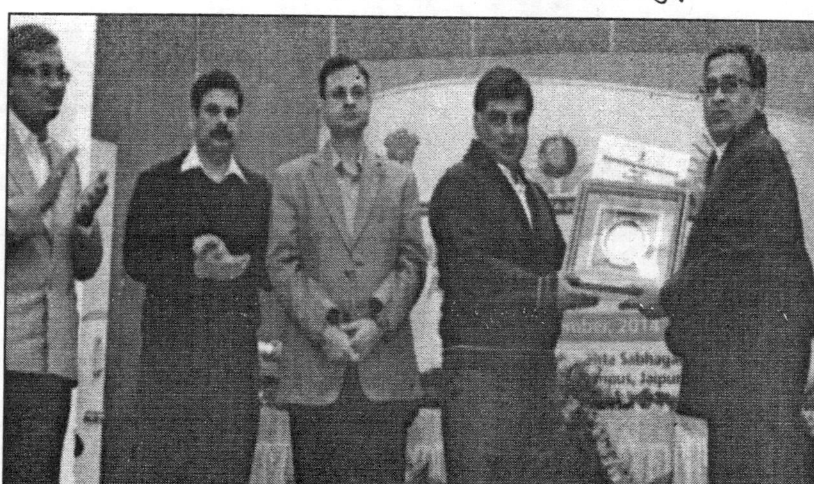

वर्ष 2014 में ऊर्जा संरक्षण तकनीक प्रस्तावित करने पर
राज्य स्तरीय पुरस्कार लेखक द्वारा प्राप्त करते हुए।

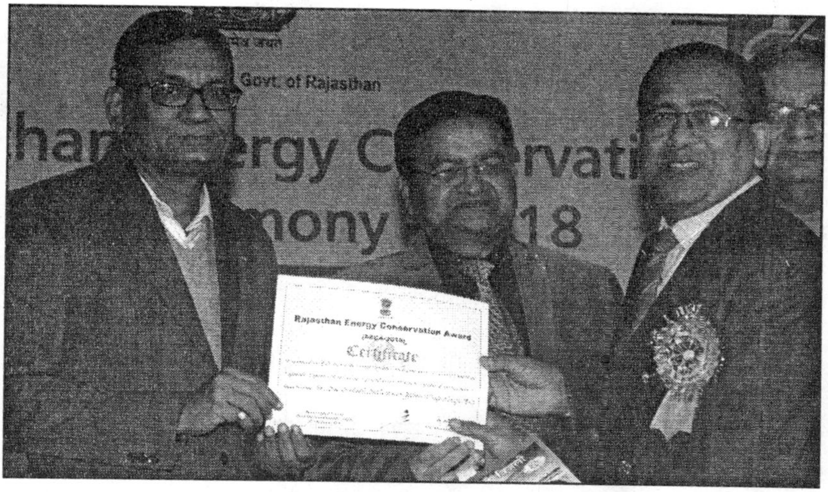

वर्ष 2018 में राज्यस्तरीय पुरस्कार विशिष्ट श्रेणी में लेखक द्वारा प्राप्त करते हुए।

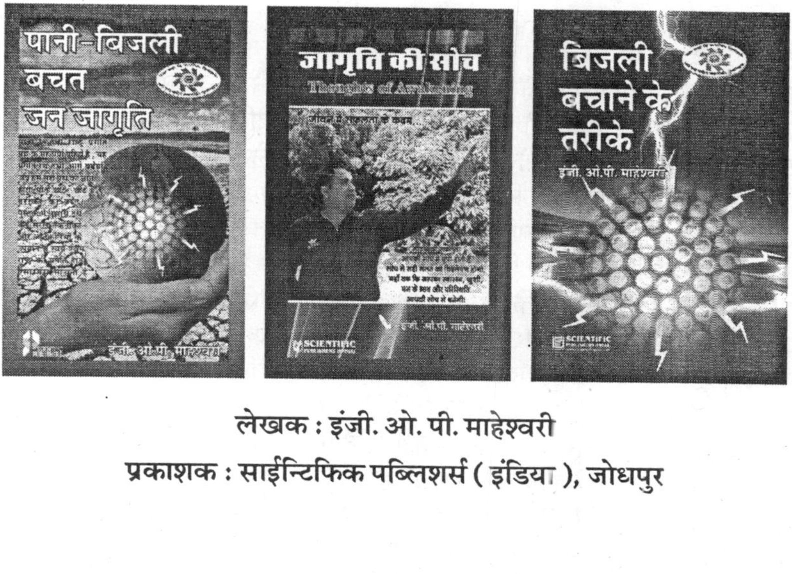

लेखक : इंजी. ओ. पी. माहेश्वरी

प्रकाशक : साईन्टिफिक पब्लिशर्स (इंडिया), जोधपुर

लेखक के प्रकाशित लेख, पुस्तकें एवं समीक्षाएँ

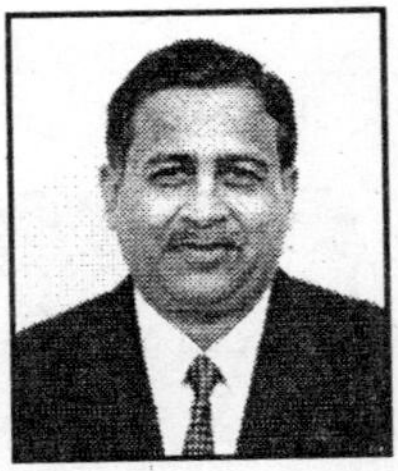

1. 2018 पुस्तक "**पानी – बिजली बचत जन जागृति**" का प्रकाशन
2. 2012 पुस्तक "**जागृति की सोच**" का प्रकाशन
3. ऊर्जा संरक्षण हेतु अलग–अलग 80 जानकारियों का अखबारों में प्रकाशन।
4. 27 जुलाई 2017 "तीन चीजों का ध्यान" खास बात दैनिक नवज्योति में।
5. 12 मई 2017 "झोपड़ी की करामात" लेख दैनिक नवज्योति में।
6. 7 अप्रेल 2017 " अच्छे दोस्त, सफलता के सहयोगी" लेख दैनिक नवज्योति में।
7. मार्च 2017 "जागृति की सोच पुस्तक समिक्षा" निरामय जीवन मासिक पत्रिका में।
8. 23 मार्च 2017 "भारी कड़े क्यों?" लेख दैनिक नवज्योति में।
9. 21 फर. 2017 "तीन लोग" लेख दैनिक नवज्योति में।
10. 15 दिस. 2016 "दिपक बल्ब संवाद" कविता दैनिक नवज्योति में।
11. 5 दिस. 2016 "भोजन पकाने के बर्तन" लेख दैनिक नवज्योति में।
12. 11 अक्टु. 2016 "ऊर्जा संरक्षण" पोस्टर दैनिक नवज्योति में।
13. 8 अक्टु. 2016 "मूर्ति की दिशा" लेख दैनिक नवज्योति में।
14. 13 सित. 2016 "मैं खुश हुआ जब" कविता दैनिक नवज्योति में।
15. 2 सित. 2016 "गुड़ खाना जरूरी" लेख दैनिक नवज्योति में।
16. 22 अग. 2016 "पिकनिक बना रिवाज" लेख दैनिक नवज्योति में।
17. 8 सित. 2016 "बिजली को बचाना है" कविता दैनिक नवज्योति में।
18. 9 अग. 2016 "दान, भीख देते रहना चाहिऐ?" लेख दैनिक नवज्योति में।
19. 18 जुलाई 2016 "प्राकृतिक वातावरण खास बात दैनिक नवज्योति में।
20. 12 जुलाई 2016 "भवनों में रोशनी हेतु खास बात दैनिक नवज्योति में।
21. 26 जुलाई 2016 "रसोई घर" हेतु काम की बात दैनिक नवज्योति में।
22. 5 जुलाई 2016 "मुर्दे के शगुन" लेख दैनिक नवज्योति में।
23 जून 2016 "प्राथमिक शिक्षा" लेख माहेश्वरी सेवक पत्रिका में।
24. 28 जून 2016 "क्या शक्ल भी मनहुस?" लेख दैनिक नवज्योति में।
25. 21 जून 2016 "सुबह का घूमना क्यों?" लेख दैनिक नवज्योति में।
26. 30 मई 2016 "सूर्य पथ" जानकारी दैनिक नवज्योति में।
27. 23 मई 2016 "बिजली को बचाना है" दैनिक नवज्योति में।
28. 12 मई 2016 "बिजली का सदुपयोग" खास बात दैनिक नवज्योति में।
39. 5 मई 2016 "बिजली बचाने का प्रण" खास बात दैनिक नवज्योति में।
30. 3 मई 2016 'ऊष्मारोधी 'पानी की टंकि" खास बात दैनिक नवज्योति में।

31. 5 अप्रेल 2016 ''उजाला'' जानकारी दैनिक नवज्योति में।
32. 15 अप्रेल 2016 ''अच्छी मर्यादायें'' लेख दैनिक नवज्योति में।
33. 7 मार्च 2016 ''घर की दहलीज'' लेख दैनिक नवज्योति में।
34. 14 मार्च 2016 ''गाल पर टीका क्यों?'' लेख दैनिक नवज्योति में।
35. 3 मार्च 2016 ''तुलसी के पौधे'' लेख दैनिक नवज्योति में।
36. 12 फरवरी 2016 ''इलेक्ट्रोनिक बैलास्ट'' जानकारी दैनिक नवज्योति में।
37. 8 फर. 2016 ''पानी की टंकि'' सुनो ज्ञान की बात दैनिक नवज्योति में।
38. 15 जन. 2016 ''प्रार्थना क्या है?'' लेख दैनिक नवज्योति में।
39. 8 जन 2016 ''यात्रा की दिशा'' लेख दैनिक नवज्योति में।
40. 21 जन 2016 ''जन्म दिन पार्टी को वृक्ष लगाकर यादगार बनाएं'' लेख दैनिक नवज्योति में।
41. 7 जन. 2019 ''गीजर के थर्मोस्टेट'' ज्ञान की बात दैनिक नवज्योति में।
42. 31 दिस. 2015 ''इलेक्ट्रोनिक्स मीटर–कार्टुन।'' दैनिक नवज्योति में।
43. 27 दिस. 2015 फ्यूज सी.एफ.एल. सू भी 50 प्रतिशत बिजली बचा सका आपे ''कार्टून दैनिक नवज्योति मे।
44. 24 दिस. 2015 ''स्विच से बंद करे–कार्टुन'' दैनिक नवज्योति में।
45. 16 अक्टु. 2015 ''पुलिस थाना–रंगीन कार्टुन'' दैनिक नवज्योति में।
46. 10 सित. 2015 ''लैड बल्ब है क्या? कार्टुन'' दैनिक नवज्योति में।
47. 13 अग. 2015 ''डिस्कॉम के पुलिस थाने पोस्टर'' दैनिक नवज्योति में।
48. 12 अग. 2015 ''आत्मा ऊर्जा संरक्षणम पोस्टर'' दैनिक नवज्योति में।
49. 10 अग. 2015 ''बिजली को बचाना है। कविता''। दैनिक नवज्योति में।
50. 6 अग. 2015 ''फ्रीज का उपयोग विद्युत क्षय रोके।'' दैनिक नवज्योति में।
51. 5 अग. 2015 ''क्या आप जानते है?'' दैनिक नवज्योति में।
52. नव. 2015 ''क्या है शुभ समय?'' लेख माहेश्वरी सेवक पत्रिका में।
53. 13 अगस्त 2015 ''पुलिस थाने'' पोस्टर का दैनिक नवज्योति में।
54. जून. 2015 ''किसका फल मिठा, भाग्य या परिश्रम'' लेख माहेश्वरी सेवक पत्रिका में।
55. फरवरी 2015 ''प्रकृति का सानिध्य'' माहेश्वरी सेवक पत्रिका में।
56. जनवरी 2015 ''मधुर शब्द–मधुर सम्बन्ध'' माहेश्वरी सेवक पत्रिका में।
57. अक्टु 2014 ''रसोई में ऊर्जा बचाईये।'' लेख माहेश्वरी सेवक पत्रिका में।
58. 26 अग. 2014 ''प्रार्थना से विनम्रता'' लेख दैनिक नवज्योति में।
59. 01 अग. 2012 ''वेन्टीलेटिंग डक्ट'' लेख पावर एक्सप्रेस में।
60. 25 जुला 2012 ''स्वस्थ शयन – बिजली कि बचत'' लेख पावर एक्सप्रेस में।
61. 18 जुला 2012 ''ट्रबो वैन्टिलेटिंग फेन'' – लेख पावर एक्सप्रेस में।
62. 20 जून 2012 ''ग्रीन हाउस'' – लेख पावर एक्सप्रेस में।
63. 23 मई 2012 ''एनर्जी डिसीपेटर का उपयोग'' – लेख पावर एक्सप्रेस में।
64. 09 मई 2012 ''छजजों से लेवें वांछित प्रकाश'' – लेख पावर एक्सप्रेस में।
65. 02 मई 2012 ''टेरेस गार्डन'' – लेख पावर एक्सप्रेस में।
66. 25 अप्रेल 2012 ''परावर्तित किरणों से रोशनी'' – लेख पावर एक्सप्रेस में।

67. 18 अप्रेल 2012 "भवनों में सौर ऊर्जा का उपयोग" – लेख पावर एक्सप्रेस में।
68. 7 मार्च 2012 'साधनों के सही उपयोग से बचाए बिजली' लेख पॉवर एक्सप्रेस जयपुर में।
69. 14 मार्च 2012 'गीजर उपयोग में बिजली की बचत' लेख पॉवर एक्सप्रेस में।
70. 10 दिसम्बर, 2011 "जानकारी एवं रोचक प्रयोग" लेख दैनिक नवज्योति अखबार में।
71. 7 दिसम्बर, 2011 "ताकि कम पेट्रोल में ज्यादा भागे गाड़ियाँ" लेख दैनिक नवज्योति अखबार में।
72. 14 नवम्बर, 2011 "बिजली का उपयोग एवं वास्तु" लेख दैनिक नवज्योति में।
73. 25 अक्टूबर, 2011 समीक्षा "बिजली बचावण रा गुर" राजस्थानी भाषा में महेश कृपा पत्रिका में।
74. 16 अक्टूबर, 2011 पुस्तक "बिजली बचाने के तरीके" की समीक्षा गाजियाबाद के अखबार 'सत्य चक्र' में।
75. 11 अक्टूबर, 2011 लेख "झोंपड़ी की करामात" लेख दैनिक नवज्योति में।
76. 8 अक्टूबर, 2011 लेख "रसोई में ऊर्जा बचाऐं" नवज्योति एक्सप्रेस
77. अक्टूबर, 2011 बिजली बचाने हेतु जानकारियों का प्रकाशन, पावर एक्सप्रेस अखबार में।
78. सितम्बर, 2011 भवन निर्माण में बिजली बचत के नुस्खे लेख का प्रकाशन दैनिक नवज्योति में।
79. 24 अगस्त, 2011 समीक्षा बिजली बचाने के तरीकें पुस्तक पावर एक्सप्रेस अखबार में।
80. 21 अगस्त, 2011 लेख "रंगों के इस्तेमाल से बच सकती है बिजली" का प्रकाशन रविवारीय परिशिष्ट दैनिक नवज्योति में।
81. 7 अगस्त, 2011 लेख "आओ बिजली बचाऐं" में 35 टिप्स का प्रकाशन रविवारीय परिशिष्ट दैनिक नवज्योति में।
82. 30 जुलाई, 2011 लेख "आओ बिजली बचाऐं" का प्रकाशन नवज्योति एक्सप्रेस
83. **30 जून, 2011 "बिजली बचाने के तरीके" पुस्तक समीक्षा पूर्व उप कुलपति जोधपुर विश्व विद्यालय द्वारा** अखबार 'मारवाड़ इमेज' में।
84. 4 जून, 2011 "बिजली बचाने के तरीके" पुस्तक समीक्षा दैनिक 'उजाला भारत' अखबार में।
85. 17 सितम्बर, 2009 "बिजली का अपव्यय न करें" मुझे यह कुछ कहना है अखबार राजस्थान पत्रिका में।
86. 30 जून, 2009 "बिजली है जरूरी इसे बचाऐं" नूस्खे दैनिक भास्कर अखबार में।
87. **19 जुलाई, 2009 पुस्तक "बिजली बचाने के तरीके" का प्रकाशन।**
88. जून 2008 बिजली कैसे बचायें पुस्तक की **समीक्षा** दैनिक भास्कर अखबार में ।
89. **अगस्त, 2007 "बिजली कैसे बचायें"? पुस्तक का प्रकाशन**
90. जुलाई, 2007 "विद्युत अपव्यय रोकें" लेख माहेश्वरी समाज की पत्रिका में।

91. दिसम्बर, 2006 बिजली बचाओ तकनीक – रोटरी क्लब जोधपुर की पत्रिका में।
92. नवम्बर, 2006 ''स्वास्थ्यकारी'' लेख का प्रकाशन 'निरामय जीवन' पत्रिका में।
93. अक्टूबर, 2006 ''बिजली का उपयोग और वास्तु'' लेख विद्युत वितरग संदेश में।
94. जुलाई, 2006 बिजली बचाने हेतु लेख का प्रकाशन विद्युत वितरण संदेश में।
95. जुलाई, 2006 बिजली बचाने हेतु लेख का प्रकाशन समाज की स्मारिकाओं में।
96. जून, 2006 ''बिजली और वास्तु'' लेख का प्रकाशन विद्युत वितरण संदेश में।
97. अक्टूबर 2005 ऐशस्लरी से ऐशडाईक का निर्माण हेतु **पेपर प्रकाशन** इण्डियन सोसायटी ऑफ डेजर्ट टैक्नालोजी बुलेटिन में
98. अक्टूबर 2005 ऑफ टेक कम बाई पास स्ट्रक्चर का निर्माण हेतु **पेपर प्रकाशन** इण्डियन सोसायटी ऑफ डेजर्ट टैक्नालोजी बुलेटिन में
99. जुलाई 2005 स्वस्थ शयन लेख समाज की पत्रिकाओं में।
100. फरवरी 2005 बिजली बचाने हेतु लेख विद्युत वितरण संदेश में।
101. जनवरी 2005 ''उष्मारोधी पानी की टंकी'' लेख विद्युत वितरण संदेश में।
102. नवम्बर 2004 बिजली बचाने हेतु–कार्टून्स विद्युत वितरण संदेश।
103. अक्टूबर 2004 'अनुकूल भवन निर्माण' लेख विद्युत वितरण संदेश
104. सितम्बर 2004 'अनुकूल भवन और बिजली' लेख विद्युत वितरण संदेश में
105. अगस्त 2004 बिजली बचाने हेतु लेख विद्युत वितरण संदेश में
106. जुलाई 2004 बिजली बचाने हेतु कविता माहे वरी समाज की पत्रिकाओं में
107. जनवरी 2004 बिजली बचाने हेतु लेख विद्युत वितरण संदेश में
108. दिसम्बर 2003 ऊर्जा संरक्षण में प्रयास **वक्ता,** बिजली विभाग सभागार में
109. अक्टूबर 2003 बिजली बचाने हेतु लेख विद्युत वितरण संदेश में
110. जुलाई 2003 बिजली बचाने हेतु लेख समाज की पत्रिकाओं में
111. जनवरी 2003 बिजली बचाने हेतु लेख विद्युत वितरण संदेश में
112. सितम्बर 2002 बिजली बचाने हेतु कविता विद्युत वितरण संदेश
113. अप्रैल 2002 ''सुसज्जित रसोई घर'' लेख विद्युत वितरण संदेश
114. मार्च 2002 बिजली बचाने हेतु लेख विद्युत वितरण संदेश में
115. फरवरी 2002 **प्राकृतिक प्रकाश व्यवस्था** लेख विद्युत वितरग संदेश में

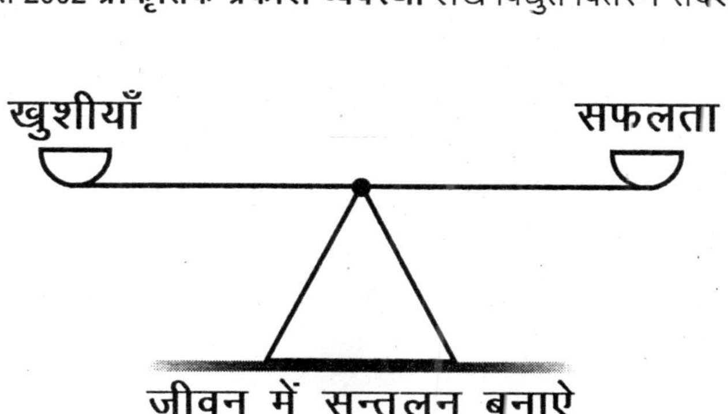